女性学・男性学
第3版
ジェンダー論入門

伊藤公雄・樹村みのり・國信潤子［著］

有斐閣アルマ

はしがき

この本のタイトルは,『女性学・男性学』ですが,もしかしたら,サブタイトルになっている『ジェンダー論入門』の方がよかったかもしれません。ジェンダーとは,本書第1章で書いているように,社会的・文化的に構成された性のことです。

とはいっても,「それは何だ?」という人もまだいるかもしれません。かなり以前のことです。大阪で若い世代のジェンダー意識を中心にしたアンケート調査(大阪大学大学院人間科学研究科コミュニケーション論講座による「青少年のライフスタイルに関する調査」。1997年秋に実施)を行ったことがあります。質問項目の1つとして,ジェンダーという語も含めた用語の認知度を調べました。その結果です。大阪のある府立高校の3年生(その地域では著名な進学校です)で,「ジェンダー」という言葉を知っていた人の割合は,女性で1.5%(66人中1人),男性で3.3%(91人中3人)でした。同じ時期,大阪大学の授業(1年生を対象にした秋学期の講義の開始時)でとった同じアンケートの結果は,女性63.6%,男性40.4%でした。ジェンダーという言葉は,高校生のときは知らないけれど,大学生を半年もやっていると多くの学生が知るようになる言葉だったようです。今なら,どんな数字になるでしょう。

本書は,社会教育の場でのテキストとしても使っていただけるように工夫してありますが,何よりもまず,大学のジェンダー論のテキストとして使っていただくことを念頭において編集してあります。専門課程の学生用に使われる場合もあるかもしれませんが,新入生向けのテキストとして使われる可能性もあります。そこで,新入生にはまだ知られていない「ジェンダー論」とするよ

り,「女性学・男性学」という,より身近な日本語のタイトルにしたというわけです。

ついでですから,ここで,この3つの言葉について,ちょっとその歴史を整理しておこうと思います。「特講」でもとりあげていますが,1960年代に女性たちが固定的性別役割に異議申立てしたことが導火線となり,女性学が誕生しました。「性」の社会的意味が本格的に学問領域に持ち込まれることになったのです。男性学,そして現在のジェンダー論は,その延長線上に成立したといえるでしょう。

本書は入門書なので,できるだけ平易な文章で書くようにつとめました。とはいっても,現在,ジェンダーをめぐって議論されている課題の多くについて,それなりに踏み込んだ議論がされていると思います。また,従来のジェンダー関連の本が,主として女性の視点から女性をめぐる課題を扱ったものが多かったのに比べて,この本では,男性をめぐる問題についても多くのページをさいています。「女性学」とともに,「男性学」がタイトルにつけられているのはこのためです。さらに,本書では,セクシュアル・マイノリティの問題や,グローバリゼーションの問題など,現在注目を集めている課題についても,目配りをするようつとめています。

手にとってご覧になればすぐわかるように,この本は,テキストとしていろいろな工夫がされています。だれでも気がつくことでしょうが,ストーリー・マンガが入っているのもその工夫の1つです。やはり,教科書というとまだまだ「お堅い」イメージがあります。でも,ジェンダー問題は,だれでもがかかわらざるをえない課題でもあります。そこで,マンガという表現手段を通じ

て，身近な自分の問題としてジェンダーについて考えてもらおうと思ったのです（単に，執筆者の1人がマンガ好きだっただけかもしれませんが）。とはいっても，「正論」をひたすら語りかける，単なる「啓発マンガ」ではおもしろくありません。マンガとして「読む」にたえるものでなければ意味がありません。樹村みのりさんという素敵な協力者をえたおかげで，「読める」ストーリー・マンガが入った教科書になりました。

エクササイズもこの本の特色です。とはいっても，大人数の授業では，このエクササイズは使いにくいかもしれません。というのも，参加・発見型の学習方法，いわゆるワークショップ型のエクササイズがほとんどだからです。たぶん，40人程度までの授業なら，楽しいワークショップ型の授業ができるだろうと思います。現在，日本の大学でも，いわゆるファカルティー・デベロップメント（授業や講義方法の研究も含めた，教員の能力開発）が盛んになろうとしています。たしかに，これまでの大学の授業は，聞いているだけの退屈なものが多かったのも事実です。その意味で，このエクササイズは，学生と教師の間のコミュニケーションをスムーズにするだけでなく，今後の大学の授業のあり方を考えるためにも役立つのではないかと思います。もちろん，工夫次第で大人数の授業でも活用できるだろうと思いますし，社会教育の場での参加型学習にとっても有用だろうと思います。

各章の扉に掲載されている「名言・迷言」なども，ちょっと注意して読んでもらいたいものです。さまざまな男性・女性のジェンダーについての言葉が引用してあります。ここに書かれたメッセージに，賛成するにしろ反発するにしろ，ここから，読者の自分なりのジェンダーについての考えを広げてもらえればいいなと

思います。

　この本を完成させるには，いろいろな苦労もありました。まず，執筆者である伊藤と國信で，章立てや執筆担当を決め，執筆にかかりました。1996年のことです。1章，3章，5章，9章を國信が，他を伊藤がという一応の担当だったのですが，2人とも多忙な毎日でなかなか筆が進みません。最終的に，1，3，5，9章については國信の下書きをもとに，伊藤が，具体的な事例をとりいれたり，わかりやすい表現にして大幅に手を入れ，他の部分については，伊藤が単独で何とか書き上げました。そのうえで，國信の意見をとりいれ，伊藤が最終的に完成させるという段取りになりました。この間，編集担当の池一さん，満田康子さんには，執筆の遅れだけでなく，図表の処理やエクササイズの問題などを含めて，ほんとうにご苦労をおかけしました。また，快くマンガの担当をお引き受け頂いた樹村みのりさんにも，「大学教師は極端に筆が遅い」（われわれだけだとは思いますが）という，固定観念を与える結果になったようです。みなさん，ほんとうにすみませんでした。そして，ありがとうございました。

　最後に，本書が，「21世紀の我が国社会を決定する最重要課題」（男女共同参画社会基本法・前文）であるジェンダー問題の解決に，何らかの貢献ができることを願ってやみません。

　　2001年11月

　　　　　　　　　　　　　　　　　　執筆者を代表して

　　　　　　　　　　　　　　　　　　　　伊 藤 公 雄

〔第3版刊行にあたって〕
　ジェンダーをめぐる諸状況の変化に鑑み，内容，資料等を見直して改訂しました。今回の編集者，松井智恵子さんに心より感謝します。
（2019年3月）

著者紹介

伊藤 公雄（いとう　きみお）
　1951年，埼玉県生まれ。京都大学文学部卒業，同大大学院文学研究科博士課程修了。現在，京都産業大学現代社会学部客員教授。京都大学・大阪大学名誉教授。文化社会学・ジェンダー論専攻。
　主な著書に，『男性学入門』（作品社，1996年），『はじめて出会う社会学』（共編著，1998年，有斐閣），*International Encyclopedia of Men & Masculinities*（編集委員，Routledge, 2007），『ジェンダーの社会学』（放送大学教育振興会，2008年），『新編日本のフェミニズム　全12巻』（共編，岩波書店，2009-11年），『社会学ベーシックス　全10巻別巻1』（共編，世界思想社，2009-11年）などがある。

樹村みのり（きむら　みのり）
　1949年，埼玉県生まれ。漫画家。
　主な単行本に，『悪い子』『海辺のカイン』『母親の娘たち』『菜の花畑のむこうとこちら』（以上，ヘルスワーク協会，1998-99年），『冬の蕾』（労働大学出版センター，2005年），『見送りの後で』『彼らの犯罪』『愛ちゃんを捜して』（以上，朝日新聞出版，2008-11年）などがある。

國信 潤子（くにのぶ　じゅんこ）
　1948年，神奈川県生まれ。慶応義塾大学文学研究科哲学専攻修士課程修了，奈良女子大学比較文化学科博士課程単位取得満期退学。愛知淑徳大学教授・名誉教授を経て2014年没。女性学，ジェンダー論，比較文化論専攻。
　主な著書に，『北京発　日本の女たち』（共著，明石書店，1996年），『女性学教育・学習ハンドブック』（共著，有斐閣，1998年），「特定テーマ評価調査南西アジアWID/ジェンダー報告書」（国際協力事業団，2000年），『CD-ROM百科事典』（分担執筆，小学館，2000年），*International Encyclopedia on Women*（共著，Routledge, 2000）などがある。

INFORMATION

●**本書の特徴**　男と女をトータルに論じた初めての入門書。社会的・文化的に構成された性＝ジェンダーの視点から，普段気にもとめていなかった自分たちの性とそのあり方を問い直していきます。身近な問題から説きおこし，ジェンダー論の意味と日本の現状を平易な文体でわかりやすく解説。21世紀社会の最重要課題である，男女が共生する社会をともに考える，最先端のテキストです。

●**本書の構成**　恋愛，労働，育児……。人間の生活のいろいろな場面に焦点を当てた9章の本文を中心に，マンガ，特別講義の3本立てで，バリエーションをもたせた立体的な構成をとりました。

●**各章の構成**　各章の冒頭の頁には，女と男をめぐる名言・迷言が2題，章末には，「エクササイズ」「読書案内」「コラム」が置かれています。

●**名言・迷言**　古今東西の小説，映画，論説などから，女性と男性に関するさまざまな言葉を選び，章扉に掲載しました。ジェンダーについて考えを広げ，議論する素材としてお使いください。

●**エクササイズ**　講義を聞くだけが学習ではありません。参加・発見型学習のために，各章末にワークショップ型のエクササイズが載っています。作業し，議論し，問題にアタックしてみましょう。

●**読書案内**　エクササイズに続いて，さらに学習を進めるうえで参考になる文献を何点か，内容紹介つきで紹介しています。

●**コラム（*Column*）**　章末に，各章のテーマに関連するおもしろいトピックスを，囲み記事風にして入れました。

●**キーワード表示**　本文中の重要概念等は，注意を喚起するために，ゴチック文字で表示しています。

●**マンガ**　若者の身の回りの出来事，家族と自身の生き方を考える中年の物語など，3本のストーリー・マンガをお楽しみください。これもディスカッションの素材にどうぞ。

●**特　講**　ジェンダー論の学問領域と動向を解説した特別講義が3つあります。男と女をめぐる社会科学の営みを学んでください。

●**索　引**　巻末には，基本用語などを中心にした索引がついています。

女性学・男性学(第3版)：目　次

第1章　女であることの損・得，男であることの損・得　1

はじめに　2　　女であることの「得」　2　　女であることの「損」　3　　男であることの「得」　5　　男であることの「損」　6　　「女/男らしさ」を問いなおす　7　　性の多様性　9　　現代のジェンダー構造，その問題点　12　　ジェンダー平等社会に向かって　14

第2章　作られる〈男らしさ〉〈女らしさ〉　19

はじめに　20　　ジェンダー・ステレオタイプ　20　　社会化とジェンダー　22　　ジェンダーと役割取得　23　　幼児体験とジェンダー　26　　メディアが作るジェンダー意識　28　　再生産されるジェンダー構造　30

特講1　女性学って何？　35
女性学とフェミニズムの不可分な関係

マンガ1　あなたとわたし　43

第3章	ジェンダーに敏感な教育のために	63

はじめに 64　隠れたカリキュラム 65　教科書のなかのジェンダー・バイアス 67　家庭科の共修は始まったけれど 70　どうするスポーツの男女共修 72　ジェンダーに敏感な教育をめざして 76　性教育とジェンダー課題 80　ジェンダー平等のためのエンパワーメント教育 83　暴力防止・非暴力トレーニング 87　メディア・リテラシー/リーガル・リテラシー教育 90　おわりに 93

第4章	恋愛の女性学・男性学	99

はじめに：恋愛の多様性 100　恋愛の歴史 102　ロマンティック・ラブの誕生 105　男の子の勘違い/女の子の思い込み 108　シンデレラ・コンプレックス 110　恋愛シャイマン 112　恋愛の力関係 113　恋愛のゆくえ 116

特講2	男性学って何？	123

ごく短い男性学と男性運動のスケッチ

第5章	ジェンダーと労働	133

はじめに 134　歴史のなかで変化するジェンダーと労働 135　近代産業社会の産物としての「男は外/女は家」 136　無償労働（アンペイド・ワーク）

という課題　139　　男女平等に向かって変化を開始した国際社会　141　　M字カーブから共働き社会へ　143　　雇用機会均等法は女性の社会参画を拡大したか　147　　改正均等法は男女間格差を解消しうるか　151　　パートタイム労働とジェンダー　154　　セクシュアル・ハラスメントって何だ　156　　ダイバーシティ（多様化）戦略と女性活躍推進法　159　　男もつらいよ：仕事社会のなかの男たち　161　　非正規労働の拡大　163　　ワークライフバランス社会に向かって　165

マンガ2　花子さんの見た未来？　171

第6章　多様な家族に向かって　189

はじめに：同性同士が「結婚」できる国　190　　家族とは？　191　　「近代家族」の特徴　193　　「愛」という名の労働　194　　団塊世代に目立つ「専業主婦」　200　　家族法のなかの性差別　202　　夫婦別姓，是か非か　204　　ドメスティック・バイオレンス　207　　離婚の諸相　209　　多様な家族へ向かって　215

第7章　育児はだれのもの　221

「イクメン」の時代　222　　なぜ，男性は育児休業をとらないのか　224　　育児をしたい男性たち　225　　育児ノイローゼ　228　　「子ども問題」の時代　233

マスメディアと子ども文化　235　　少子・高齢社会の深化を前に　238　　社会システムの転換に向かって　243

マンガ3　今日の一日(ひとひ)の幸(さち)　249

第8章　国際化のなかの女性問題・男性問題　267

グローバリゼーションとジェンダー　268　　開発とジェンダー　272　　女性を見えない存在とする開発　276　　ジェンダーと開発をめぐる5つの政策　279　持続可能な発展のために：環境政策とジェンダー　284　　ジェンダー平等の観点に貫かれた世界に向かって　287　　SDGsに向かって　291

特講3　平和の思想と〈男らしさ〉　297

第9章　男女共同参画社会の見取り図　303

ジェンダー・フリー論争？　304　　ジェンダー・フリーの3つのニュアンス　305　　ジェンダー問題への対応にジェンダー間格差があるのか　307　　女・男にかかわらず「1人ひとりが違う」社会へ　309　男女共同参画社会の具体的なイメージ　312　　「『働け』イデオロギー」批判を超えて　315　　「無償労働」の見直し　320　　男女共同参画社会は「家族」を破壊するか　321　　日本のジェンダー・ギャップ

323　男女共同参画社会基本法の時代へ　329

索　引 …………………………………………………342

Column 一覧

① できない男？ …………………………………………16
② ジェンダーと科学 ……………………………………33
③ スポーツとジェンダー ………………………………97
④ 結婚できない症候群/男性の結婚難とその背景 ………120
⑤ 働く女性はどう見られているか ……………………168
⑥ なぜ中高年男性は自殺に走るのか …………………217
⑦ 韓国父親クラブ全国機構誕生 ………………………246
⑧ 男性主導社会が地球環境を破壊する？ ……………294
⑨ 変容する Gender 概念：社会科学と Gendered Innovation（性差研究に基づく技術革新） …………336

本書のコピー，スキャン，デジタル化等の無断複製は著作権法上での例外を除き禁じられています。本書を代行業者等の第三者に依頼してスキャンやデジタル化することは，たとえ個人や家庭内での利用でも著作権法違反です。

第1章 女であることの損・得，男であることの損・得

　私たちにとって，「男のなかに女がひとり」は非常に見慣れた光景である。テレビをつけるとたとえば『秘密戦隊ゴレンジャー』なんていうのをやっていて，アカレンジャー，アオレンジャー，ミドレンジャー，キレンジャーにまじって，紅一点のモモレンジャーが戦っていた。……私たちは大人に教わるまでもなく学んだのである。女の子が座れる場所は，ひとつしか用意されていないんだな，と。(斎藤美奈子『紅一点論』より)

　おまえらは女だ。おまえらは技術者になろうとしている。おまえらはみんなフェミニストの一味だ。おれはフェミニストが憎い。(1989年12月6日，カナダ・モントリオール科学技術専門学校で，13人の女子学生を含む14人を銃で射殺した，いわゆる「フェミニスト皆殺し」事件で，男子学生を退出させた後，犯人の男性が，残された女子学生に発砲する直前に叫んだ言葉)

はじめに

「女は，いいよな」と男性に言われてムッとした経験のある女性はけっこういるのではないか。というのも，この言葉には，しばしば，女性を一人前扱いしない男性社会の「排除」の原理がつきまとっているからだ。しかし，その一方で，女性のなかには，本当に「女でよかった」といった思いを抱いたことのある人も多いだろう。

それなら，男たちはどうだろう。男性もまた，それぞれの場で，自分が男であることの「損」と「得」とに向き合っているのだ。たしかに，現代日本社会は男性主導の社会だ。だから，いろいろな面で男性が有利な場合も多い。たとえば，女子学生が就職難に苦しむのを尻目に，男性たちは次々と内定を確保するといったシーンは，ついこの間まではまだまだあたりまえだった。とはいっても，男性のなかには，デートのあとで，「なぜ同級生なのにぼくの方がおごらなくちゃいけないんだ」と思った経験や，「女性割引」などの看板に「男性差別だ」などと感じた人もいるはずだ。

この世で，女であること，男であることは，どんな「得」あるいは「損」があるのだろうか。以前，大学生を対象に，アンケート調査をしたことがある。

アンケートの結果を見ると，面白いことがわかる。女と男の損得の背景に，明らかに違いがあるからだ。

女であることの「得」

女であることで「得」をしたのは，「力仕事のとき手伝ってもらえる」にみられるように，体力的な「弱さ」などを理由に保護されたときに多いようだ。この「弱さ」を利用して，「人前で泣ける」「失敗をニッコリ笑ってごまかし，泣いて握りつぶす」という手段をとる女性もけっこういる。また「花やケーキを買っても恥ずかしくない」

「女性への割引,特別サービスがある」「甘えられる」「女が少年マンガを買っても変に思われないが,男が少女マンガを買うと変」などというのもある。

　この回答を,じっくり見ていくと,女性たちの「得」の背景に,女性は心理的・精神的に「か弱い」「感情を表に出せる」「男性に依存すべきだ」「護られるべき対象だ」という考え方があることがわかるはずだ。その「弱さ」を「女の得」に転換するのが女性たちの「戦略」だともいえる。たしかに,「保護される存在」であることで,結果的に,男性より女性の方が「得」なケース,「優遇」される場合はあるだろう。

　しかし,「保護される存在」「甘えられる存在」であるということは,「一人前扱いされていない」,ということでもある。「甘えられる」というのは,その人の言うこと,することが軽視されている,あるいは責任をとるべき地位にないので見逃してもらえるということでもあるからだ。このことは,仕事や能力における評価の低さにつながる。

　つまり,保護の対象としてプレゼントをもらえる,割引をしてもらえるなどの「特権」の背後には,女性を保護する一方,その地位を低く留めるという社会的対応があるというわけだ。

女であることの「損」

女で「損」する例としては,まず「就職しても単純・補助労働に限定される」「賃金,地位格差がある」など,労働や社会参加における排除や差別の問題があげられる。これはあきらかに女性が女性であることを理由にした性差別といわざるをえないだろう。

　日常生活においても,「結婚すればいいから成績はどうでもいいと親から言われた」とか「女に大学教育は無駄だと父が言っ

た」などといった，「女だから」ということで期待されなかったり，逆に，枠にはめられてしまうことも，女性にとっての「損」といえるだろう。しかもこうした言葉が親から出てくるということは，女性たちにとって二重にショックだろう。

「痴漢，セクハラにあう」「夜一人で歩くとこわい」「門限がある」など男性にはない行動範囲・時間の限定も，女性にとって「損」として意識されている。ここには，女性がしばしば男性にとって性の対象物であり，性的な欲求の対象とされているという問題がある。また，女性に対する性暴力は，現実の問題として存在していることも事実だ。

以前は，「女からデートに誘えない」「男性は性体験を語るが，女性が語るとふしだらと言われる」など，性にかかわる行動，意識面でも女性は受動的でなければならないという縛りもあった。ここには，いわゆる**性にかかわるダブルスタンダード（二重基準）**が作用していたといわれる。つまり，男性に適用される基準と女性のそれとが異なっているのだ。何事にも積極的な男性は「有能な優れた人間」として評価されるのに，同じことを女性がすれば，「でしゃばりだ」「なまいきだ」と否定的に扱われることがある。また，男性のなかには，自分の性体験の多さを人前で誇る人がいるのに，女性が自分の性体験の豊富さを人前でしゃべれば，「はしたない」と後ろ指をさされることだろう。同じことをしても，男性女性で評価が逆転しているというわけだ。

こうした性にかかわるダブルスタンダードは，男女平等のかけごえの一方で，現代社会においても深く根を下ろしている。そして，このダブルスタンダードは，女であることの「損」の背景であるとともに，女性がこの問題を表面化しようとするとき，それ

を抑圧する論理として、いまなお作用している。

男であることの「得」

男性に男であるがゆえに「得」したことをきくと「親からあまりうるさく言われない」「行動が自由である」「痴漢にあわない」「夜道がこわくない」「レイプされない」「門限がない」「冒険ができる」「トイレに並ばなくてもよい」「生理がない」「出産しなくてよい」「妊娠のおそれがない」など、女性と比べて親からの行動の制約が少ないことや、その結果でもある行動範囲の広さ、性暴力被害の恐怖感をもつ必要がないこと、男性が産む性でないことから生じる自由さがある、といったことがあげられる傾向が強い。

経済的側面でも明らかに、男であることは「得」であると意識されているようだ。「就職しやすい」「賃金、地位の上昇がある」「独立して生活しやすい」などを男性の多くがあげているからだ。これは、男女平等といいながら、実際は、社会的に性差別がまだ根強く、男性主導の仕組みが存在していることの結果だろう。

「化粧をしなくてよい」「洋服などに金をかけなくてもよい」「たばこを吸ってもうるさくいわれない」「上半身裸で歩いても平気」などの回答が示すのも、現代社会の男女のアンバランスを示しているだろう。つまり、女性が「見られる性」として男性の視線をつねに意識するようにさせられてきたのに比べて、「見る性」である男性は、それほど自らの外見にこだわらなくてよいというわけだ。

とはいっても、この構図は、最近、変化しようとしている。男性の側が、女性の視線を意識しはじめるとともに、女性の方は、「見られる性」から、むしろ、自らコントロールした身体を（異性のみならず同性や、さらには自分自身に）「見せる性」として行動

しはじめているようにみえるからだ。

　面白いのは，家庭生活において男性が「得」だと思っている項目だ。というのも男性たちは，「家事をしなくてよい」「結婚したら上位にたてる」「上座に座れる」「子育てをしなくてもよい」「夕食がいつもできている」と回答しているからだ。しかし，こうした男性の側の勝手な「家庭では男性優位」といった意識は，女性の意識変化のなかで根本的に揺らぎはじめていることを男性も知っておいた方がいいだろう。というのも，家庭生活における男女対等（少なくとも男性のより積極的な家事・育児への参加）を求める声が，「男女平等はあたりまえ」の感覚の強い若い女性の間には広がっているからだ。

男であることの「損」

男で「損」したことをきくと，「強さを要求される」「業績，出世を要求される」「弱音をはけない」「経済力を要求される」「泣くと弱虫といわれる」「体力的にきついことをやらされる」「体罰を受けやすい」「汚れ仕事をやらされる」「セックスでリードしなければならない」「性関係で責任をとらされる」など，「強さ」や「忍耐」，リーダーや責任者であることが要求されることがあがってくる。「男は弱音をはくべきではない」というわけだ。それができなければ，「男らしくない」「男のくせに」と非難をうけることになる，と男性たちは恐れているのである。

　男性は，悲しみや恐怖感などの「弱さ」をみせるような感情表現を禁止され，業績や強者の証明を，他者に対してもまた他者を通じて自分に対してもつねに要求されることになる。

　「家の後継ぎにされる」「デートで金を払わされる」などの回答は，家族を養い，女性に経済的に頼りにされ，またそのために無

理を強いられる男性の実情を示しているだろう。さらに,「制度に組み込まれていく」「学歴,業績などで上昇志向を強制される」などは,組織や制度に縛られ自分の思いや欲求を制限されるとともに,他者より優越していることを示すために,つねに競争にさらされている男性のつらい現状を示唆している。

　また,「大学で理科系を強制される」「ピアノを習いたかったが柔道をやらされる」「家事をしようとすると止められる」など,本人が性別役割にこだわっていなくても,周囲がそれを許さないという現代日本社会の状況が浮きぼりにされるような回答である。

「女/男らしさ」を問いなおす

それにしても,なぜ,男であること,女であることで,「損」や「得」が生まれるのだろうか。考えてみれば,人間にもいろいろなタイプがいるし,それぞれ多様な才能をもっている。でも,私たちの暮らす世の中は,それぞれの個性というより,男であること,あるいは女であることが優先されている。だからこそ,男の損得や女の損得が生まれるのだ。

　なぜこんなに「男であること」「女であること」が,問題にされるのだろうか。女性学や男性学は,こうした問題をジェンダーという観点からとらえることを提案している。

　ジェンダー(gender)とは,オス,メスといった生物学的な性のあり方を意味するセックス(sex)に対して,文化的・社会的・心理的な性のあり方を指す言葉だ。「男はこう(あるべきだ)」「女はこう(あるべきだ)」といった社会的枠づけや,「男らしさ」「女らしさ」といった「らしさ」を意味している。セックスは,自然が生み出したものだが,ジェンダーはそうではない。ジェンダーは,人間の社会や文化によって構成された性なのである。

表1-1　ニューギニア地域の3つの社会集団における男女の性格・役割

	アラペシュ族	ムンドグモル族	チャンブリ族
居住地域	山岳地域	川の辺	湖の辺
文化の全般的特徴	男女ともに「女性的」	男女ともに「男性的」	男性は「女性的」女性は「男性的」
男女関係	男女ともに相互依存的	男女ともに攻撃的・積極的	依存的な男性 支配的な女性
育児	男女ともに子育てに強い関心	男女ともに子どもに無関心	女性は，授乳以外の子どもとの接触少ない 1歳以後は育児の担い手は男性

（出所）　M. ミードの研究による。

　ジェンダー，すなわち，「男らしさ」や「女らしさ」が社会や文化によって作られたものであることを示す興味深い研究がある。アメリカ合衆国出身の文化人類学者マーガレット・ミードの研究である。彼女は，ニューギニア地域の研究のなかで，1つの面白い発見をした。ここで，彼女の研究した社会集団のなかから，アラペシュ族，ムンドグモル族，チャンブリ族という比較的近隣に居住していた3つの社会集団をとりあげてみよう。じつは，これらの3つの社会集団の男女関係や男女の役割が，欧米の文化のなかで育った彼女の「あたりまえ」の男女観と比べてきわめて特異なものにみえたのだ（表1-1）。

　つまり，（アメリカ人ミードにとって）アラペシュ族では男性も女性も「女性的」に優しい気質をもっており，ムンドグモル族の場合は，逆に，男も女も「男性的」で攻撃的であり，さらにチャ

ンブリ族では、男たちは繊細で臆病で衣装に関心が深く絵や彫刻などを好むのに対して、女たちは、頑強で管理的役割を果たし、漁をして獲物を稼ぐなど「男性的」な役割を果たしているというのだ（もっとも、この時期チャンブリ族は他部族との戦いに敗れ、男性たちが力を失っていたという後の調査もある。社会状況はジェンダーに大きく影響するのだ）。

このミードの調査は、いわゆる「男らしさ」や「女らしさ」が、絶対的なものではなく、文化や社会に応じて変化すること、つまり、男性役割や女性役割が、しばしば文化や社会によって作られたものであることを明らかにした点で画期的な研究だった。

その後も、男性役割・女性役割の多様性については、実証調査をふまえて、多くの研究者が明らかにしている。たとえば、カナダのヘヤー・インディアンの研究をした原ひろ子によれば、男女の間には、一定の役割分業は存在してはいるが、この分業は必ずしも固定的ではなく、「男であれ、女であれ、毎日の生活に必要なことは一応まんべんなくできるようになっている」という。

性の多様性

これらの調査研究は、私たちが「あたりまえ」のように考えてきた、「男というもの」のあり方や「女というもの」のあり方が、文化によって変化するということを実証調査の裏づけをもってうまく説明してくれる。逆にいえば、このことは、「女らしさ」や「男らしさ」、女性の役割や男性の役割は、文化や社会によって作られたものであることを示しているといえるだろう。文化や社会の構成物としてのジェンダーという視点は、こうして確立されてきたのである。

ジェンダーの問題と関連させて、ここで、セックスの問題についてもふれておこうと思う。というのも、私たちは、ともすると

セックスも男と女の2つの種類しかないと考えることが多いからだ。実は，セックスという面でも，人間は2つの種類に分類しきれない。男性器と女性器とをあわせもった両性具有者＝半陰陽者（最近はインターセックスとも呼ばれる）は，古代から存在していた。また，性染色体の面でも2つに分類しきれるわけではない。多くの男性はXY染色体をもつが，XYYとY染色体を通常の「男性」よりも1つ多くもった人の存在も報告されている。逆に，XX染色体が多数派を占める「女性」のなかにXOとX染色体が通常の「女性」より1つ少ない人もいるし，XXXとX染色体が1つ多い人もいる。さらに女性ホルモンや男性ホルモンのバランスも人によって多様である。つまり，私たちの生物学的な性のあり方は，必ずしも2つに分けられるわけではないのである。生物学的に極端な「男」という軸と極端な「女」という軸をたてれば，私たちの性は，生殖器，ホルモン，染色体といった要素からみて，この両極端のあいだのどこかに位置するという視点で把握する方がいいだろう。

　性的指向性という点でも，私たちの性は多様だ。異性にのみ性的な関心を抱く人々（異性愛者）もいれば，逆に，同性にのみ性的な関心がある人（同性愛者）もいる。さらに両性に性的関心をもつ人（両性愛者）もいるのである。現在では，多くの文化において異性愛者が多数派だが，男性同性愛者は，たいていの国に5～8％くらい存在しているし，女性の同性愛者も3～6％くらいいる。必ずしも極端な少数派ではないのだ（もちろん，少数派だからといって人を差別するのは大問題であることはいうまでもないことだ）。

　「自分が，男である（あるいは女である），（さらに中性である）」

図 1-1 性の多様性

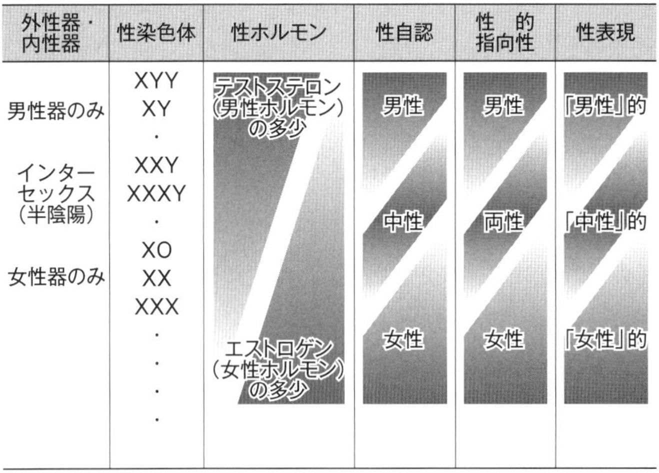

外性器・内性器	性染色体	性ホルモン	性自認	性的指向性	性表現
男性器のみ	XYY XY ・	テストステロン（男性ホルモン）の多少	男性	男性	「男性」的
インターセックス（半陰陽）	XXY XXXY ・ XO		中性	両性	「中性」的
女性器のみ	XX XXX ・ ・ ・	エストロゲン（女性ホルモン）の多少	女性	女性	「女性」的

(注) 横のラインは，必ずしも一致しないので，縦線に従って項目別に読んでください。

という性についての自己認識を「ジェンダー・アイデンティティ（性自認）」と呼ぶが，このジェンダー・アイデンティティと生物学的な性が異なっている人もいる。いわゆる「性同一性障がい」（性別違和）の人たちだ。彼・彼女たちの多くは，子どものときから「自分の身体は，自分の性自認と異なる」ことで悩んできた。最近では，こうした人々のための性転換の手術が日本でも承認されるようになった。

また，性表現という点でも多様性がある。生物学的には男性だが女性の服装を好む人，あるいは女性で男装の方が好きな人，もちろん，性を感じさせない中性のスタイルが好きな人もいるだろう。

図 1-1 は，これまで述べてきた，私たちの性にかかわるいくつ

かの要素をまとめたものだ。これを見ると，私たちの性が，単純に「男/女」の2分類ではかたづかないことがよくわかるだろう。

現代のジェンダー構造，その問題点　次に，ジェンダーとセックスの関連について考えてみよう。私たちの「常識」の世界では，ジェンダーはセックスに規定されている，という発想は根強い。「女性は生物学的に男性より体力的におとる。だから，男性の方が，力仕事を分担し，女性は補助的な労働をするのが自然だ」とか「女性は子どもを産む，だから子育ては女性に向いている。それゆえ，男が仕事，女が家庭という分業は自然なことだ」といった発言を今でもよく聞くことだろう。

育児は女性に向いているという意見には，さきにあげたミードの研究が反論してくれるだろう。実際，男性が育児に積極的にかかわる文化はそれほど珍しくはない。日本の江戸時代の育児書（基本的に赤ちゃんのケアではなくしつけという育児だが）の研究をした太田素子によれば，当時の育児書の読者対象は，ほとんど父親で，母親を対象にしたものは少ないという。もっとも，その背景には，「子育てのような大事なことは家長の仕事であり，こんな重要なことは愚かな女たちにまかせられない」という差別的な発想があったらしい（太田素子『江戸の親子』中公新書，1994年）。

セックスは，必ずしもジェンダーを規定しているとは限らないのだ。それどころか，最近のジェンダーをめぐる議論では，セックスがジェンダーを規定しているのではなく，むしろ，ジェンダーがセックスを規定している，という指摘さえ生まれている。

すでにみたように，私たちの生物学的性差は，男と女と簡単に二分できない多様性をもっている。ところが，多くの文化は，男

女という二元論でものを考える仕組みをもっている。この人為的な分類である男女の二項図式（ジェンダー）から，生物学的性差が把握されると，個々の存在の性的多様性は見失われ，すべてが男女の枠組みのなかにまとめられてしまう。その結果，「女（はこう）」「男（はこう）」というあらかじめ設定された固定的な枠組みに，個々の能力，個人の人格もまた回収されてしまうというわけである。

　実際，「女性は子宮で考える」とか「女に政治は向かない」などといった男性たちの発言を今なおよく聞くことがある。この発想の背後にも，明らかに生物学的に規定された男女の違いを，社会や政治の文脈に持ち込み，それを絶対化・固定化する意識が見出せるだろう。

　その結果，女性の声は「意識の低い」「直感的で」「とるにたらないもの」として一段低くみられるようになり，政策決定や意思決定の場から女性は排除されてしまうのである。

　現代社会もまた，このようにして社会的・文化的に構成されたジェンダーの構図に従ってできあがっている。ジェンダーによって私たちの意識や社会の仕組みが構造化されているといってもいいだろう。男女の二項図式によって形成された「男性が主で女性が従」「男性が能動的で女性は受動的」という固定的な枠組みは，家庭における性役割の仕組みから始まって，地域社会や職場における男女の関係のなかにおいても見出すことができるからである。

　と同時に，この図式は，一方の性（男）がリードし，他方の性（女）がそれに従うというかたちで，一種の政治的な力関係を生み出しているということも指摘しておかなければならない。ジェンダーの図式は，明らかに男性による女性に対する支配の構図を

生み出しているのである。この権力関係といってもいい仕組みを1960年代以後のフェミニストの理論は,「**家父長制**(patriarchy:男性支配)」という言葉で暴露してみせたのである。

しかも,この構図は,家庭教育や保育・学校教育などあらゆる教育の場や,メディアを通じた意識形成の場においても繰り返し表明されている。その結果,このジェンダーの構図は,「あたりまえのこと」「変えようもないこと」として私たちの意識のなかに染みついてしまっているのである。

こうして,この男性支配の構図は,日常生活から社会構造・政治構造まであらゆる社会生活のなかに,深く根を下ろし,再生産され続けているのである。

ジェンダー平等社会に向かって

ジェンダーという視点の発見は,このようなセックスによる規定を絶対化・固定化する男性主導社会の発想に大きな亀裂を持ち込むことになった。というのも,ジェンダーという視点を導入すると,「女性の役割」や「女らしさ」といった性にかかわる意識や社会の仕組みが,文化や社会の産物であるということがはっきりとみえてくるからである。と同時に,ジェンダーの構造が社会や文化によって形成されたものであるということになると,このジェンダーの仕組みが,私たちの生活にとって不都合なものなら,人間の意志によって変更を加えることができるということでもある。

そして今,これまでの「女(はこう)」「男(はこう)」というジェンダー意識によって支えられた社会の構造に対するはっきりとした異議申立ての声が起こっている。固定的なジェンダー意識は,女性たちが本来もっている多様な能力を抑制し,女性の社会的な

活動に制限を加えてきたからである。女性たちがその多様で個性的な能力を十全に発揮できる社会を作り出すためには，ジェンダーにとらわれないジェンダー平等社会の実現が前提になる。

同時に，男性もまた，「男は強くなければならない」とか「男は女をリードしなければならない」「感情を抑制しなければならない」といったジェンダー意識に縛られていることもみておかなければならない。「男はこうでなければならない」という「男らしさ」の縛りは，じつは男性にも重荷になりはじめている。実際，「男らしさ」に縛られない自分らしい生き方を模索する男性の動きも目立ちはじめているのである。

女性ばかりでなく，男性もまた，固定的なジェンダー意識にとらわれた社会から自由になるということが求められているのだ。

エクササイズ

　グループに分かれて，これまでの生活のなかで経験した，「女/男であることの損・得」について語り合ってみよう。また，その「損・得」が，どのような意味をもつかを分析してみよう。グループでの討議をまとめて，発表し，全体で議論してみよう。

読書案内

伊藤公雄『男性学入門』作品社，1996年。
　ジェンダー問題は，男性の生き方にとっても重要なテーマである。男性という視点から，ジェンダー問題に光をあてた，男性学の入門的テキスト。
伊藤公雄・牟田和恵編『ジェンダーで学ぶ社会学』全訂新版，世界思想社，2015年。
　「生まれる」から「死ぬ」までの人間のライフサイクルの流れ

を追いながら，ジェンダーの視点から社会のさまざまな問題を考察する，ジェンダー論と社会学の入門書。

Column ① できない男？

　日本の男性のことを考えるとき，いつも，「変だな」と思うことがある。それは，戦後の日本の男性の多くが，「できない」ことを自慢してきたのではないか，と感じることがよくあるからだ。男性たちは，よくこんなことを言う。「料理なんか男ができるか」「育児は女向きの仕事で，男にはとてもできない」「買い物なんて格好悪くてできない」，さらには「洗濯物を干している姿を見られるくらいなら死んだ方がましだ」などなど……。

　角度を変えてみれば，「自分は生活者として無能である」と言って，いばっているともいえる。しかし，料理・洗濯・買い物・育児は，男性に「できない」仕事だろうか。そんなことはない。実際，毎日，こうした仕事を，日常の作業としている男性もたくさんいる。そもそも，レストランのシェフのほとんどが男性だ（むしろ，ここでは女性の排除の方が問題だとさえいえる）。買い物だって，必要な商品を見つけて，お金の計算をすることぐらいたいていの人ならできるはずだ。育児のほとんどの作業は男性にもできる（たしかに，母乳はでないかもしれない。でも，ミルクや冷凍母乳を使えば授乳は十分可能なのだ）。

　できるかできないかが問題なのではない。じつは，問題なのは，男のメンツなのだ。できない，のではなくて，「女のする仕事をするなんて，男として格好悪い」というだけのことなのだ。

　以前，ある女性から，洗濯物を干す夫の話を聞いたことがある。「たしかに，洗濯物を干してはくれるのだが，ベランダで干すとき，シーツを前に干して，それから，その他の洗濯物を干すんです。シーツで身を隠してからでないと干せない。だから，彼は，洗濯物を干す日は，必ずシーツを洗濯していました」。考えてみれば，男のコケンというのは，滑稽なものだ。

　同じようなことは買い物などで見られる。土曜や日曜，郊外のスーパーマーケットに行ったら，駐車場をのぞいてみよう。そうすると，運転席に座って，所在なげにスマホ画面を眺めている男性たちの姿が見られるはずだ。「なんであんなに楽しい場所を前にして，外でぼんやりしているんだろう。ほんとにもったいない」と言いたいくらいだ。そろそろ，男性も，

こうした「できない男」状況を脱出して,「できる男」に変身してほしいものだ。

　生活の自立ばかりではない。じつは,男性の精神的な自立も問題なのではないか,と思う。現実に,男性たちの生活の仕方をじっくり見ていると,さまざまな場面で,女性のサポートを前提にしていることに驚かされる。日本の男性は,女性に甘えているのだ。こうした男性の女性への甘えについて,女性史研究家の山下悦子は,「日本の男には3人のママがいる」と喝破してみせた。まず,自分を産んでくれたお母さんという名のママがいる。次に,妻という名のママがくる。実際,日本の男性は,妻に母親の役割を期待しがちだ。

　さて,それでは,第3のママは？　山下は,3番目のママとして,バーのママをあげる。世界中がいまだに男性社会だから,飲み屋で女性がサービスをするという文化は,あちこちで見られる。でも,バーのママのように,疲れた男たちをヨイショしてやったり,やさしく慰め,甘えさせることで,男性たちをリフレッシュさせる商売は,日本独特のものだろう。逆にいえば,日本の男性たちは,金を払っても女性に甘えたいということなのかもしれない。

　「女性にサポートしてもらうのはあたりまえ」と勝手に思っているから,このサポートがなくなると,男性たちは急にオタオタしてしまう。その典型が,妻に先立たれた男性たちの問題だ。60代以上の男性で妻に先立たれた人の平均余命は3年だそうだ。こうなってしまうことの背景には,生活の自立ができていないこともももちろんあるが,それ以上に,それまで甘えてきた妻の不在が,男性に重くのしかかるということがあるのだろう。

　これからますます深化する高齢社会で,男性が年をとっても生き生きと暮らすために,男性の自立は必須の課題なのだ。

第2章 作られる〈男らしさ〉〈女らしさ〉

　幻想場面の照明がつく。と，トレンチ・コートを着たボガートが現れる。

　ボガート「何も秘密などないよ，あんた。女なんて単純なものさ。軽くひっぱたいて言うことをきかなかった女など，会ったこともない」

　アラン「俺にはナンシーを殴ることなんてできないよ。それにそんなふうにして関係を保ちたくない」

　ボガート「関係？　それが何の役に立つっていうんだい。そんな言葉どこから覚えてきたんだ……」。(ウディ・アレン『ボギー！　俺も男だ』より)

　人は女に生まれない。女になるのだ。(シモーヌ・ド・ボーボワール『第二の性』より)

| はじめに | 親戚に赤ちゃんが生まれて、あなたが、そのお祝いにいったとする。ベビーベッドには、ピンクの服を着た赤ちゃんが眠っている。突然、その子が泣き出した。さて、そのとき、あなたは、この赤ちゃんを見てどんなふうに感じるだろうか。

こんなふうに、赤ちゃんを前にして周囲の人たちがどんな態度をとるかを調べる実験がある。いわゆる「ベビー X」実験である。黄色いジャンプスーツを着た生後3カ月の赤ちゃんに対して、大人たちがどんな対応をとるかについて実験したものだ。

被験者である大人たちは3つのグループに分けられる。最初のグループには、その赤ちゃんが女の子であると示され、もう1つは男の子であると、そして最後のグループには、男女の性別は示されない（実際は、この赤ちゃんは女の子であった）。また、近くに、男の子用と一般に考えられるゴム製のフットボール、女の子向きと考えられやすい女の子の人形、さらに、必ずしも男の子用・女の子用の区別がつきにくいプラスチック製の輪を置いておく。

さて、実験の結果、赤ちゃんを前にして、大人たちはどんな態度をとっただろうか。

| ジェンダー・ステレオタイプ | 実験の結果によると、女の子と告げられたグループの大人たちは人形を使って赤ちゃんと対応しようとする傾向が強く、また、男の子として紹介された大人たちは、（フットボールではなく）プラスチックの輪で遊ぼうとした（たしかに、フットボールは赤ちゃんには不向きだろう。男の子用の人形を置けば、大人たちはきっとそれを使っただろうと思う）。

男女の区別が告げられなかったグループは、男女で対応が異な

る傾向がみられたという。つまり女性たちはかなり積極的に赤ちゃんと対応したのだが，男性たちは，ほとんどかかわろうとしなかったのだ（実験を行った人たちは，男性たちは，女性と比べて，相手の男女の区別がはっきりしないと対応しにくくなるのではないか，と分析している）。面白いのは，この性別がはっきりしない赤ちゃんと対面した大人たちは，何とかして，この子どもが男なのか女なのかを確かめようとしたという点だ。「握った手の握力が強いから男の子だろう」とか，「何とはなしの優しさや弱々しさがあるから女の子だろう」と，とにかく性別を知りたがる傾向が観察されたのだという。

その後も，このベビーX実験は，さまざまなかたちで試みられている。「はじめに」でのべた泣き出した赤ちゃんの表情把握の実験の場合には，同じ赤ちゃんであるにもかかわらず，その子が男の子と告げられた人々は，その表情をみて「怒っている」ととらえる傾向が強い。他方，女の子だと言われた人は，「怖がっている」と思い込みやすいのだそうだ。いずれにしても，同じ赤ちゃんであるにもかかわらず，その子が女の子だとされれば，周囲の人々は，社会的に「女の子」向きと思われる対応を，また，男の子といわれたら，「男の子」向きの態度をとることが確かめられたのである。逆にいえば，赤ちゃんの段階から，ジェンダーに基づく決めつけによって，私たちは他者に向き合っているということでもある。さらに，性別を示されなかったグループの大人たちが，何とかしてこの赤ちゃんの性別を知ろうとつとめたように，私たちの社会においては，つねにジェンダーによる区別をしたがる傾向が（他者について判断する場合のかなり重要な要素として），ほとんど無自覚のうちにきわめて根強く存在しているとい

うこともこの実験は教えてくれるだろう。

このベビーX実験にみられるように、私たちの社会では、(生物学的に女であるかどうかにかかわらず)「女の子」だと言われれば、周囲の人々が「女の子」向けの対応をする傾向が強い。ということは、当の本人は、「あなたは女の子ですよ」という視線でつねに見られているということでもある。

私たちの暮らす社会には、このようなジェンダーによるステレオタイプ(一面的で固定的な把握の仕方)が存在している。

社会化とジェンダー

人間が、自分の生活する社会や集団に適合的な行動パターンを身につけ、社会の一員になっていくプロセスを、「**社会化**」という。ジェンダーのステレオタイプが根強い社会においては、この「社会化」においてもジェンダーが重要なファクターを形成している。人は、その社会で人間一般として社会化されるわけではない。シモーヌ・ド・ボーボワールが鋭く指摘したように、まさに「人は女に生まれない、女になるのだ」。もちろん、この言葉は、男性向けに「人は男に生まれない、男になるのだ」と言い換えることもできるだろう。つまり、人々は、社会化のプロセスのなかで、「女はこう行動すべきだ」あるいは「男ならこうすべきだ」というジェンダー役割を身につけていくのである。

他者とのコミュニケーションを通じた社会的な自我形成のプロセス＝社会化は、幼児期からの周囲の人間との相互作用＝コミュニケーションを通して形成されていく。このプロセスを、C. H. クーリーという社会学者は、「**鏡の中の自己**」という概念で説明している。クーリーの考えは、次のようなものだ。自分の顔や姿は、鏡によって映すことで知ることができる。同じように、人間

は鏡としての他者の反応を介して自分のあり方を知ることで、社会的な自我形成を行うというのである。クーリーによれば、このプロセスは次のようなかたちで展開していくという。まず、他者に対して自分がどう見えるかに関する想像が生まれ、続いて、自分のイメージについて他者がどう判断しているかについて想像が及び、最後に、これらの想像に対する自分なりの感情的反応が生まれる。こうして、他者という鏡を通じて、私たちは自我を形成していくのだ。

ところが、ベビーX実験でも明らかなように、私たちの社会では、生まれた段階から、「この赤ちゃんは、男か女か」「男の子なら男の子用のおもちゃが、女の子なら女の子用のおもちゃがいいだろう」「男の子だから、怒って泣いているのだろう、女の子だから怖がって泣いているに違いない」といった具合に、ジェンダー・ステレオタイプに基づいた視点で見つめられている。

クーリーは、ジェンダーの問題については何もふれていない。しかし、私たちのジェンダー意識が、基本的にはこうした対面関係にある人々とのコミュニケーションを通じて形成されてきたというのも事実だろう。というのも、こうしたコミュニケーション・プロセスは、他者が身につけている役割を模倣しつつ、社会的に他者から期待された役割を自分の役割として内面化していく過程でもあるからだ。ジェンダーという点からいえば、女性たちは、社会が「女性の役割」と規定した役割を、そして男性たちは、「男性の役割」を、社会的コミュニケーションのなかで身につけていくのである。

ジェンダーと役割取得　クーリーとともにコミュニケーション研究で著名なG. H. ミードは、こうした他

者から期待される役割の内面化を,**「役割取得」**という言葉で把握した。

ミードもまた,クーリーと同様に,社会的自我は,他者とのコミュニケーションによって形成されると考えた。彼は,この役割取得のプロセスを,子どもの発達段階と重ね合わせて論じている。いわゆる「プレイ（遊び）」の段階から,「ゲーム段階」への発達である。

まだ社会的自我意識が形成されていないプレイ段階で,子どもたちは,両親などの身の回りの具体的な「重要な他者」の役割を模倣することで,彼らの視線を内面化し,自分の位置を少しずつ定めていく。子どもたちが,親や教師になったつもりで自分に話しかけるなどというのは,その一例だ。

しかし,このプレイ段階では,子どもたちは,いまだ十分に社会的な自我意識を形成しているとはいいがたい。彼らが,それなりの社会的自我意識をもつようにふるまうのは,ゲーム段階になってからのことだ。たとえば,野球のようなゲームを想像してもらいたい。ここでは,子どもたちは,ゲームに参加しているすべての子どもの役割を認識しつつ,自分の役割を認識しなければならない。このとき,彼/彼女らは,**「一般化された他者」**の期待する役割を演ずるようになる。それでは,この一般化された他者とは何か。ミードにいわせれば,それは,「自我の統一を与える組織化された共同体,もしくは社会集団」そのもののことなのだ。

こうした役割取得という観点から,私たちがジェンダー役割を獲得していくプロセスを考えることができるだろう。というのも,すでに子どもたちをとりまく社会そのものがジェンダー役割に縛られた大人たちでできあがっているのだから。なかでも性別役割

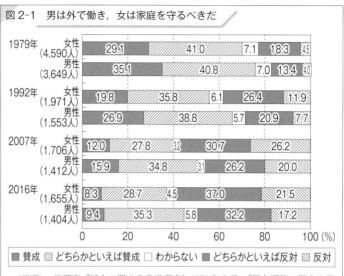

図 2-1 男は外で働き，女は家庭を守るべきだ

（出所） 総理府『婦人に関する意識調査』1976 年 5 月，『男女平等に関する世論調査』1992 年，内閣府『男女共同参画社会に関する世論調査』2007 年より作成。独立行政法人国立女性教育会館編『男女共同参画統計データブック 2009』ぎょうせい，「男女共同参画社会に関する世論調査（平成 28 年 9 月）」。

意識が社会的に根強い現代日本社会では，ミードのいう一般化された他者のまなざしもまた，女性に対しては「女性性」を，そして男性に対しては「男性性」を強く期待することになる。こうして，身の回りの重要な他者である両親や家族，さらには近隣集団や仲間集団とのコミュニケーションのなかで，社会から割り当てられたジェンダー役割を，私たちは自らのものとしていくのである。

私たちのジェンダー意識は，こうして，多様なコミュニケーションの回路を通じて形成されることになる。なかでも，重要な他者である親の側のもつ，子どもへの役割期待が，子どもたちのジェンダー意識に影響を与えることはいうまでもない。しかし，日

第 2 章 作られる〈男らしさ〉〈女らしさ〉

本社会はこの点でもまだ問題をかかえている。図2-1は、日本での「性別分業意識」についてのデータだ。30年前と比べると、「男は外で働き、女は家庭を守るべきだ」と回答する人の割合は減る傾向にあるが、「賛成」および「どちらかといえば賛成」を合計するとまだかなりの人が肯定的だともいえる（とくに男性は、女性と比べて、性別分業に賛成の傾向が強い）。国際比較調査でも、同様の傾向がみられる（第3章図3-4参照）。他の国々と比べて、日本は性別分業肯定の割合が目立って高いのである。周囲の人々の意識が、子どもの意識に大きな影響を与えるのは明らかだ。ジェンダー平等社会の形成のためにも、まず、大人を含めた日本人の意識そのものの変革が必要なのだ。

幼児体験とジェンダー　ここまで、ジェンダーが幼児期からのコミュニケーション・プロセスのなかで作られたものであることを述べてきた。とはいっても、「〈男らしさ〉や〈女らしさ〉が作られたものだというのは、ある程度は理解できるが、それでも男性と女性とでは、発想の仕方や人間関係のもち方で違いがあるように思われる。やっぱり、その背景には生物学的な違いがあるのではないだろうか」と考える人もいるだろう。

こうした人に、ナンシー・チョドロウの議論は、かなりの説得力をもって、私たちのジェンダー意識の形成を説明してくれる。彼女は、私たちの抱く、男女の社会的な認識や行動のパターンもまた、幼児期のコミュニケーション・プロセスのなかで形成されたものであることを、比較的わかりやすく解説してくれるように思うからだ。

まず男の子からみてみよう。チョドロウによれば、男の子たち

は，多くの場合（近代産業社会以後の女性が主要に子育てを担うという社会を前提にしてのことだろうが），主に彼らを育てる母親との関係で，当初は，身近な存在である母親と一体になりたいという気持ちをもつという。でも，この男女の性差が強調される社会で，女である母親は，「お前は男だ」（女性である私とは異なる）というかたちで対応しやすい。つまり，男の子は，女の子に比べて，母親からの精神的な分離が早い段階から要求される傾向があるというわけだ。最も重要な他者である母親から切り離された男の子は，そのため，自分をとりまく外部との関係に距離をとりたがる傾向（客観性の重視）をもちやすい。それは，男の子に，他者との共感の能力や親密さの感情を抑制させることにもなる。これが，クールに外界に対応するという男性の傾向を生み，また逆に，他者との共感能力や親密さへの忌避傾向を作り出すという。

　その一方で，母親から切り離されたということは，男の子に強い不安を生む。男の子たちは，その不安を抑制するために，自分の周りの人やモノを，なんとかコントロールし支配しようとする。このコントロールしようという気持ちは，自分の周りの世界をできるだけ単純化し，合理的に枠づけてしまおうとする傾向と結びつくという。クールで冷静な男，他者との感情的な共感能力において女性に劣る「男らしさ」の意識がこうして作られるというわけだ。

　チョドロウの議論は，「女らしさ」についてもうまく説明している。男性と比べて，同じ性である母親に育てられた女の子たちは，幼児期を通して母親と緊密な関係性を維持し続ける。母親との断絶が男の子と比べて遅くなる女の子は，他者との連続性や共感能力を身につけやすい。しかし，同時に，他者である母親への

依存の傾向を保持しやすい。こうして女性たちの方が，より他者への（最初は母への，そして成人後は男たちへの）依存の傾向を強くもつようになるというわけだ。

チョドロウは，〈男らしさ〉や〈女らしさ〉が再生産されていく構図を，このような子育て環境と結びつけて，きわめて説得力をもって分析してみせたのだ。

メディアが作るジェンダー意識

家庭における育児環境だけが，ジェンダー意識を身につけさせるわけではない。子どもたちをとりまく社会環境やメディアもまた，子どもたちのジェンダー意識を構成し，ジェンダー化された社会の仕組みを再生産していくのだ。

このことについて面白い実例がある。父親の方が，むしろ料理をする姿が目立つ家庭で育った男の子の例だ。彼は，自分が「男」であると認識しはじめた3歳の頃，包丁をもってニンジンを切ろうとしている姿を見つけられ，あわてて包丁をとりあげられるという事件をおこした（最近は，幼児期からの台所育児なども盛んだが，ここでは台所育児をしていたわけではない）。どうも，この男の子は，その頃，「男こそが料理をする」という認識をもっていたようなのだ。ところが，5歳くらいになったある日，ウルトラマン人形で遊んでいた男の子が，こんなことを言っているのに両親が気がついた。

「ユリアン（ウルトラマンに登場する女性のウルトラマン，というかウルトラウーマン），料理つくってくれ」。

日頃から，性別分業に批判的な両親は，「なんでユリアンが料理をしなければならないのだ」と聞くと，「だって，ユリアンは女じゃないか」と答える。そこで，「なぜ女だと料理をしなけれ

ばならないのか」とさらに尋ねると，不服そうにちょっと考えて，「それなら，今日はウルトラマンが料理するよ」ということになった。

　家庭では，できるだけ対等に家事・育児分担をしている家庭でも，保育園・幼稚園での友人・先生たちとの会話や，メディアとの接触のなかで，きちんと（？）ジェンダー意識を身につけていくのである。

　もちろん，この例にもみられるように，子どもたちが，ジェンダー意識を身につけていくうえで，メディアの果たす役割も大きいだろう。というのも，メディアが映し出す世界もまた，ジェンダー図式が刻印されているからだ。少しずつ変化が生じてはいるが，メディアの世界では，しばしば，男性は能動的で中心的な役割を担うように描かれ，女性は受動的で支援的役割を担うように描かれる傾向が強いのである。

　子ども向け番組においても事態は同様である。というより，大人向けと比べて，パターン化された役割やストーリーが目立つ子ども向け番組こそ，ジェンダーによる色づけがよりはっきりしていると言った方がいいくらいだ。そもそも，男の子向け番組には，女性の姿が少ない。たとえば，『ドラえもん』に登場する女性の多くは（自営業のジャイアンのお母さんを除けば），専業主婦のお母さんたちで，男の子以外の主要登場人物といえば，しっかりもののしずかちゃんくらいしかいない。また，5人の戦士が敵と戦うというかたちが多い，いわゆる「超戦隊もの」の歴史をみても，5人の戦士のうち，当初，女性は1人だけしかいなかった。最近は，2人女性というものが多いが，そのキャラクターについては，すでにはっきりとパターンができている。つまり，1人は積極的

なお転婆タイプで、もう1人はどちらかというと、おっとりとした優しいタイプなのだ。

　幼児期のアニメなどにも同様の傾向がみられる。たとえば、「アンパンマン」のような、保護者にとっても、一見安心してみえる番組でも（実際は、詳しく分析すれば、社会の異物であるバイキンマンを暴力で排除するという、けっこう問題ありのストーリーパターンがひそんでいるのだが）、じっくりとみていくと、はっきりジェンダーの構図がみてとれる。アンパンマンをはじめカレーパンマンやジャムおじさんなど、男の登場人物は多様な能力をもった存在として描かれているのに、女の登場人物は、バタコさんに代表されるやさしいタイプや可愛らしいキャラクターか、わがままなドキンちゃんタイプに、ほとんど単純に二分されているのである。

再生産されるジェンダー構造

　こうしたジェンダーによる2分類の構図は、成人になってからも基本的に維持される。というのも、私たちの生活している社会そのものが、ジェンダー化された社会であるからだ。家庭生活においても、職場でも、また地域社会でも、男と女の二項図式は、私たちの身体にしっかり染みついている。しかも、日常的な相互行為のなかで、私たちをとりまく人々は、自分に与えられたジェンダー役割を演じているし、他者に対してもそうした役割を要求しがちだ。もちろん、個々人は、置かれた状況のなかで自発的で多様な反応をすることが可能だ（たとえば、「私は、私だから、男・女にかかわらないかたちで行為したり発言したりしますよ」と言うことは可能だ）。しかし、1人ひとりの判断や置かれた状況が多様であっても、周囲の人々の対応や行為が、ジェンダー化さ

れた社会の構造を反映しているかぎり，言葉本来の意味での自発的な行為をすることはなかなか困難になる（たとえば，相互行為のなかで「浮いて」しまうことになる）。また，そもそも，幼児期から身体に染みついているジェンダーから完全に自由であるといえる人も少ないだろう。そうした文脈のなかで，ジェンダー化された発言や行為をするということが，そのまま，自分のジェンダー意識を補強することになる（ジェンダー化された社会では，ジェンダーの文脈に従って行為したり発言したりする方が，スムーズに他者との相互行為が行われやすいのだ）。

こうして，ジェンダー化された社会の構造は，日常的な，他者（あるいはメディアを通じた情報）との相互作用のなかで，日々，再生産されるということになる。

ジェンダーは，明らかに，社会や文化が作り出したものだ。しかし，同時に，ジェンダー化された社会のなかでジェンダーが再生産されていく構造は，なかなか変えにくいところがあるのも事実である。ジェンダーの再生産の構造から自由になるためにも，一見強固にみえるジェンダーの構造そのものをズラしたり，そこにヒビを入れたりしながら，私たちの日常生活そのもののなかから，少しずつそれを変えていく必要があるといえるだろう。

エクササイズ

1 雑誌分析
【用意するもの】
　ビジュアル雑誌　模造紙　のり　マジック
【方法】
　1. 5～8人のグループを作り，各グループで1冊雑誌を選ぶ。

2. ビジュアル雑誌の人物像を手でボディーラインにそって破る（メンバー全員でできるだけたくさん）。
3. ある程度男女のイメージを描いた断片ができたら，それを模造紙に貼る。男性をたとえば右の端から，女性を左の端から貼っていく（どちらが右，左でもいい）。
4. 男女それぞれがあわさる所まで貼り詰める。
5. できあがった「作品」を見ながら，ジェンダー（男女の性別）の表現のされ方という点にこだわりつつ，グループで共同で分析する。書記役を決めて，書記は，グループでの発見を，別紙の表に記入していく。
6. 全体の前で，各グループの発見したものと分析の結果をグループの代表が報告する。

2 男性の制服や背広，女性のセーラー服や仕事場での制服，男女用の着物などをもちより，女性は男性用の衣服を，男性は女性用衣服を着用してみよう（男性側はお化粧などをしてもいい）。1人ひとりが，全員の前で，ファッションショーをやってみよう。またその後，それぞれ，異性の服装をしてみて，異性の衣服そのものやそれを身につけたときの気持ちなどについて語り合ってみよう（あくまで自発性を尊重し，異性の服装をしたくない人には絶対に強制しないこと。また，このエクササイズのためには，更衣室を準備する必要がある）。

読書案内

中村桃子『性と日本語』日本放送出版協会，2007年。
　日本語という視点からジェンダー問題を論じている。自分のことを「ぼく」と呼ぶ少女の分析など，目から鱗の落ちるような鋭い考察に満ちている。身近な「ことば」をジェンダーの視点で見つめ直してみよう。

S. ゴロンボク・R. フィバッシュ『ジェンダーの発達心理学』
（小林芳郎・瀧野揚三訳）田研出版，1997年。

ジェンダー・ステレオタイピングの形成の問題などについて，発達心理学ばかりか社会学や教育学などの視点からも，考察を加えている。

N. チョドロウ『母親業の再生産』（大塚光子・大内菅子訳）新曜社，1981年。

フェミニズムの観点にたちつつ，〈女らしさ〉〈男らしさ〉の形成プロセスを，幼児体験の分析を通して明らかにしている。

村松泰子・H. ゴスマン編『メディアがつくるジェンダー』新曜社，1998年。

日本とドイツの研究者の協力で，テレビ・ドラマ，アニメ，コマーシャル，新聞，雑誌，小説など，多様なメディアのなかに描かれた男女イメージを対象に興味深い分析が加えられている。「クレヨンしんちゃん」のアニメなども扱われており，身近なところからジェンダー問題を考えるきっかけを与えてくれる。

Column ② ジェンダーと科学

近代科学の発展は，基本的に男性主導で進められたといわれる。たしかにそうだろう。ならば，科学の発展に，男性中心のものの見方が入り込んでいるということもあるのではないか。

じつは，そうした観点から科学の発展を議論した人がいる。その1人が，アメリカ合衆国の理論物理学者，エヴリン・フォックス・ケラーだ。彼女は，『ジェンダーと科学』（幾島幸子・川島慶子訳，工作舎，1993年）で，近代科学の発展の背景に，客観主義的に自然を把握しそれを支配しようという男性の原理が存在していることを鋭く分析している。

男性の原理といっても，男性と女性の生物学的な違いが，そのまま男女の発想の違いを生み出したわけではない。むしろ，本文でもナンシー・チョドロウの議論でふれているように，幼児期の育てられ方によって，男性原理は作られると彼女は指摘する。そして，幼児期の母子関係のなかで形成された男性たちの客観主義や世界を支配する傾向，単純化・合理化の傾向が，近代科学の発展に大きな影響を与えたとケラーは分析する。

実際，男性によって支配されてきた科学の世界は，クールな客観主義が強調されてきたために，研究対象への共感や親密さをもつということなど

まずなかった。また，理論の面で，合理化・抽象化・整合化ばかり追い求めてきたために，研究対象にも個々の多様な違いがあること，それがいつも微妙な変化を生み出していることには，あまり注目することがなかった。

現在の科学がぶつかっている限界を超えるには，こうした男性型の原理にこだわらない，新しい発想が必要なのはいうまでもない。そこで，これまであまり顧みられることのなかった，女性の視点が，その1つの突破口として期待されるのは当然だ。

その1つの例が，ケラーが書いたもう1冊の本『動く遺伝子』（石館三枝子・石館康平訳，晶文社，1987年）でふれられている，1983年度にノーベル医学生理学賞を受賞したバーバラ・マクリントクの話だ。彼女は，トウモロコシの遺伝子の研究をするなかで，1951年に，画期的な発見，「動く遺伝子」説を発表した。これは，トウモロコシの遺伝組織が，従来（主に男性研究者によって）考えられてきたように安定したものではなく，転移というメカニズムを通じて，つねに再編成され続けているというものだった。ところが，この画期的な研究は，男性原理中心で運営されてきた学界では完全に無視され続けた。その後の研究が，このマクリントクの説を裏づけることがわかり，発見から30年以上もたってから，彼女はノーベル賞をもらうことになったのだ。

ケラーは，マクリントクのこの発見が，単にトウモロコシの遺伝子を客観的な対象として見るのではなく，対象と心を通わせ，共感し会話する作業のなかで達成されたと指摘する。

環境破壊や人間性喪失など，男性主導で進められてきた近代科学の行き詰まり状況を突破するには，女性の力に頼らざるをえないのかもしれない。

特講 1 女性学って何？
――女性学とフェミニズムの不可分な関係

　以前，ある大学の授業で,「今日はフェミニズムの歴史について話します」と言ったら，前の方に座っていた女子学生が3人ほど，パッと席を立って出て行ってしまった。「そんな話を聞くと身が汚れる」（?）とでもいった態度にちょっとビックリした。どうも，若い世代の間には，フェミニズムというと，「すべての男を敵と考える，心の狭い一部の女性の考え方」とでもいったらいいような，固定したイメージがあるようだ。

　他方で，中高年世代には,「フェミニスト＝女性にやさしい男の人のことだ」と思っている人も見かける。どうも，フェミニズムについては，まだまだ多くの誤解があるようだ。

　フェミニズムとは，男女の平等な関係の確立をめざす思想や運動のことだ。男女平等といえば，日本国憲法にも書かれていることだし，これに表立って反対する人は，今や，少数派だろう。ただし，この「あたりまえ」の男女平等が，十分に実現していないのも事実だ。社会の制度や仕組みだけでなく，それを支える人々の意識のなかにも，**ジェンダー・バイアス**（男女という固定的なきめつけによる偏見）は根強い。この性による不公正で不正常な状況を変革しようというのが，フェミニズムだといえるだろう。

　このフェミニズムだが，男女平等に向けて女性の権利の擁護を掲げるこの思想の登場は，それほど昔のことではない。フェミニズムの歴史について書かれた多くの書物は，その起源をフランス革命前後の時期においているようだ。

　フランス革命は，よく知られているように，「自由・平等・友

愛」を掲げた近代市民革命だった。この革命において，法のもとでの人間の平等，国民主権，言論・表現の自由，財産権などをうたった「人間および市民の権利の宣言」が発せられた。いわゆる「人権宣言」である。この宣言の第1章にはこう書かれている。

「人間は自由で，権利において平等なものとして出生し，生存する。社会的な差別は，共同の利益のためにのみ設けることができる」。

人間の自由と平等，差別の抑止を語るこの「人間および市民の宣言」には，しかし，ある根本的な問題が欠落していた。女性や子どもたちは，ここでいう「人間および市民」に含まれていなかったのである。つまり，ここに書かれている「人間および市民」は，じつは，「フランス国籍をもった成人した男性」であって，女性や子どもの権利についてはまったく無視されたままだった。そのことは，この市民革命の結果生み出された議会の場に，ただ1人の女性議員も存在しなかったことからも明らかなことだろう。

しかし，人間の平等をうたう人権の思想が，大きく広がるなかで，当然のこととして性による差別への告発の声があがる。**メアリー・ウルストンクラフト**がイギリスで『**女性の権利の擁護**』というフェミニズムの宣言を出版したのは，フランス革命直後のことだった。

男女平等を求める声は，まず，女性の参政権（政治に参画する権利）・財産権（個人的な財産を所有する権利）・教育権（教育を受ける権利）をめぐる動きとして広がっていった。逆にいえば，女性たちには，こうした当然の権利が保証されていなかったということだ。歴史上，はじめて女性の参政権が確立したのはニュージーランドで1893年のことだった。ウルストンクラフトの宣言から100年もたってからだ（ちなみに日本では，1946年。70年ちょっ

としかたっていない)。

その後,労働運動や社会主義運動の発展のなかで,フェミニズムは,新たな要求を掲げるようになった。女性の働く権利の擁護という主張である。こうした動きのなかで,男女平等の労働権や,「母性(妊娠・出産という多くの女性がもつ生物学的機能)保護のための社会保障」「女性が働き続けることをサポートするための社会福祉制度や施設の拡充」が,求められるようになった。

これらの要求はまだ完全に実現されていない。市民的・法的権利における男女平等と女性の労働権の確立は,なお女性をめぐる焦眉の課題であり続けているのだ。

こうしたフェミニズムの運動に大きな転機が訪れたのが,1960年代のことだ。人種差別反対の運動やベトナム反戦運動などを契機として広がった,ニューレフト(古い左翼運動に代わる新しい社会変革運動・思想)と呼ばれる若者たちの運動は,やがて,ラディカルなフェミニズムの登場につながっていく。いわゆる**ウーマン・リブ**(女性解放)の運動である。

フェミニズムの「第2波」とも呼ばれるこの新しい女性の運動は,それまでのフェミニズムの運動とどこが違っていたのだろうか。

それまでのフェミニズムとの大きな違いは,女性差別の問題は,単に法律や社会制度の変革だけでは解決しないという点を強く打ち出したところにあると思う。男性優位の構図は,それこそ家庭から職場・学校に至るまで,私たちの日常生活の至るところに,それがまるで「自然なこと」でもあるかのように染みついてしまっている。その結果,政治・経済・社会の諸制度を含む,あらゆる場に男性優位の構図が仕組みとしてできあがっている。問題なのは,私たちのものの見方,考え方,ものの言い方,身体の動か

し方にまで至る,広い意味での「文化」のなかに**構造化**された（さまざまな要素が絡み合いつつ,全体として,動かしがたい安定した仕組みのように現れる）男性優位・男性主導の社会（フェミニズムの「第2波」は,しばしばこの構造を「**家父長制**」と呼んだ）を変革することなのだ,と現在のフェミニズムは主張することになる（もちろん,こうした広い意味での「文化」の問題が性差別の背景にあることは,フェミニズムは成立当初から指摘していた。しかし,そのことについて,理論的にまとまった形で議論されるようになったのは,1960年代以後のことといえるだろう）。

1970年代に入ると,こうした新たなフェミニズムの展開は,大学における研究や教育の分野においても,深く浸透していった。「**女性学**」の誕生である。

女性学の登場は,それまでの学問のあり方を根本的に問い直すことにつながった。というのも,それまでの学問においては,客観性のよそおいとは裏腹に,じつは,無自覚のうちに男性の視点を基準とし,それをあらかじめ「自明」（「あたりまえ」のことと思い込む）のこととして,世界をとりまく諸現象が対象にされ,語られてきたからだ。ところが,女性という視点の登場は,これまで（男性中心の学問において）「あたりまえ」と考えられてきた課題を,別の新たな視点から見つめ直すことを要求することになった。

たとえば,文学において,男性作家の描く女性像は,ときに,男性たちの勝手に作り出した幻想をもとに語られてきた。それなら,描かれてきた女性の立場から,それを「読む」とどうなるか。当然,そこには,男性中心の文学批評とは異なる,女性として位置づけられてきた人々の観点からの新たな視座が見出しうるだろう。逆に,女性作家が描く文学作品の再評価も行われるようにな

った。というのも、これまでの男性中心の文学批評においては、しばしば、見逃されたり、周辺的な課題だと片づけられたりしていたテーマが、女性という視点から見れば、思いもかけない豊かなテーマを含んでいる場合があることが明らかになったからだ。こうした女性という新たな視点は、そのまま、文学史を根本的に書き換えるということにもつながった。

　同じように、哲学・歴史学・社会学・経済学・政治学・美学をはじめ、人文・社会科学の諸領域においても、根本的な変化が要求された。それまで男性を基準とし男性を中心的な対象として考えてきた学問が、女性という視点の導入で、まったく新たなパースペクティブが広がったのだ。

　こうした視点の広がりは、人文・社会科学のみならず、自然科学へも拡大していった。たとえば、サルの行動を分析するとき、そこにはしばしば、現代の（「現代」とわざわざいうのは、原始社会や前近代社会の男女のあり方もまた、現代とは異なると考えられるからだ）人間の男女の役割を前提とし、それを反映させた見方が潜んでいた（たとえば、メスザルと人間の女性とは異なる生活の様式があるにもかかわらず、現在の人間の男女の置かれた状況認識が、そのままサルの世界を考察するときにもち込まれた。たとえば、はるかに多様な形態が観察されているにもかかわらず、子育てはメスが行うという思い込みや、オスは権力闘争をつねに行っているといった見方から、しばしばサルの行動が考察されてきた）。現在では、コラム「ジェンダーと科学」にも見られるように、近代自然科学の考え方の背後に、男性型の思考スタイルが存在しているという指摘までなされるようになっている。

　フェミニズムもまた、1970年代以後、多様な形態をとって発展しつつある。たとえば、家父長制（男性支配）による女性の抑

圧の問題を，資本主義の仕組みとのかかわりで分析する**マルクス主義フェミニズム**は，(家事＝心身ともに健康な男性労働力を維持する労働や，育児＝次世代の労働力の育成，さらに介護＝退職後の労働力のケアの保障といった) 労働力の再生産労働に注目することで新たな視野を切り開いた。近代資本主義は，こうしたコストのかかるしかも人間生活にとって必要不可欠な労働を，一方的にしかも賃金を支払うことなく女性に押しつけることで，女性の労働を搾取しているという視点である。

また，男性主導で進められてきた生産性優先・効率優先の近代産業社会が，地球環境の危機を生み出しているという視点から，自然との共生を主張する**エコロジカル・フェミニズム**の視点も登場した。男性主導の近代産業社会は，自然を支配の対象とし，つねにそれをコントロールしようとしてきた。その一方で，自然のなかで営まれる人間の最も基本的な生活の領域 (子どもを産み育てる，安全で健康な食を確保する，社会的に不利な条件の下にある人たちを支え共生する……) については，ほとんど関心を払ってこなかった。現在問われているのは，人間の基本的な生活の回復と，それと結びついた自然との共生である，とエコロジカル・フェミニズムは訴える。

もちろん，フェミニズム内部でも多様な論争が存在している。たとえば，「女性性」や「女性原理」は，女性にとって本質的なものか (「**本質主義**」)，それとも，社会的・文化的に構築されたものか (「**社会構築主義**」) といった議論はその典型例だろう。また，フェミニズムの広がりは，その一方で，「フェミニズムは，1つではない」という議論をまき起こしてきたことにも注目しておく必要があるだろう。たとえば，発展途上国の女性の抱える問題と経済の発達した国々の女性の直面している問題とは，大きな隔た

りがある。また，同じ国・社会の内部においても，**エスニシティ**（言語・文化・歴史的体験など民族意識を共有する人々）や，階層によって，抱える問題は多様になる。さらに，性的な指向性（同性愛・異性愛・両性愛）による違いや，障害のあるなし，宗教や文化の違い，高齢女性と若年女性……と，それぞれが抱える課題の違いが，鮮明になりつつある。

　現代では，女性差別をめぐる議論は，複合差別 multiple discrimination（女性であることと社会的マイノリティであることが重なり合って生じる）や交差的差別 intersectional discrimination（さまざまな差別の軸が複雑に組み合わさり，相互に作用することで独特な抑圧が生じる）といった新しい視点も強調されるようになっている。

　こうした多様なフェミニズムの渦のなかで，女性学もまた，21世紀，新たな展開をむかえようとしているのだ。

マンガ 1

あなたとわたし

樹村みのり

わたし　山本真由子
華野女子大2年生

学生生活は楽しい
講義もそうだけど
友だちといろいろおしゃべり
できるから
趣味は旅行
そのためにバイトしている

ボーイフレンドは　まだいない

2時限目からの授業の日は
比較的空いた電車に乗れるので　ホッ
「チカン電車」として有名な
〇〇線が通学電車なのダ

ぼく　佐藤伸二
政経大学2年生
大学は男が圧倒的に多い

登山とカメラが趣味
スキーは一級
サークルは映研
週末はフットサルの
クラブチームで汗を流す

ガールフレンドは　まだいない

授業は真面目に出るほうかな？

……とはいえ
車内での不快は
チカンだけとは限らない

やっぱりホントにある
うそでしょ〜
信じらんない!!

…ん〜ん
……ぱっ!
写真集
本日発売

友だちの長井は

女は可愛いのが
一番!!

……と言う

可愛い……って
別に容姿のことじゃ
ないらしい

＊ これは器物損壊罪になるから，まねしないでね！

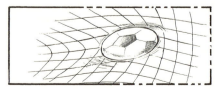

わたしは……
誰かに自分の居場所を
つくってもらおうとは
思わない

でも あんな
気配りができる
タイプでもないし……

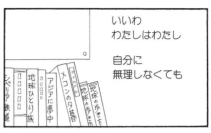
いいわ
わたしはわたし

自分に
無理しなくても

でも男の子の友だちができたら
それはそれでステキなこと

さて寝るか…

2人の愛の
結晶は
このデジタルカメラで……

なんだ
これで夫婦？
父親と娘
かと思った

若い嫁さん
もらうのは
いくつになっても
男の夢なんだよ

やーね
お父さんは

第3章 ジェンダーに敏感な教育のために

　女はそのままで女だが，男の方は，Y染色体や男性性器をもっているだけでは男と認められず，努力して，ある種の務めを果たして男になるのである。(エリザベート・バダンテール『男とは何か』より)

　女性の教育はすべて男性に関連させて考えられなければならない。男性の気に入り，役に立ち，男性から愛され，尊敬され，男性が幼いときは育て，大きくなれば世話をやき，助言を与え，なぐさめ，生活を楽しいものにしてやる，こういうことがあらゆる時代における女性の義務であり，女性に子どものときから教えなければならないことだ。(ジャン‐ジャック・ルソー『エミール』より)

| はじめに | 大学の食堂で、女子学生同士が会話をしているシーンを考えてほしい。

ある学生がこう言った。

「私、卒業したら、一生バリバリ働く」。

もう1人はこう答える。

「エッ、私は、やっぱり、結婚したら、職を離れるつもりだけど」。

「なんであなたはそんなに古い考え方なの。これからは、女性が活躍する時代だよ」。もう1人は、すかさずこう尋ねる。

「あのー、もしかしたら、あなた女子校出身じゃない？」。

「なんでわかるの？」。

「私の勘だけど、キャリア志向は女子校出身者が多い気がするんだもの」。

不思議なことだが、「やる気」のある女性の大学生たちをみていると、共学出身者と比べて、むしろ女子校出身者の方が目立つという印象があるのは事実だ（もちろん、個人差があるのはいうまでもないが）。

女子校出身者に聞くと、その理由は、女子校では、共学と違って、何もかもが自分たちでやらなければならないからだ、という。

女性学を教えているある大学教師がこんなエピソードを話してくれた。

「高校だけ女子校だったのだけれど、そこでかなり鍛えられた気がする。だって、共学の中学生のときには、運動会のテント張りは男子がしていたし、私たち女子にはとても無理だと思い込んでいた。でも女子校では、もちろん、私たちがテント張りをすることになる。しかも、やってみればちゃんとやれるじゃない。こ

れは,私にとって,すごく大きな意識の転換を生み出したと思う」。

　男女平等の原理からいえば,男子校や女子校よりも共学の方がいいというのが当然だろう。しかし,現状では,必ずしもそうではないのだ。男と女のジェンダーによる縛りがきつい現代社会では,学校のなかにも,ジェンダー・バイアスがそのまま持ち込まれてしまう。その結果,共学の場合,たとえば,力仕事は男,それを支えるのは女といった,「男の役割」や「女の役割」が固定化しやすい。また,女性たちは,ついつい「一歩ひいて」のパターンになりやすいし,逆に男性は,「男だから主要な役割は自分たちがやる」といったジェンダー意識をもちやすい。

　それが,女子校となると(男子校の場合も同じようなことがいえるだろう),すべて自分でやらなければならない(男子校の場合,共学なら女性に割り当てられやすい補助的な仕事も男がやることになる)。結果的に,男・女にかかわらず何でもやる,それなりに自立したタイプが生まれやすいということだろう。

　もちろん,ジェンダー・バイアスのない社会や学校の仕組みを確立したうえで,共学で学べる方が男女ともにベストだろうと思う。しかし,現状の男女のジェンダー・バイアスが根強い社会では,むしろ女子校や男子校の方が自立した男女を生みやすいという,皮肉な状況も生まれてしまうのだ。

隠れたカリキュラム　このように,じっくり観察すると,ジェンダーによるバイアスは,学校教育においてもさまざまなレベルでみられる。しかし,男女平等を原則とする教育の現場においては,あからさまな性差別は意識されないことが多い。実際,内閣府の意識調査によれば,「学校」「家庭」

「職場」「法制度」「社会慣習」の各領域のなかで，学校は，図抜けて「平等になっている」という回答の多い場になっている。学校は，男女間の格差が国際的にみても大きい国といわれる日本社会で，例外的に「平等」とみられている領域なのだ。しかし，学校では，本当に男女平等の理念に立脚した教育が行われているのだろうか。「必ずしもそうではない」という声も最近は高まっている。

　文部科学省の学習指導要領などをみても，ジェンダー問題へのかかわりは，まだ十分ではない。「男女なかよく協力して」といったレベルでの言及がみられるだけだ。小学校教育から徹底した男女平等意識形成に向けたカリキュラムを持ち込んでいる北欧社会や台湾などと比較したとき，日本の学校では，男女間の平等意識形成を積極的に授業に持ち込む方向性は，まだ確立されていないのが実情だろう。

　むしろ，学校が気がつかないうちに，ジェンダー意識を子どもたちに提供してしまっているのではないか，という見方もある。たとえば，ジェンダーと教育をめぐる論議のなかでしばしば目にする，「**隠れたカリキュラム**」という問題である。つまり学校生活のさまざまな場面で，自覚されないままに「男の子はこうあるべきだ」「女の子はこうすべきだ」的な認識が，子どもたちに提供されてしまっているのではないかという指摘である。

　たとえば，男子がつねに前に置かれている男女別の出席簿などもその1つの現れだろう。いつも男の子が先に呼ばれるという，「何げない」とさえ思われる仕組みが，男性優先という観点を，いつの間にか子どもたちに植えつけていく。個人的な体験だが，教育委員会などでこの話をすると，「出席名簿を変えたくらいで

女性差別がすぐになくなるはずもない。そんなささいなことで騒がないで、もっと実りある問題を考えてほしい」といった反応がかえってくることがある。たしかに「ささいな」ことかもしれない。また、これを混合名簿に変えたからといってただちに社会的なジェンダー問題が解決するはずもない。しかし、そんな「ささいな」ことがなぜ変えられないのだろう。そこで、こうした反応が出たときには、「そんなふうに、この問題をささいなこととお考えなら、さっさと混合名簿にしてください」と返答するようにしている。

別の、これもある教育委員会の指導主事の人に、「われわれ教育者というものは、男女の区別はしているが、差別はしていない。たとえば、コンピュータに入力するとき、男が1で女は2と、区別している。しかし、これは差別ではないでしょう」と言われたこともある。このときは、「単なる区別だというなら、今後、入力のときには女を1男を2にしてください」と言ったら、憮然とした表情でまったく口をきいてくれなくなった。この人は、「単なる区別」といいながら、無自覚のうちに、自分が男を1（先）にしてしまうというジェンダー・バイアスの存在に気がついていなかったということだろう。もちろん、パソコンの入力などにおいて男女の区別をする必要がある場合もあるだろう。もちろん、どちらを1とするか2とするかは、その場その場で決めたらいいことだろう（逆転させて、機械的にいつも女を1とするというのも、ちょっと変だと思うからだ）。

教科書のなかのジェンダー・バイアス

また、教科書をみても、いろいろな面で、ジェンダー・バイアスが見出せる。たとえば、小・中学校の国語の教科書の主人

公や登場人物を分析すると，まだ圧倒的に男性が多いことがわかるだろう。この傾向は，学年が上がるにつれてより強まることも知られている。女性の社会参加の広がりのなかで，教科書のイラストで，「お父さんがカバンをもって家を出るのを子どもを抱いてエプロンをつけたお母さんが手をふって見送る」といったパターンはほとんどみられなくなった。しかし，理科の教科書などで，実験について，説明する役割には男の子が描かれ，それを聞く役割は女の子がしているというパターンは，まだあるはずだ。

高校の教科書をみても同様だ。自然科学分野では，男子学生の実験姿が写真として出される傾向が高く，女子学生は補助的役割として描かれる傾向が強い。歴史の教科書でも，女性が重要な登場人物として出現する割合はきわめて低い。日本近世史の専門家である大口勇次郎によると，19種類の高校の日本史の教科書で，「たとえ1種類の教科書でも登場する近世史の人物は，男性470人に対して，女性は，淀君，出雲阿国，徳川和子（東福門院），明正天皇（和子の娘），桂昌院（綱吉の母），加賀千代，中山みき，和宮（静寛院宮），野村望東尼のわずか9人である。このうち3分の2に当たる13種類以上の教科書にとりあげられているのは，出雲阿国と和宮だけである」という。

国語の教科書に採用される文学作品も，その多くが，男性によって書かれた男性の視点に立った作品であることが多い。逆に，女性は弱者として保護されるという側面を強調したものが目立つ。他方で，女性が自己の実績で社会的に評価されるという筋立ての作品が採用されることはほとんど皆無といっていい。

教師の男女比も，小学校から中学，高校さらに大学と，男性が多くなっていく。また，女性の教員の割合がすでに6割から7割

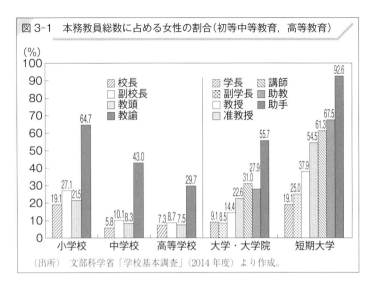

図 3-1 本務教員総数に占める女性の割合（初等中等教育，高等教育）

（出所）　文部科学省「学校基本調査」（2014 年度）より作成。

になっている小学校でも，女性の校長先生の占める割合はまだ 20％ 前後にすぎない。こうした事態もまた，子どもたちに，「トップはやはり男性」という意識や，「男性が優位な立場にたつのは当然」という考え方を形成させてしまう可能性も高いだろう（図 3-1）。

　教育における「隠れたカリキュラム」は，児童・生徒にさまざまな影響を与えることになる。女子生徒は，あまりにも「自然化」されてしまっている男性主導の社会・文化と直面するなかで，自分たちの未来を制限してしまうことさえあるといわれる。いつの間にか身についてしまった，「女の子は 2 番手」「男が社会の中心」という発想に縛られて，自らの達成意欲を，冷却（クーリング・ダウン）してしまうのだ。こうした，自己制限は，ひどい場合には，リーダーシップをとることをおそれる気持ちさえ生み出すといわれる。いわゆる「成功不安」である。

第 3 章　ジェンダーに敏感な教育のために

ところが，男子生徒にはこうした規制は存在しない。リーダーシップを発揮することは，むしろ単純に称賛されるだけである。というよりも，男同士の競争の強調とともに，「女性に負けることなどあってはならない」という固定的な思い込みが作り出される可能性さえある。この思い込みは，その後の社会生活や家庭生活にもつながっていく問題を含んでいるだろう。

　こうしてみると，日本の学校教育は，自覚しないままに，男・女という別々のコースを，児童・生徒に押しつける場になっている。実際，進路指導・進学相談の場面などでも，教師が，生徒に対して，「女の子だから文系がいいだろう」とか，「男の子だから就職のことを考えて文学部はやめた方がいい」などと，あからさまなジェンダー・バイアスに立った発言をする場合さえある。

　ここでみられるような，学校教育における，1人ひとりの生き方に対する男女別の将来選択の制約を，「ジェンダー・トラッキング」と呼ぶ。つまり，陸上競技のトラックのように，男女の走るコースがあらかじめ決められてしまっているのだ。

家庭科の共修は始まったけれど

　1985年の女性差別撤廃条約批准に際して，こうした学校現場での「性に基づく区別，排除または制限」（性差別についての同条約の定義）が問題になった。その現れの1つが，家庭科の男女共修の必修化であった。この変化は，性による授業の区分を変更させるという点で，社会的に注目を集めた。それまでは，小学校では男女共修だった家庭科が，中学・高校では，男子は技術科，女子は家庭科と，性によって別修のかたちで行われていたからだ。この家庭科・技術科という男女別修は，性別役割分業を前提としており，結果的に男女の固定的な役割を再生産する構図に

なっている。当然，女性差別撤廃条約違反でもある。こうした指摘を前に，1993年には中学校の家庭科の共修の必修化が，94年には高等学校での共修の必修化が開始した。

　家庭科の共修は，今後のジェンダー平等社会を築いていくためにもきわめて重要だ。家事や育児の経験をもたない若い男女にとって，基本的な知識や技術を身につけることの意義は大きい。とくに，これまで家事や育児の領域から遠ざけられがちだった男性にとって，料理，洗濯から簡単な裁縫までの基本能力はきわめて重要な課題になる。育児についての情報提供（できれば実際の体験も含めて）も，家庭科の男女共修にとって今後もっともっと工夫しつつ展開されるべきだろう。

　消費者教育も家庭科の重要なテーマになっている。消費構造の転換にともない，あふれるばかりの商品に対応して消費行動の多様化が生じつつある。こうした状況に対して，多重債務の問題や，クレジットカードの適切な利用，貯蓄や保険などの知識，消費者の権利について学ぶ必要があるのだ。

　こうした課題への対応に向けて，家庭科教育も変化しつつある。現在，高校の家庭科は，家族や家庭，家庭と社会とのかかわりについて学ぶ「家庭基礎」，福祉や衣食住，消費生活などについて学ぶ「家庭総合」，さらに人の一生や家庭と社会のかかわり，消費生活などについて体験的な学習を含む「生活デザイン」のうち，1科目が必修選択になっている。できれば多くの学校で，アクティブラーニング（学習者の体験学習や積極的な参画による能動的な学習）による「生活デザイン」型の家庭科を拡充してもらいたいものだと思う。

　家庭科について，何よりも気になるのが，学習時間（単位数）

そのものが減少しつつあることだ。かつて（1960年代には）技術家庭（当時，男子は技術，女子は家庭と別修だった）は中学の3年間で315時間の学習時間があった（もっとも，中学卒業後就職する割合が高かったこの時代，技術の学習は男子にとっては卒業後の就職にとっての事前トレーニングだったし，女子にとっては家庭生活のための準備という意味をもっていた）。それが，2008年の改定では175時間と半減している。高校でも，家庭は女子のみ4単位必要だったが，男女共修以後は2単位でもいいことになっている。とくに，高校では家庭科の教師がいないところも多いという。

男女がともに社会参画し，共同して家庭を対等に営む時代を前に，家庭科教育の充実は，日本社会の未来にとって重要な課題なのに，ちょっと残念だ。

どうするスポーツの男女共修

家庭科においては，まがりなりにも男女共修の方向性が打ち出されてはいる。しかし，中学校以後の体育における男女別修の問題は，十分な議論さえなされていない状況である。女性差別撤廃条約の趣旨に従うなら，今後，体育・スポーツ教育における男女共修もまた求められることになるだろう。ところが，日本社会において，中・高・大学における体育の授業は，多くの場合，男女別修のかたちで行われているものが多い。これも，厳密にいえば，家庭科の別修と同様，女性差別撤廃条約違反ということになる。

そもそも，身体という生理的な要素が重視されるスポーツの分野においては，他の領域以上に，ジェンダーによるバイアスが存在している。もちろん，生理学的に異なる要素をもつ男女間に，スポーツ能力における差異が存在しているのは明らかだろう。図

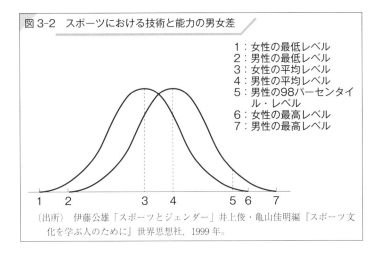

図3-2 スポーツにおける技術と能力の男女差

1：女性の最低レベル
2：男性の最低レベル
3：女性の平均レベル
4：男性の平均レベル
5：男性の98パーセンタイル・レベル
6：女性の最高レベル
7：男性の最高レベル

（出所）伊藤公雄「スポーツとジェンダー」井上俊・亀山佳明編『スポーツ文化を学ぶ人のために』世界思想社，1999年。

3-2は，男女のスポーツ能力の差を図示したものである。ここに見られるように，平均値をとれば，男女間において男性が優位であることが読みとれるだろう。

しかし，その一方で，女性の最高レベルは，男性の98パーセンタイル（全男性の98％が含まれる）以上に，スポーツにひいでていることも読みとれるだろう。こう考えると，「男の方が女よりもスポーツ能力がある」とは簡単にいえなくなる。能力差は個人差であるともいえるからだ。一般の男性以上に優れたスポーツ能力をもつ女性はたくさんいるのだ。実際，国際レベルの女性アスリートと競技して勝てる男性が，どれだけいるだろうか。

しかも，この図が示すスポーツ技術と能力が，明らかに男性を基準に考えられていることにも注意をはらう必要があるだろう。近代スポーツは，筋力や瞬発力など，男性が優位な「能力」や「体力」を基準に作られてきた。筋力，瞬発力という点でみれば，平均的には男性の方が優れているだろう。しかし，逆に，女性に

第3章　ジェンダーに敏感な教育のために

有利な「能力」やその「能力」を基準にしたスポーツが生まれれば，今度は男性が不利になる可能性もある（「持久力」という「体力」を例にとれば，その１つでもある平均寿命という点で，日本の女性は男性を約７年上回っているともいえる）。長距離走の距離を200キロにして試してみたら，もしかしたら世界記録は女性が獲得するかもしれない。実際，現在の海洋遠泳の世界記録保持者は，ほとんどが女性なのである。さらに，新体操のように，身体の柔軟性が競技の基礎にあるゲームでは女性が有利になることもよく知られた事実だろう。

　そう考えるとき，体育・スポーツの男女共修を進めるためには，男性主導で発展してきた近代スポーツを軸にしたこれまでの学校体育・スポーツの再検討が必要になるだろう。これまでの近代スポーツは，筋力・瞬発力という男性にとって生理学的に有利な「体力」を基準としてきた。それはまた，競争と勝利至上主義という，近代の男性文化に適合した形態が目立つスポーツでもあった。そうした要素は，そのまま学校における体育・スポーツ教育にも反映されてきた。

　これを男女共修にするとどのような変化が起こるだろうか。何よりも，男性に生理学的に有利な筋力や瞬発力を軸にした身体を酷使するスポーツから，身体を使って楽しむようなスポーツの形態が求められることになるだろう。それはまた，競争や勝利至上主義のスポーツの形態に大きな変化をもたらすことになるだろう。

　実際，最近の女性や高齢者のスポーツ人口の増加にともなって，すでにスポーツの領域にも地殻変動が起こりつつある。たとえば，いわゆるニュースポーツのなかには，これまでの競争とそれによる勝利をめざすスポーツとは異なる，競争しないスポーツも多く

登場しつつある。スポーツという語をひっくり返したトロプス（TROPS）の登場はその1つの現れといえるだろう（影山健・岡崎勝編『みんなでトロプス』風媒社, 1984年）。「だれも『落ちこぼれる』ような人のいない楽しい運動」「敗者のないゲーム」としてのトロプスは, 明らかに, 競争と勝利至上主義の男性主導の近代スポーツの転換を要求している。競争よりも, 身体を使う喜びといった要素が, そこでは強調されているのである。

ここで主張されているのは, 近代の男性主導の競争至上・勝利至上の近代スポーツから, 前近代社会のスポーツにおいてはむしろ主流であった, 身体を動かす喜び, 共同によるパフォーマンスの楽しみに軸をおいたスポーツへの回帰ということでもある。しかも, こうしたスポーツなら, いわゆる「運動嫌い」を生むことも少ないだろう。

もちろん, 競争を重視する競技スポーツがなくなることはないだろう。競争することが楽しいという人もいるのは事実だ。その場合, 競技スポーツにおける男女共修のための工夫も必要だろう（ハンディキャップ制／男女入り交じりの対抗グループ制度／コンタクト〔身体的接触行動〕の激しいゲームにおけるソフト化の工夫など）。しかし, 学校教育におけるスポーツについては, 大きな流れとして, これまでの競技スポーツ中心（それは, 任意加入の地域のスポーツ・クラブにまかせることも可能だろう）の授業形態から, 身体を使う楽しみ方を重視した教育へと向かうことが, むしろ今, 考えられるべきなのではないか。競争や勝利を前提としないスポーツは, ジェンダーや年齢による差別・区別を必要としない（ここでは, 障害がある人・ない人共通のスポーツの可能性も開かれることだろう）。しかも, こうしたスポーツは, 生涯を通じたスポーツ

の楽しみを私たちに提供してくれることにもつながるだろう。

ジェンダーに敏感な教育をめざして

こうみてくると，日本の学校は，ジェンダー問題ときちんと対面していないといえるのかもしれない。実際，いくつかの調査が明らかにしているように，学年が上昇するにつれて，児童・生徒の性別役割意識が強まっていく傾向がみられるのである（小学校低学年では，比較的男女対等な社会参加・家事参加を肯定していた子どもたちが，学年が上がるにつれて，固定的な性別役割分業を受け入れていく）。学校が「ジェンダー意識を積極的に植えつけている」といわないまでも，少なくとも，社会的に構造化されている固定的なジェンダー意識に対して，それを切り崩す役割は果たせていないと指摘することはできるだろう。

これまでの日本の学校教育は，建て前のうえでは男女平等をうたいながら，実際は，児童・生徒の固定的なジェンダー意識を変革するどころか，むしろ，「隠れたカリキュラム」を通じて，それを補強してきたとさえいえるのかもしれない。教育という人格形成にとってきわめて重大な場での，こうした無自覚さは問題である。だからこそ，今，学校の場での，ジェンダー問題に敏感な視点にたった点検が求められているのである。

しかしながら，「隠れたカリキュラム」に典型的にみられるような，従来の学校教育のなかのジェンダーに無自覚な状況を点検し，それを改革するだけでは問題は解決しない。というのも，今後，ジェンダーと教育という視点から問題にせざるをえない課題は，教育の場から，児童・生徒に対して，ジェンダーにとらわれない意識・文化を積極的に生み出すことだと考えられるからである。

たとえば，ジェンダー平等の政策が進んでいる北欧社会では，すでに，教育におけるジェンダー問題の点検の段階から，積極的なジェンダー平等社会作りに向けたジェンダー教育の段階へと歩みを進めている。1979年に各国に先駆けて「男女平等法」を成立させたノルウェーを例にとれば，すでに1970年代から，ジェンダー平等の視点からの教育が積極的にとりいれられている。このノルウェーで，80年代半ばに教育省・男女平等教育局の手で作られた小・中学生用のジェンダー教育のためのテキストが，日本でも翻訳出版されている。それをみると，学年や発達段階にあわせて，ジェンダーについてのさまざまな視点からの分析や，学習の方向性が示されていることがわかる。日常生活のなかのジェンダー問題，身近な歴史のなかの男女関係から，発展途上国も含めた国際的なジェンダー不平等の現状とその変革の方向性に至るまで，きわめてコンパクトにまとめられている。

　社会環境がジェンダーに影響を与えるという調査で，ちょっとショッキングなものがある。2008年に雑誌『サイエンス』に発表されたデータだ（図3-3）。GGI（ジェンダー・ギャップ指数）と数学および読解力の男女差を調べたものだ（上の図は，0以上が女性優位のもの。下は棒グラフが長いほど男女平等の国になる）。国際比較をすると，読解力は女性が，数学は男性が平均点で上回るとされてきた。しかし，男女平等が進んでいる国ほど格差は小さくなり，なかには女性が数学でも男性を上回る国もある。このまま世界中で男女平等が進むと，男性は，これまで平均的に優位にたっていた数学でも女性に負けるということになりそうだ。

　ジェンダーにとらわれない意識や生活スタイル作りに向かって次世代を育てるという点で，教育の果たす役割はきわめて大きい。

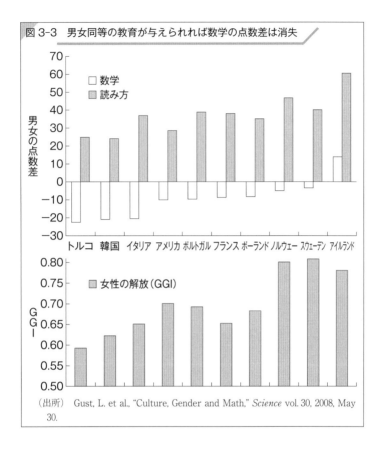

現在ではジェンダー平等の先進地域である北欧社会も，1960年代の意識調査などをみると，古い性別役割意識が残っていたことがわかる。しかし，1970年を前後して開始された教育におけるジェンダーにとらわれない意識作りは，その他の諸政策におけるジェンダー平等の推進と連動するかたちで，これらの地域の人々の意識と生活を根本的に変えたといっていい。しかし，図3-4が示すように，日本は，性別役割に反対する人の割合が低い国のま

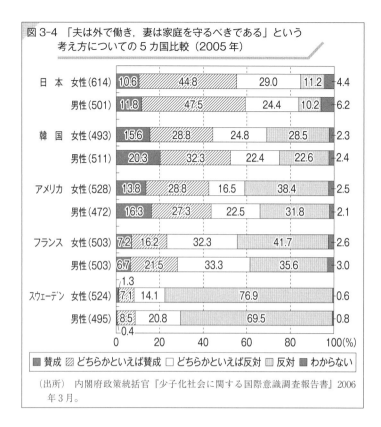

図 3-4 「夫は外で働き，妻は家庭を守るべきである」という考え方についての5カ国比較（2005年）

（出所）内閣府政策統括官『少子化社会に関する国際意識調査報告書』2006年3月。

まだ。

　もちろん，こうした意識変革は，（とくに全体主義体制のもとでしばしばみられる道徳教育・修身教育のように）一方的な押しつけによって達成できるものではない。また，実際，そうしたことをすれば「洗脳」のようなものになってしまう。児童・生徒の自主的な発見・参加型の教育のなかで，自ら調べ，自ら考え，仲間と議論をすすめながら，開かれた学習のなかで自然に身につく教育が必要なのはいうまでもない。実際，その点でも，ジェンダーに

敏感な教育は，こうした参加・発見型教育・学習の面で，多くの新しい新しい方法を工夫している学習領域でもあるのだ。

性教育とジェンダー課題

さきほどふれた，ノルウェーの男女平等教育の初年度のテキストは，冒頭から，男女の身体の違いと，性・生殖についてふれている。ジェンダー平等を大胆に教育のなかに持ち込みつつある社会で，ジェンダー教育と性教育が，不即不離のものとして考えられていることが，こうしたカリキュラムの構成からもよくわかる。

日本社会でも，ここ30年ほどの間に，性教育が大きな注目を浴びるようになっている。性教育を通じて，児童・生徒は，人間にとっての，妊娠，避妊，出産などの重要性を教えられる。また，HIVやエイズ，さらに性感染症の予防についての知識を身につけるのも，性教育の場だ。性教育は，これまで表ざたにされることのなかった性というテーマについて，児童・生徒がきちんと学ぶという点で大きな意味をもっている。

しかし，こうした性をめぐる教育にジェンダーの視点が生かされているかといえば，そうでもない。実際，「日本の学校における性教育は，性器教育の段階だ」という声があったのも事実だ。そこにはジェンダー・バイアスが根強く残っている場合さえある。というのも，性教育が，しばしば男女の身体や生理の「違い」を強調することで，結果的に，固定的なジェンダー意識を補強してしまいかねないからだ。

保守的な政治家のなかには，性教育を「過激すぎる」と批判し，古い「純潔教育」をいまだに強化しようとする動きさえある。たとえば2003年に東京都で起こった「七生養護学校事件」だ。人

形などを使った実践的な性教育を「まるでアダルトショップのようだ」などと批判し、押しつぶしてしまったのだ。知的障がい児をはじめ、障がいをもつ子どもたちは、性暴力の被害者になることも多いといわれる。ところが、子どもたちの未来にとってきわめて重要なこの性教育の機会を、偏った視線と思い込みで攻撃し、これを進めていた教員の処分まで行われたのだ。

そもそも文科省は「男女の平等」について、きわめて不十分な定義をしてきた。たとえば、2006年に改正された「教育基本法」第2条の「教育の目標」に書かれている「男女の平等」の定義は、旧基本法の「男女共学」の冒頭に書かれた「男女は、互いに尊重し、協力し合う」に基づいている（国会審議の小坂文部科学大臣答弁より）。「互いに尊重し、協力し合う」が「男女の平等」の意味だと言われれば、多くの人がびっくりするだろう。

今、必要なのは、本格的なジェンダー平等の精神に基づいた教育であり、また、生理的機能の性差に配慮しつつ、性的に自立・自律できるような市民の成長にプラスになるような性教育なのに、現状はまだまだ問題ありだと思う。

性教育におけるジェンダー問題に敏感な視点の導入とともに、**「リプロダクティブ・ヘルス/ライツ」**の視点もまた、今後、さらに重要になるだろう。「リプロダクティブ・ヘルス/ライツ」とは何か。「性と生殖に関わる健康/権利」と日本語では訳されているこの言葉は、それぞれ次のような意味をもっている。

リプロダクティブ・ヘルスについては、1994年カイロで開催された国際人口開発会議の定義がしばしば使われている。そこには、「妊娠・出産のシステムおよびその機能とプロセスにかかわるすべての事象において、単に病気や異常が存在しないだけでな

く,身体的,精神的,社会的に完全に良好な状態」を指すとされている。また,リプロダクティブ・ライツとは,こうした性と生殖にかかわる自己決定権を意味する。つまり,差別や強制,暴力にさらされることなく,性と生殖について自由にまた責任をもって決定できる権利である。

「リプロダクティブ・ヘルス/ライツ」を,まとめていえば,「それぞれの個人,とくに,妊娠・出産の機能を有する場合の多い女性たちが,生涯にわたって,避妊・妊娠・中絶・出産のすべてのプロセスにおいて,他者(しばしば男性であることが多い)の強制ではなく,自ら決定する権利が確立されるとともに,身体的・精神的・社会的に健全な状況(well-being)を確保すること」ということになるだろう。女性の自己決定権の確立とともに,男性の側にとっても,女性の性と生殖(さらには自分たち男性同士の性とセクシュアリティ)をめぐる自己決定権の尊重の意識形成が必要になるだろう。他者に強制しない,強制されない性と生殖をめぐる関係の確立は,男女双方に問われる課題なのだ。

と同時に,日本の性教育においては,まだセクシュアリティの多様性というテーマについての言及が少ないということも考えなければならない問題だろう。すでに第1章でふれたように,人間の性・セクシュアリティは,男女の二分法ではとらえきれない多様性をもっている。そもそも生物学のレベルでみても,インターセックスの人たちの存在があることは,よく知られたことだ。また,ジェンダーとセクシュアリティという点では,性同一性「障がい(性別違和)」と呼ばれる,自らの性自認(ジェンダー・アイデンティティ)と生物学レベルのオス・メスが,通常の認識と異なる人たちも多数存在している。さらに,セクシュアル・オリエ

ンテーション（性的指向性）という視点を持ち込めば、私たちのセクシュアリティの多様性はさらに広がる。いわゆるLGBT（L＝レズビアン、G＝ゲイ、B＝バイセクシュアル、T＝トランスジェンダー）の人たちの人格をめぐる問題だ。

　多様な性・セクシュアリティの存在についての認識と、それをきちんと「受け止め」、相互に承認し合うことが、性教育の場には、今後ますます必要になるだろう。それは、「セクシュアル・マイノリティ」と呼ばれる人たちの自己肯定可能な環境作り（いわゆる「マジョリティ」に属する人は、どれだけ多くのセクシュアル・マイノリティの人たちが、根拠のないレッテル貼りに対して苦しみ、孤立を余儀なくされてきたかを想像してほしい）と「セクシュアル・マジョリティ」である人たちとの「共生」をどう生み出すかという問題とともに、一般に「セクシュアル・マジョリティ」と考えられる「異性愛で生物学的にはっきりしたオス・メス」の人たちの自己認識についても、あらためて考えさせることが必要になるだろう。多様性の承認は、マイノリティの承認だけでなく、自らを無自覚なまま「マジョリティ」であると思い込んでいる人たちの自己認識・自己反省なしには達成できないからだ。

　まとめていえば、児童・生徒に対して、ジェンダー平等の観点をしっかり身につけてもらうとともに、性・セクシュアリティの問題を、人権問題として考える教育・学習が、これからの性教育においては、最重要の課題になっていくべきだろう。

ジェンダー平等のためのエンパワーメント教育

　ジェンダー平等の社会の実現にとって、しばしば「**女性のエンパワーメント**」という言葉が使われる。日本政府の作った男女共同参画ビジョンでは、この「女性

のエンパワーメント」は,「個々の女性が自ら意識を高め,政治的,経済的,社会的および文化的に力をもった存在となること」と位置づけられている。

「エンパワーメント」とは,この語を分解すると「エン(〜化する)」「パワー(力)」「メント(〜ということ)」になり,もともとは,「力を与えること」「権利や権限の付与」といった意味だった。この言葉が,最近は,とくにジェンダー平等をめぐる動きのなかで,新たな意味をもつ言葉として使われるようになっている。つまり,差別や抑圧・強制などの結果,自らを肯定的に把握することができず,潜在的な力を抑制されてきた人たちが,その力をとりもどし,自尊感情をもって発言・行動していくようになるプロセスを意味する言葉に変化してきたのである。

ジェンダー平等な社会,性別による差別や抑圧のない社会を形成していくためにも,このエンパワーメントの視点に立った学校教育・社会教育が今,求められている。

なによりもまず,エンパワーメントは女性たちの課題だ。すでに述べたように,女性たちは,社会のなかであまりにも「自然化」されてしまっている男性主導の社会・文化に巻き込まれるなかで,自己の能力を実際以上に「低く」見積もってしまいがちである。こうした意識は,「一歩ひいて」「男性をたてて」という無自覚な自己抑制を生み出しがちだ。こうしたジェンダーによる自己規制からの脱出と,自尊感情の確立は,まさにエンパワーメントの1つの鍵でもある。

しかし,見方によれば,現代社会で,男性たちもさまざまなかたちで,自尊感情をもてず,自分の非力さに打ちのめされているというケースもあるだろう。その意味で,女性のエンパワーメン

トのための教育とともに，男性の自己認識とエンパワーメントもまた，問われることになる。

　そのためには，児童・生徒に，身の回りの課題を発見させ，それと主体的・能動的にかかわるなかで，自分の「力」を自分自身（もちろん周囲の協力もあおぎながら）で発見できるような授業の工夫が必要だろう。そこから，自分の行動を自分で決める自己決定力の醸成へ，さらに自らの存在価値を肯定的にとらえる段階としての自尊感情の確立へと，流れを生み出す必要があるだろう。

　こうしたエンパワーメントの教育において，コミュニケーション能力の向上は，最重要のテーマといえるだろう。なかでも，女性のエンパワーメントのためにしばしば用いられているアサーション・トレーニングは，女性のみならず，自分の感情をうまく表現できない男性たちにとっても必須の課題といえるだろう。

　アサーション・トレーニング，あるいはアサーティブ・トレーニング（AT）とは，自分の気持ちをきちんと把握し，他者に対して受け身的になることも（「一歩ひいて」にならず），また，攻撃的・抑圧的になることもなく（相手を尊重しつつ），スムーズに自己主張・自己表現するためのコミュニケーション・トレーニングである（図3-5参照）。

　アサーション・トレーニングでは，人間のコミュニケーションのかたちをおおよそ3つのタイプに分けることが多い。つまり，相手に過剰に気を使い相手に受動的なコミュニケーションを行う「受け身」タイプ，相手の意向を無視しても自己の主張を貫こうとする「攻撃的」タイプ，そして，他者への配慮をもちつつ自己の主張を的確に伝える「アサーティブ」タイプである。

　たとえば，授業での先生の声が小さいとき，「受け身」タイプ

図 3-5　アサーション・トレーニングの例

　さて，あなたは（a）（b）（c）のうち，どの対応をとりがちでしょう。また，どの対応が，相手にとって受け止めやすいでしょう。

●順番を待つ
　レジの近くで代金を支払って品物を包装してもらう順を待っています。ところが後からきた人たちのほうが先に対応されていくのです。待つのはもういやになりました。
　［対応］
　(a) あきらめて，その品物を買わないことにします。
　(b)「この店，いったいどうなっているの！」と怒鳴り，品物をカウンターにたたきつけて店を出て行きます。
　(c) はっきりと聞こえる声で，「私はいままでに応対された人たちより前から待っていました。もう私の番ですよ」と店員に言います。

●デートを申し込む
　最近3, 4回会って話す機会のあった人とデートしたいのですが……。
　［対応］
　(a) 電話の前に座って，「どう言おうか」とか「相手はどう反応するだろうか」とかいろいろ考えます。何回も受話器をあげてダイヤルを回しはじめますが，結局受話器を置いてしまいます。
　(b) 相手が電話に出るやいなや，「やあ，今度の週末，一緒に出かけるからね」と言います。相手はびっくりした様子で，「どちら様ですか」と聞いてきます。
　(c) 電話に出た友だちに対し，まず自分の名前を言い，「学校の調子はどう？」とたずねます。「まあまあよ。でもテストが近いのが気になるわ」という答えをきっかけに，しばらくテストの話をします。それから「今度の金曜の夜，一緒にショーを見に行かない？」と誘います。

（出所）R. E. アルベルティ・M. L. シモンズ『自己主張（アサーティブネス）トレーニング』（菅沼憲治ほか訳）東京図書，1994年より。

は，何もいわず，しかも心のなかでは勝手に先生の声の低さを憎みつつ不満を抱くというスタイルになりがちだ。「攻撃的」タイプなら，「もっと大きな声でしゃべって」と怒った表情で叫ぶかもしれない。本人は「言いたいことを言った」とそれなりに満足

かもしれないが，言われた教師にとっては反発やイヤな気持ちが残るだけで，相互のイライラがつのるだけの結果になりやすい。「アサーティブ」タイプなら，この場合，「先生，声が小さくて聞きにくいんですけど。もうちょっと大きな声でしゃべっていただけるとよく聞こえると思います」というだろう。これなら，双方ともに不満やイライラを生じることなく，主張にしたがって目的が達成できるというわけだ。

暴力防止・非暴力トレーニング

こうしたアサーション・トレーニングと密接にかかわる教育課題として，今後，暴力防止・非暴力プログラムのもつ意味が問われることになるだろう。

日本でも広がりつつあるCAP（child abuse prevention，子どもへの虐待防止）プログラムなどはその具体例といえるだろう。いじめや大人からの（時には性的な）虐待を含む暴力にさらされやすい子どもたちが，こうした虐待や暴力から自分の身を守るための力をつける教育プログラムである。

日本にこのCAPプログラムを紹介した森田ゆりは，子どもたちが「安心，自信，自由の権利が奪われそうになったとき，どうやってその権利を取り戻すか」というCAPの課題を明らかにしたうえで，「NO・GO・TELL」という3つの言葉で，プログラムの内容を簡潔に表現してみせる。

「『NO』とは，『いやだ』『やめて』という意志を表明すること。『GO』とはその場から逃げる，身をはずすこと。『TELL』とは起きたことを誰かに話すことである。安心，自信，自由の権利が奪われそうになったら，『NO』『GO』『TELL』の3つの行動を取る。『NO』『GO』はできないことも多い。できなかったからと

いって自分を責めることはない。でも『TELL』、誰かに相談することはできる。」

1970年代末、アメリカ合衆国で誕生したこのCAPのプログラムは、カナダなどでも、学校教育の場に持ち込まれ大きな成果を生み出しているという（調査によれば、「プログラムを受けた子どもの40％が習ったことを実際に使って難を逃れた」「25％が習ったことを使って友だちを助けた」という）。

虐待や暴力から自分の身を守るためのプログラムとともに、暴力をふるわないためのトレーニングも、非暴力プログラムにおいては重要な課題だ。

人はなぜ暴力をふるうのだろうか。また、どちらかといえば、男性の方が暴力をふるう側になりやすいのはどうしてか。ここにもジェンダーの問題が潜んでいる。多くの男性学の研究者が指摘していることの1つに、男性たちの〈男らしさ〉のこだわりという問題がある。男性たちは、子ども時代から、周囲との関係のなかで、「強くたくましくあれ」「弱音をはくな」「感情を表に出すな」といったトレーニングを受けている。なかでも、他者に対して「優越的立場、支配的立場に立つ」ことは、〈男らしさ〉の重要な要素だ。つまり、どこかで、自分の「優越性」「支配性」を確認しないと安定しないのだ。といっても、つねに男性たちはその「優越性」や「支配性」を確認できるわけではない。どこかで「負ける」場面も当然ある。そうしたとき、つまり、他の手段で自分の〈男らしさ〉（「優越性」「支配性」）が確認できないとき、その「負け」を取り戻すための1つの方法として、「暴力」という表現形態があると考えられる。いわば、自分の「負け」や「弱さ」を抑圧する方法として、暴力という「強さ」の表現が求めら

れるのだ（伊藤公雄『男性学入門』作品社，1996 年，同『〈男らしさ〉のゆくえ』新曜社，1993 年などを参照のこと）。

　と同時に，男性たちの〈男らしさ〉には「感情表現の抑圧」という要素もある。喜び，悲しみ，他者との親密さ……といった感情表現は，男らしくないものとして抑圧されやすい。なぜなら，それは，時に自分の「弱さ」（「女々しさ」）の表現につながってしまうからだ。ただし，「怒り」の表現は許される。なぜなら，それは「強さ」の１つの表現でもあるからだ。ある心理学者は，「男性に許されている唯一の感情表現は怒ることだけだ」と述べているほどだ。自分のなかの処理しきれない感情が生まれても，男性たちはそれをうまく言葉や感情で表現しきれない。そのイライラは，男性に唯一許されている感情である「怒り」をともなって「暴力」というかたちで発現しやすいと考えられるのだ（社会的に疎外された思いを抱く男性は，その満たされない思いを「暴力」で果たそうとする傾向はよくみられることだ）。

　つけくわえれば，男性たちが，こうしたもてあました感情を，身近な女性（とくに母や妻）を媒介にして処理しようとする傾向が強いことも指摘しておく必要があるかもしれない。男性たちにとって，女性たちは，こうした男性の処理できない感情を包み込んでくれるべき存在としてとらえられがちなのだ。いわば，感情処理を女性に依存しているともいえる。しかも，それが満たされないとき，男性の側からの女性に対する「暴力」が開始されるケースもある。「家族」の章（第 6 章）でとりあげることになるドメスティック・バイオレンスの背景にも，こうした〈男らしさ〉の表現としての「暴力」とともに，女性に対する一方的な思い込みによる精神的な「依存（甘え）」（自分のイライラを受けとめ，包

み込んでくれる存在であってほしい，そうあるべきだという）の心が隠されているようにさえ思われる。これも重要なジェンダー課題だ。

　こうした〈男らしさ〉のこだわりから生じやすい「暴力」に対して，自分たちの思い込みに気づいてもらい，他者の人権や思いへの配慮を身につけるためのトレーニングが，これからは，（とくに男性に，なかには女性に対しても）求められるだろう。さらに，男性たちが感情を抑圧し，「身構えて」しまいがちな状況を変えるためのプログラムも必要だろう。つまり，男性たちが自分の感情ときちんと向き合い，それをうまく表現するための教育プログラムである。簡単にいえば，求められているのは，感情表現も含めたコミュニケーション・トレーニングなのだ。

メディア・リテラシー/リーガル・リテラシー教育

　ジェンダー問題に敏感な教育という点で，もう1つ課題がある。それは，メディア・リテラシー教育とリーガル・リテラシー教育である。

　「リテラシー」とは，「識字能力」を意味する言葉だ。読み取る力といってもいいだろう。だから，メディア・リテラシー，リーガル・リテラシーは「メディアを読み解く力」「法律を読み解く力」ととらえることができる。とはいっても，単に「読み解く」だけでは意味がない。読み解いたうえで，それを使いこなす力もまた，最近は，リテラシーという言葉に含むことが多い。つまり，メディア，法律を読み解きそれを活用する力が，ここでいうメディア・リテラシー，リーガル・リテラシーの意味するところだ。

　とくに，メディア・リテラシーについては，近年多くの研究書が出版されはじめている。なぜなら，現代社会がメディア社会で

あるからだ。実際，私たちのものの考え方やものの見方，行動の仕方は，しばしばマスメディアの強い影響のもとにある。

　もちろん，メディアが提供する情報は，つねに真実であるとは限らない。というのも，メディアは，社会の動きや事件について，それを自らの関心に従って切り取ることで情報を作り出しているからだ。こうして作り出された情報は，メディアによって再構成され加工されているともいえる。

　と同時に，マスメディアは現代社会において，きわめて重要な役割を果たしていることも忘れてはならない。なぜなら，マスメディアは，私たちがいろいろな問題に気づき，それを評価するための大切な情報源でもあるからだ。それゆえ，メディアが映し出す（切り取られ，再構成された）「現実」を，「そのまま」受け取るのではなく，自分なりの仕方で解釈・分析する力が必要になる。また，メディアを通じて得た情報を，現代社会をみつめる手段として活用することも必要なことだ。さらに，情報テクノロジーが発達した現代では，メディアから得た情報を利用し，自分なりの見方・考え方を生み出し，それを他者に伝えるということも課題になるだろう。

　ジェンダーという問題を考えるうえでも，メディア・リテラシーは重要だ。メディアに映し出される「現実」は，ジェンダー・バイアスがかけられている場合が多いからだ（第2章参照）。ニュース報道などで主になる立場をとっているのは，女性の活躍も目立つが，男性キャスターであることがまだまだ多い（1970年頃までは，ほとんどすべて男性だった）。ドラマなどでも登場する人物の男女比，年齢，職業などを分析していくと，そこにはジェンダーや年齢による片寄りが見出せるだろう。

新聞や雑誌などの活字メディアにおいてもジェンダー・バイアスはみられる。たとえば,「女性」冠詞などはその代表例だろう。医療記事などでも「女医」という言葉はあるが,「男医」ないし「男性医師」とはほとんどいわない。「医者」といえば男性という固定的なきめつけがそこには前提にされているというわけだ（実際は, 医師の国家試験合格者の3割前後は女性であるし, その割合は今後も急上昇していくことだろう)。子どもが交通事故にあったときなど, 報道では親の名前は父親しか伝えられないことも目につく。母親の名前の場合は,「ひとり親家庭」ということがすぐにわかることになる。

　こうした番組のなかに反映されるジェンダー・バイアスの背景には, マスメディアで働く人々のジェンダー間の片寄りがあるといわれる。放送局や新聞社で働く人で女性の占める割合は, やっと10％台でしかない。とくに, さまざまな決定権をもつ管理的立場の女性の割合は, きわめて少ない。

　リーガル・リテラシーは, 法律についての知識をしっかり身につけるとともに, それを使いこなす力のことだ。私たちは, 自分たちの生活や権利を法律によって守られている（もちろん, 法によって規制もされている)。しかし, そうした法律についての知識は必ずしも十分ではない。ジェンダー問題に限っても, 離婚問題や性差別, セクシュアル・ハラスメント問題などなど, 生活の場や労働の場での不当な対応や根拠のない不利益の押しつけといった問題が私たちを襲うことがある。こうした問題に直面したとき, 法律の知識があるかないかで, 結果に大きな違いが生じることがある。法律によって守られている自分たちの権利をしっかり認識し, 差別や不当な対応に対して断固として立ち向かうためにも法

律知識とそれを使いこなす力は不可欠だろう。

おわりに

ジェンダー問題の解決のために，(家庭教育・学校教育・社会教育など) 教育はきわめて重要な場であることは明らかだ。なぜなら，教育は人々のものの見方，考え方，行動の仕方，感じ方など広い意味での「文化」を生み出す場であるからだ。意識や文化が変わらなければ，社会は変わらない。

もちろん，ジェンダー・バイアスに満ちた現代社会をジェンダー平等の方向へと転換させていくには，社会の仕組みそのものの再構築が必要になる。これがきわめて重要な課題であることははっきりしている。とはいっても，社会の仕組みや制度を変えたからといって，人々の意識が固定的なジェンダーに縛られているかぎりは，ジェンダー平等の社会は実現できないだろう。そもそも，社会の仕組みを変えることのできる場にいる人たちの意識が変わらなければ，いくら口でジェンダー平等を叫んでも絵にかいた餅にしかならない。もちろん，何よりも重要なのは，社会の仕組みの変化と連動しつつ，この社会に暮らす人々の意識や生活スタイルが，ジェンダー平等に根ざしたものへと変わっていくことだ。そのためにも，教育の役割は大きい。

ジェンダー平等社会へ向かって教育を進めるためには，これまでの教育そのもののあり方もまた，考え直す必要があるだろう。これまでの，教える側と教わる側との間の一方通行から，1人ひとりの自律・自立へ向かった相互作用型，参加・発見型の教育・学習の仕組みが求められていると思うからだ。

現在進められつつあるジェンダー教育は，その意味でも1つの可能性をもっていると思う。エンパワーメント教育やメディア・

リテラシー教育などのところで述べてきたように，こうした教育・学習の場では，1人ひとりが自分の力を再発見し，自分なりの力を発揮することがめざされているからだ。もちろん，こうした教育・学習は，その人だけの課題ではないことにも注目しておこう。というのも，エンパワーメント・プログラムでは，1人ひとりの自尊感情に基づいた他者との共同・協同という考え方がベースにあるからだ。

ジェンダーの視点に立った教育の見直しと新たな工夫は，21世紀の私たちの生き方にとっても大きな意味をもっているのである。

エクササイズ

1 高校時代の教科書をもちより，グループに分かれて，それを，ジェンダーの視点から分析してみよう。グループでの討議をまとめて，発表し，全体で議論してみよう。

2 子ども番組をビデオにとって，それをジェンダーの視点から分析してみよう。

【例】 以下の表は，その具体例である。いくつかのグループに分かれ，「アンパンマン」の第1話から第50話までに登場したキャラクターを集めたビデオ（『アンパンマンキャラクター大全集1』）を見たうえで，各グループの討議のなかで議論されたものである（それをさらに総合したのがこの表である）。

『アンパンマン』のなかのジェンダー
●第1話～第50話のキャラクター分析
●大阪大学の授業のなかで学生が「発見」したジェンダー表現の違い
●キャラクターの男女比　　　9：2ないし3：1の割合

男のキャラ	女のキャラ
悪役・主役が多い	わき役が多い
ハキハキとしゃべる	高く，甘い声
元気がいい	
だまされやすい	賢い
個性的・積極的	
正義の味方	
キャラクターのバリエーションが多い	キャラクターがワンパターン
しゃべりかた（放言，英語など）	
助ける役割が多い	助けられキャラが多い
	呼び名（ちゃんづけ）
きたない・不細工なキャラ多い	きれいなイメージ
強い，弱い，ヒーロー，悪役，怪獣	悪役少ない/いやし系
性格もいろいろ　やんちゃ〜やさしい	主体性がない
	暖色系のキャラ多い/かわいい系，洋風
空を飛ぶキャラ多い	一人では登場しない
マンがつくキャラが多い/ヒーロー風	魔女以外は若い
アンパンマンにあったとき/状況説明	あいさつ
仕事	
刑事，大臣，旅人，コック	先生，お母さん，姫
戦いは男の仕事	ぜいたく品キャラが多い

その他
　母・息子の関係はあっても母・娘の関係がない
　子どものめんどうをみているのはお母さんばかり
　子どもは男女比同じくらい
　サイズの大きいキャラクター/男，お母さん
　ドキンちゃん/一般に言われているような現代女性のタイプ

わがまま,スタイルを気にする,責任をとらない,ヤバくなったらバイキンマンに任せて去る,食パンマンの前では弱くなってこびる

読書案内

直井道子・村松泰子編『学校教育の中のジェンダー』日本評論社,2009年。

調査データに基づいて,子どもたちの家庭生活,学校生活のなかのジェンダーを分析するとともに,子どもたちに接する教師たちのジェンダー認識にも切り込んでいる。

三成美保編著『教育とLGBTIをつなぐ』青弓社,2017年。

近年,文部科学省もLGBTの児童・生徒の問題に敏感に対応をするようになってきた(ジェンダー平等については,まだまだ出遅れ感があるのに,不思議なことだが)。性の多様性や,小中高校での性的マイノリティ対応や教育の重要性,さらに大学での性的少数者の権利保証などについて,多角的に考察が加えられている。アメリカ合衆国のトランスジェンダー学生受け入れの現状など,日本の大学にも大きな影響を与えた論考も含まれている。

橋本紀子・池谷壽夫・田代美江子編著『教科書に見る世界の性教育』かもがわ出版,2018年。

国際社会ではどのような性教育の実践がなされているのだろう。ヨーロッパや中国,韓国などの性教育の教科書の分析を通じて,性教育の世界的動きがよくわかる。日本の性教育の現状と課題についても,最後にまとめられている。

メンズ・センター編『男の子の性の本』解放出版社,2000年。

女の子の性についての本はけっこう目にするが,男の子向きのものは少ない。男性たちの性についての情報不足や性についての悩みに対して,1つひとつていねいに回答している。また,HIVの問題や同性愛についてもわかりやすく説明されている。

Column③ スポーツとジェンダー

　最近，女性の意識変革や社会参加の拡大のなかで，これまで男性主導だったスポーツのイメージが崩れはじめている。アトランタ・オリンピック（1996年）では，これまで大差のついていた日本代表選手の人数の男女比がほぼ同じ（ただし，役員レベルでみれば，女性の占める割合は数パーセントでしかなかった）になった。シドニー・オリンピック（2000年）では，アスリートの男女比は，6：4（女性役員の割合は約8%）とゆりもどしがあったが，アテネ（2004年，男子141名，女子171名と逆転）に続く，北京（2008年，男子170名・女子169名），リオデジャネイロ・オリンピック（2016年，男子174名，女子164名）と，選手団は，現在はほぼ男女同数になっている。

　この変化には，女性のスポーツ参加者が増大したということにとどまらない，もっと深い地殻変動がともなっていると思う。近年のスポーツの多様な発展は，男性社会の勝利至上主義や競争主義とは異なるスポーツの登場としても現れはじめているからだ。競争よりも，身体を使う喜びといった要素が，そこでは強調されているように思われる。このことは，そのまま，この200年ほどの男性主導の産業社会のゆらぎとも重なっている。スポーツの多様な発展は，スポーツのあり方を変えるだけでなく，これまでの競争に追いまくられてきた男性中心社会のあり方の根本的な変化と深いところで連動しているといってもいいだろう。

　それにしても，対等なジェンダー関係に基づいたスポーツはいかにして可能なのか。スポーツにおける男女対等において，問題なのは，機械的・形式的平等なのか実質的平等なのか。それぞれのスポーツの男女別運営（たとえば，女性サッカーと男性サッカー）は，性差別なのか，それともジェンダーにおける平等の保障なのか。そもそも，身体的性差は，スポーツにとって，克服できない課題なのか。競争と効率中心の近代的な男性型スポーツは，今後，どう変容するのか。逆に，競争や勝利を目指さない新しいスポーツの形態といったものはどのように発展しうるのか。スポーツ現場における実践的課題をちょっと考えてみても，考察すべき問題は山積みである。

　いずれにしても，ますます広がるスポーツの多様化のなかで，おそらく，ジェンダーという課題は，理論的にも，また実践的な課題としても，今後，その重要性を増すことになることは疑いえないことは明らかであろう。

第4章 恋愛の女性学・男性学

　誰にでも恋愛はできる，誰もが恋愛をしなければならない，それができないのは不幸な人たちだという考え方。私はこれを「恋愛教」と名付けた。小説から詩から映画からテレビドラマから歌謡曲に至るまで，「恋愛は誰にでもできる。できないあなたはおかしい」と囁き続けている。……

　これは「洗脳」というものだ。いわば，1つの新興宗教がほとんどのマスコミを支配しているようなものだ。(小谷野敦『恋愛の超克』より)

　女性たちは，男性の姿を実物の2倍にして映し出す快い鏡として役立ってきました。……鏡は，文明社会ではどんな風に役立っているにせよ，すべての荒々しい勇ましい行為には絶対に必要なものなのです。だからこそ，ナポレオンもムッソリーニも，女性の劣等性をあれほど強調したのでした。女性が男性より劣っているのでなければ，男性は実物以上に大きくならないでしょうから。女性が男性にとってしばしば必需品であることは，これで幾分か説明がつきましょう。また，男性が女性に批評されると落ち着かなくなることも，これで説明がつきます。(ヴァージニア・ウルフ『自分だけの部屋』より)

| はじめに：恋愛の多様性 | まず，次の文章をちょっと読んでみてほしい。|

　2人はしばらく長いあいだ庭に座ったままだった。彼は彼女の顔にちらりと目をやった。彼女は庭の一番むこうの側の塀と，そこをピンクの薔薇が這いのぼっているのを見ていた。彼女がなにを考えているのかは知るよしもなかった。表情にはなにもうかがえなかった。ちょっとのあいだ椅子にゆられてから，彼女はそっといった。
　「もう少しお茶を飲みませんか？　はいこれ」
　2人は座ってお茶を少しずつ飲んだ。それから彼女は手を伸ばして，彼の腕を軽くたたいた。
　「ありがと」
　「なにをですか？」
　「ダンスパーティーにわたしを見つけに来てくださったこと，わたしの写真を切りぬいてくださったこと，なにもかもよ。とてもとても感謝しているわ」
　彼らは庭の小径を歩きまわった。
（レイ・ブラッドベリー『たんぽぽのお酒』北山克彦訳，晶文社，1971年より）

　すぐわかるように，なかなか素敵な恋の物語だ。でも，この恋は，読者が想像するような若い男女の恋愛のお話ではない。男性の名前は，ビル・フォレスター，31歳の独身で，新聞のコラムニストだ。そして，女性の方は，ミス・ヘレン・ルーミス，「ミス」とついているように，独身の女性だ。といっても，年齢は若

くはない。すでに95歳なのだ。

　2人の恋は、ルーミスが20歳の頃とった1枚の写真をフォレスターが見つけたことから始まる。70年以上の時間のへだたりがありながら、ルーミスに出会ったフォレスターは、彼女と恋におちる。彼は、毎日、ルーミスを訪問し、おしゃべりを楽しむのだ。

　「2週間半もわたしはほとんど毎日あなたにあっているのですよ」と語るフォレスターに、ルーミスは、こんなふうにたずねる。

　「ええ、でも若い娘さんはいくらでもいるのに」

　彼女の言葉に、彼はこう答える。

　「若い女の子がもっていないものをあなたは全部持っているんです——親切で、理解力があって、機知に富んで」

　「ばかをおっしゃい。親切や理解力は年をとると大事な仕事になるのよ。20歳のときは、残酷で無分別な方がずっと魅力的だわ」というのが、彼女の返答だ。

　ダラダラと長い引用を続けたが、ここには、ある面、理想的といってもいいような恋の姿があるように思われる。2人の間にある相互の信頼とともに、なによりもぴったりフィットしたコミュニケーション関係がそこにはあるからだ。

　でも、多くの読者は、この2人の姿に「異常さ」を感じるかもしれない。というのも、ここで描かれている恋が、「通常」想像される「恋」とは異なるように思われるからだ。私たちは恋愛というと、すぐに「若い男女」を連想してしまう。しかし、考えてみれば恋のかたちも多様なのだ。

　もちろん、恋愛が男女関係だと考えることも、今では必ずしも「当然」のことではない。たとえば、同性愛者の恋愛関係だ。同

性愛者に対する偏見や差別は，いまだに根強い。でも『もし世界が100人の村だったら』には，こう書いてある。「10人が同性愛者で，90人が異性愛者です」。たぶん，以前アメリカ心理学会が提示した数字に従ったものだろう。人口の1割ということだから，少数派ではあるが，恋愛のかたちとしても極端に少ないというわけではない。

　高齢者の男女間の恋愛感情も，若い世代が考えるほど，奇妙なものではない。また，これまでほとんど注目されることのなかった障害がある人たちの恋愛という課題も，私たちはきちんと議論していく必要があるのだろう。

　そもそも，「恋愛なんていらない」という声だってある。というのも，現代社会においては，人々に「恋愛」を強要するような仕組みが強固にできあがっており，そのため，「恋愛」できないことによって，不安や苦悩を背負い込まされている人たちだっているからだ。

恋愛の歴史

　事実，現代社会に生きる若い世代にとって，この恋愛は，至上の問題になっているようにさえみえる。男性向け雑誌も，女性向け雑誌も，「恋愛」のオンパレードだからだ。だれでもが（若い世代だけでなく，それこそ既婚者も高齢者も）「心ときめく素敵な恋愛」を求める時代，「恋愛」ができなければ人間ではないとでもいうような状況が生まれているのだ。

　しかし，「日本には明治時代まで恋愛は存在しなかった」といわれたら，読者はどう思うだろう。柳父章の『翻訳語成立事情』（岩波新書，1982年）によれば，「それまでの日本には，『恋愛』というものはなかったのである」。「ええっ」と驚く人もいるだろう。

「万葉集の時代から人に恋する歌はたくさんあるじゃないか」という声も出てくるかもしれない。柳父によれば，「それはかつて私たちの国では『恋』とか『愛』とか，あるいは『情』とか『色』といったことばで語られたのである。が，『恋愛』ではなかった」のだそうだ。

日本語における「恋愛」という言葉の登場は，明治以後，英語のLoveの翻訳語としてのものだった。それなら，それまでの男女あるいは男性（女性）同士の親密な感情は翻訳語の「恋愛」とどこが異なるのか。柳父によれば，「ラーブ（恋愛）」は，「『恋』などのような『不潔の連感に富める日本通俗の文字』とは違う」「『清く正しく』『深く魂（ソウル）より愛する』ような意味を持って」いたのである。

そうであるなら，近代以前の日本人の「色」や「恋」の関係には，精神的な要素が希薄だったのだろうか。もちろん，そんなことはないだろう。しかし，少なくとも西欧ふうの「清く正しい」「聖なる」恋愛とは，様子が違っていたようだ。

たとえば，「処女」や「童貞」といった性的な純潔性をめぐる考え方に，それは現れているかもしれない。日本社会において，異性との性的関係をもったことのない女性を示す言葉として「処女」という概念が広がるのは，明治の末から大正にかけての時期だったということを，何人もの研究者が明らかにしている。「処女」という言葉は，それ以前は，単に若い女性を意味していたにすぎなかったのだ。他方，「童貞」という言葉は，男性に限定された用語ではなく，性的関係をもたない男女を意味する性的に中立な言葉だったのだ。

だから，キリスト教倫理の強い西欧人の目からみたら，日本人

はきわめて性的に自由な文化をもっているように映ったようだ。戦国時代に日本を訪れた宣教師フロイスは，こんなことを書いている。

「ヨーロッパでは未婚の女性の最高の栄誉と貴さは，貞操，すなわち純潔が犯されない貞潔さである。日本の女性は処女の純潔を少しも重んじない。それを欠いても，名誉も失わなければ結婚もできる」。

あるいは，

「ヨーロッパでは娘や処女を閉じ込めておくことはきわめて大事なことで，厳密に行われている。日本では，娘たちは両親にことわりもしないで一日でも幾日でも，ひとりで好きなところに出掛ける」。

もちろん，性的な関係の縛りがある程度自由だといっても，好き勝手に相手をとっかえひっかえしていたわけではない。自分の好きな人との関係を持続的に維持するために，それ以外の人との性的関係は当然控えられただろう。ただし，好きでなくなったら，自然に別れるということも，あたりまえのこととしてなされていたのだろう。

こうした比較的自由な男女の性関係が成立していたことの背景には，日本の女性が，西欧の女性たちと比べて，自分の財産を所有するという伝統をもっていたことが大きくかかわっていたのかもしれない。離婚を含めて，男性との関係が終わっても自活できるだけの力を，日本の女性たちはもっていたのだ。だからこそ，ある程度の対等な関係が維持できたのである。

ヨーロッパと比べればきわだって高かった日本の女性の経済的自立が，失われはじめたのは平安末期から鎌倉時代のことといわ

れる。しかし，フロイスも指摘しているとおり，日本の女性たちは，戦国時代になっても，西欧の女性と比較して，財産権を一定程度保持していたようだ。それが江戸時代に入ると，さらに失われ，とくに明治時代になると，民法など法的な規制のもとで，女性の財産権はすっかり男の手に奪われていくことになる。面白いことに，男性と性体験のない女性を「処女」と呼ぶようになるのも，民法による女性の無権利状況が確立して以後のことなのである。

ロマンティック・ラブの誕生

もちろん情熱的に他者を愛するという行為は日本にだって古くからあった。また，多くの文化において，こうした情熱的な他者への没頭は存在している。でも，明治の日本の若きインテリたちが理想とした「深く魂から」他者を愛するような「恋愛（ロマンティック・ラブ）」は，西欧社会においても，近代の成立をまって本格的に誕生したものだといわれている。

「恋愛（ロマンティック・ラブ）」という発想の起源は，12世紀南欧の宮廷詩人たちまで遡るといわれる。彼らは，既婚の貴婦人たちを「理想」の愛の対象として歌いあげたのだ。しかし，肝心なのは，この理想の愛の対象は，彼らにとって手の届かない存在であったということだ。かなわない愛だからこそ恋心が燃えあがるという構図が，そこには見出せる。

手の届かない愛の対象だからこそ，より情熱的にそれを求めるというこの構図は，時代が進むにつれて広まっていくことになる。近代社会になると，これまでは主に宮廷や貴族の間でのゲームであったこうした「恋愛」が，一般民衆の間にも拡大していくことになる。その背景には，古い身分制の秩序が崩壊し，原理的には

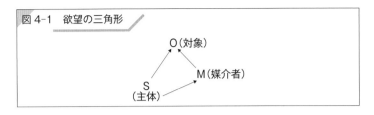

図4-1 欲望の三角形

人間は平等であるという社会（だれでもが「恋愛」のゲームが楽しめる社会）の成立があった。

また，近代社会は，印刷メディアの発達を生み出した。とくに「小説（個人を主人公とした近代小説）」という新たなメディアの登場は，ロマンティック・ラブ（まさに「ロマンス＝小説のような愛」なのだ）の拡大に大きな役割を果たした。

こうした近代社会の恋愛における欲望について，たいへん面白い研究がある。ルネ・ジラールという文芸社会学者による，**「欲望の模倣」モデル**，あるいは，**「欲望の三角形」モデル**説だ。

もちろん，食欲のように，必要不可欠な欲求というのは人間には存在している。けれど，そうした欲求とは違うかたちで生まれる「欲しい」という気持ちが，人間にはある。他人が欲しがるから自分も欲しい，他人が所有しているから自分も所有したい，そんな他人の存在に刺激されて生まれる欲求，それをジラールは「欲望」と呼ぶ。そして，彼は，近代の文学作品，なかでも恋愛をモチーフにした小説を俎上にあげながら，すぐれた作品は，たいていこうした他人に触発された欲望の問題にふれているという。

この理論をもう少しわかりやすく説明するために，ちょっと図を描いてみよう（図4-1）。この図は，主体（S），対象（O），媒介者（M）の3つの項目で成り立っている。普通，私たちが，欲求について考えるとき，主体から対象に向かう線，つまりS→Oと

いう具合に発想しやすい。主体は，対象を欲するからそれを欲望する，というわけだ。でも，ジラールは違う。私たちがある対象を欲するのは，媒介者が対象を欲望していると思っているからこそだ，と考える。そのうえで，主体は，この媒介者の欲望を模倣することで，対象に向かっての欲望を生み出すという。つまり，S→M→O の線に従って，私たちの欲望は作り出されると考えたのだ。媒介者は主体にとって欲望の模倣の対象，つまり欲望のモデルということになる。

　ここでジラールは，主体と媒介者の関係に応じて，欲望の媒介の仕方に，大きく分けて2つの種類があるという。1つは，両者の社会的な差がきわめて大きいときだ。たとえば，モデルが神であったり，本の中の英雄だったりする場合である。これは，主体にとってはとても競争にならない相手だ（ジラールは「外的媒介」と呼んでいる）。だから，主体は，欲望の模倣はするけれど，モデルとしての媒介者と争うようなことはない。

　もう1つ。これが問題だ。主体と欲望のモデルとの社会的差が接近しているときだ（「内的媒介」）。このとき，媒介者は単にモデルとしてではなく，対象をめぐって争奪戦を繰り広げるライバルとなる，とジラールはいう。お互いに相手の欲望をマネしながら（この図における「媒介者」にとって，「主体」は，視点を変えれば，今度は欲望のモデルにもなるわけだから），相手を打ち倒し，欲望の対象を奪い取ろうとする欲望の戦いが開始される。当然のことながら，モデルであり同時にライバルであるような欲望の媒介者の登場によって，私たちの欲望はますます亢進していくことになる。だから，私たちが他人のもっているモノが欲しいと思うときは，その他人が雲の上の遠い人ではなく，身近な人であったり，

自分とそれほど違わない人だと思っていればいるほど,この欲望は強くなるということだ。

　もうちょっと具体的な例をあげてみよう。たとえば,文学作品のなかにしばしば登場する三角関係のような場合だ。AはCをもとめて恋のライバルBと争うというようなケースだ。媒介者Bの介在がなければAのCに対する恋心はそれほど燃えあがらなかったかもしれない。しかし,ライバルが介在すると,事情は大きく変わる。AのCへの欲望は肥大化し,何としてもCを「自分のもの」にしたいと熱望することになる。それが,Bの欲望に刺激されたものであることは明らかだ。たとえばAが,この恋愛における戦いに勝利して,Cを「獲得」したときのことを想像してみるといい。勝利の喜びもつかの間,AのCに対する熱望は,Bと争っていたときと比較して急激に冷めてしまう場合が多い。Aの欲望の肥大化が,Bに媒介されてのことだったということがはっきりわかるのはそんなときだ。

　近代社会以後の恋愛には,こうした相互模倣による欲望の亢進が生じやすいという。というのも,前近代社会においては,強固な身分制秩序が存在していたからでもある。一般の民衆にとって,神や英雄,さらには身分上の格差の大きい関係にある人々は,欲望の模倣のモデルではあっても,ライバル関係にはなりにくい。ところが,近代社会では,人間は原理的に平等なのだ。いわば,あらゆる人が,自分の欲望のモデルであると同時にライバルになるからだ。

男の子の勘違い/女の子の思い込み

　ところで,男女の恋愛ということになると,どうもお互いの気持ちのすれ違いが目立つようだ。そして,そのすれ違いの

背景に，しばしば，お互いの抱く男性イメージ，女性イメージが，男女で異なっているという問題が控えているように思われる。まさに恋愛における「理想化」という問題が，現代社会において，むしろ深まっているともいえる。

　それは，雑誌などの理想の異性・同性イメージにも現れている。たとえば，若い男性向け雑誌と女性向け雑誌における女性イメージを比べてみると，男性向け雑誌のグラビアを飾る女性たちは，どちらかというとふくよかで肉感的なタイプが多いのに，女性雑誌に登場する女性たちは，明らかに痩せ型タイプが主流なのだ。男の子たちには，胸の大きいグラマータイプが理想の女性イメージなのに，女性たちにとっての理想は胸の小さいスリムタイプなのだ。

　逆に，筋肉モリモリのボディビルダーに対する男女の受けとめ方も異なるといわれる。ボディビルダーの写真を見せて評価を聞いたところ，女性たちの多くは（94％が）強い反発を示したのに，男性の側で反発したのは半分に満たず，1割ほどは強い魅力を感じたという。

　こうした男女の理想的イメージのすれ違いの背景には，ある種の異性の神秘化という作用が潜んでいるのではないかと思う。

　以前，イタリアの男性作家チェーザレ・パヴェーゼが描く女性イメージの分析をしたことがある。登場する女性たちが，どのような性格の存在として描かれているかを考察するなかで，結局，この作家の描く女性像が，次の3つのパターンにだいたい収まってしまうことにビックリしたものだ。つまり，犯し難い「聖女」タイプか，自分の好きなように対応することのできる「娼婦」タイプか，自分をスッポリ包んでくれる「太母」タイプの3つであ

る。少なくともこの作家については，対等な人格をもった存在という女性像は，ほとんど登場していなかったのである。

　それは，第1章でもふれた「性のダブルスタンダード」の問題ともかかわってくる。つまり，恋人や妻である女性に対しては，「自分につくしてほしい」「自分だけの存在でいてほしい」と思いながら，自分の方は，「ぼくが他の女性を好きになってなぜいけない」とか「ぼくは君の所有物ではない」といった対応をしてしまうのである。それは，パヴェーゼの次のような言葉が象徴しているだろう。「所有されることなく，所有すること」。つまり，女性を自分のものとして確保・管理しながら，女性には所有されたくない，というわけだ。これはやはり，ズルイと思う。

| シンデレラ・コンプレックス |

　それなら女性の方はどうだろう。もちろん，男性像についての女性の側の思い込みも存在している。と同時に，恋愛の場で，女性が自分たちの思い込んだ「女らしさ」というジェンダーに縛られているというケースも多いのだ。たとえば，少女マンガの分析などをすると，きわめて特徴的なことがみえてくる。少年マンガにおいては，スポーツものや探偵物，料理ものや暴力ものなど多様なジャンルがあるのに，少女マンガとくればラブコメ（ラブ・コメディ）ものが中心だ。もちろん，少女マンガも，1970年を前後して，スポーツものや歴史ものなど，それなりのジャンルが開発された。しかし，今なお主流は，恋愛ものであるのも事実だろう。実際，小柄でメガネをかけていて目立たない（と自分で思い込んでいた）女の子が，遠くからあこがれていた男の子とふとしたきっかけで出会い，あれこれの事件を経るなかで，まさかと思っていたのに両思いであることが発覚，メガネをとったら，

そこには可愛い女の子の姿が……といった，あこがれの君との恋愛の成就的なものも多い。

　ここには，「待つ」女の子の姿が映し出されている。じっと素直に生きていれば，いつかきっと素敵な王子様がやってくる，というわけだ。もちろん，人生はこんなに甘くない。でも，雑誌などにみられる女の子文化のなかには，こうした「いつか王子様が……」といった傾向は，今なお残っている。

　守られること，保護されることを期待し，他方で，自立することを避けたがる女性の意識（心理的依存状態）をコレット・ダウリングが「**シンデレラ・コンプレックス**」と名づけたのは，1980年代初頭のことだった。彼女の書いた『シンデレラ・コンプレックス』（木村治美訳，三笠書房，1982年）は，アッという間に全米のベストセラーになり，日本でも評判になった。この現象の背後には，当時，女性の社会参加が急速に進みはじめたアメリカ合衆国においても，「自分の人生を一変してくれる救いの王子様」を待つシンデレラたちが，たくさんいたということを示しているだろう。女性の社会参加・自立の一方で，この動きにとまどいを感じ，女性の自立と古い「女らしさ」との間でジレンマを感じる人たちが多数存在したのである。こうした観点から，日本の少女マンガに目を通すとき，日本における女の子文化のなかに，このシンデレラ・コンプレックスが深く根を下ろしていることがわかるだろう。

　日本の女の子文化も，男女対等に向かう国際社会の動きのなかで着実に変化しはじめている。たとえば，最近の少女マンガの主人公たちは，すでに「待つ」女の子ばかりではないからだ。

恋愛シャイマン

恋愛における男女のすれ違いには、こうした相互の思い込みによる、異性とのコミュニケーション不全状況が控えているのだろう。こうしたコミュニケーション不全の問題をめぐって、ラブ・シャイ、つまり、恋愛について臆病な恥ずかしがり屋の男性についての本が、日本でも話題になった。アメリカ合衆国の心理学者B.G.ギルマーティンの書いた『シャイマン・シンドローム』（あわやのぶこ訳，新潮社，1994年）だ。この本を読んだ日本の若い男性のなかには、シャイマンの問題は「他人事ではない」と思う人も多いようだ。

もちろん、シャイな人、恥ずかしがり屋の人は、男女ともに存在している。しかし、「シャイな女性は、シャイでない普通の女性以上に心を病むことはない……反対に、シャイマンの場合は、シャイでない男、つまり非シャイマンと比べてノイローゼ状態に悩まされる傾向が多分にある」のだそうだ。背景には、愛情表現というものは、男性の方からすべきもので、女性は受け身でもいいという男性主導文化がある。

興味深いのは、シャイマンの育てられ方についてふれた部分だ。著者のギルマーティンによれば、シャイマンの母親は、非シャイマンの男性の母親と比べて、養育時に社会経験がないケースが多いのだという。つまり専業主婦の母親に育てられた男の子の方が、仕事をもっている母親に育てられた場合と比べて、シャイマンになりやすいというわけだ。時間的に余裕のある母親たちは、ついつい過保護・過干渉になり、その結果、他者とコミュニケーションするのが苦手な男の子が成長するということだろう。また、「やかましい親」「体罰」「信頼のない家庭」がシャイマンを生むという指摘も、なるほどと思わせる（もちろん、こうした親に育て

られた人がすべてシャイマンになるというわけではない。あくまで傾向の問題であることはいうまでもないことだろう)。

ギルマーティンは、シャイマン度のチェック表とともに、シャイマンから脱出するための方法についてもふれている。同年代の女性とのデート実習を通じたセラピーや、自己肯定的に自己表現をする方法を身につけるための話し方教室、さらに、信頼感に基づいたセルフヘルプ(自分たちで支援し合い支え合う自助的な)・グループなどが有効だそうだ。

恋愛の力関係

恋愛における力関係の問題も考えてみたい。というのも、若い男性に聞くと「今や恋愛の主導権は女性の側にある」「恋愛における力関係はあきらかに女性上位だ」といった声もよく聞くからだ。女性の側にも「恋愛というゲームにおける主導権は自分たちにある」と答える人も多い。

たしかに、現在では、最終的な「選択権」は女性の側に握られているようにみえるケースも多いように思われる。男の子たちは、相手の気をひくため涙ぐましい努力をするが、その努力が報われるかどうかは、自分の側にではなく、自分を「選択」してくれる女性の側にあるというわけだ。おまけに、男性の気をひくことを目的としたいわゆる「女性優遇」の動きも目につく。女性だったら入場料金が半額になるクラブとか、女性割引をする飲み屋さんなどもあるくらいだ。「どこが男性社会だ」などと叫ぶ男性がいるのも無理もないという気さえするくらいだ。

しかし、なぜ女性の側に選択権があるようにみえるのだろうか。また、なぜ「女性優遇」の仕組みがあるのだろうか。考えてみると、こうしたことの背景にも男性主導の社会状況があるともいえ

る。

　(女性の社会参加が困難な)男性主導社会で，女性がよりよい生活を確保するためには，十分な生活の保障が可能な男性をつかまえるのが一番だ。そして，そのために，女性たちは，相手の選択に大きなエネルギーをかけざるをえない。安易な妥協は禁物なのだ。また，「性のダブルスタンダード」の縛りもある。男性社会は女性に対して「一人の男への貞節」を一方的に要求するからだ。こうした状況のなかで，女性たちは，相手のキャッチに慎重にならざるをえないのである。また，シンデレラ・コンプレックスの例にみられるように，「女らしさ」の縛りのあるジェンダー化された社会では，女性の側の積極的な恋の告白はしばしば抑制されることもある。

　他方で，女性を「確保」することで「一人前の男」であることが証明できる(と思い込まれている)男性主導の社会で，男性たちは，何が何でも女性をキャッチすることを要求されている。ここでは，男性たちは，女性を「つかまえる」ために，下手に出る必要がある。

　男性主導社会では，男性の「男らしさ」の証明が，彼が「獲得」した女性によって測られるといったこともよくみられる。どんな女性を「確保」したかで，男性のランキングが作り出されるのだ。男性にしばしばみられる，女性を，「獲得」の対象，「所有」の対象としてみる傾向も，男女の恋愛におけるすれ違いの原因になりがちだ。女性の側は，恋愛や結婚を通じて恋人との人格的で精神的なつながりを求めているのに(「所有」したいという思いにも，精神的なつながりを重視する「人格的な所有」の傾向が強い)，男性の側は，むしろ，女性の「管理」(「モノとしての所有」

といってもいいかもしれない）を求めてしまいがちだからだ。事実，「嫉妬」という感情は，むしろ女性に特有のものと思われがちだが，この嫉妬が妄想的に拡大するのは，圧倒的に男性の方だといわれる。たぶんその背景には，（片思いであっても，自分の）恋人を何としても「自分のモノ」として「所有」しておかないと安定しない男性の意識があるのかもしれない。

　こうした構図は，女性をある種の「値段の高い商品」にしてしまうことになりかねない。「商品価値」の高い女性を求めて男性たちは争うわけだ。しかし，この「商品」は単なるモノではない。自前の判断をもった人間なのだ。男性側のより「高い商品」を求める動きと，女性の側のより「高く」売りつけようという戦略が出会う場で，「売り手」の側に主導権がわたるのは，考えてみれば当然だろう。こうして，恋愛というゲームの場で，男性の側に譲歩が要求されるのだ。

　こんなふうに，恋愛における「女性上位」状況の背後をじっくりみつめていくと，今度は逆に，現代社会が今なお男性主導にできあがっているという問題点もまた浮きあがってくる。

　しかし，現代は，女性たちの社会参加が大きく広がりつつある時代だ。男性も女性もこれまでのような古い戦略で恋愛を続けるわけにはいかなくなろうとしている。女性の側からの恋愛の場での「対等」を求める声が，明らかに広がりはじめているからだ。

　女性の間には，恋愛やその結果としての結婚が女性を束縛するようなら，そんなものからオサラバしたいという声も拡大しつつあるくらいだ。たとえば，『女は結婚すべきでない』（あわやのぶこ訳，中央公論社，1996年）のなかでシンシア・S.スミスは，こんなことを書いている。彼女は，これまで女性が男を必要として

第4章　恋愛の女性学・男性学　115

いたのは，3つのFが理由だったという。つまり受精（ファーテライズ），父親（ファーザー），経済（ファイナンス）の3つだ。子どもを産むための精子，産んだ子どもを一緒に育てるための父親役割，さらに男性主導社会で女性が社会参加をしにくいために生じてきた経済力の保障である。しかし，今や，女性の社会参加の拡大のなかで経済力は自前で担えるし，精子も結婚以外で確保することも可能だし，最近では精子バンクだってある。おまけに，たいていの男たちは仕事中心で父親役割なんてしてくれない。それなら，何も恋愛や結婚をする必要もない，というわけだ。

　他方で，男性の側からも，恋愛ゲームの場で，自分たちが無理を迫られる状況を変えたいという気分も広がりつつあるように思われる。なぜ，男たちが女性を「確保」するために無理をしなければいけないのか。なぜ，飲食の支払いは割り勘でなく，男が払わなければならないのか。さらに，結婚したとしても，なぜ男だけが働き，妻である女性たちは，経済的な分担を担ってくれないのか，といった不満の声である。この辺の事情は，最近の「新・専業主婦」論などに端的に見出せるだろう。つまり，20代の女性たちは，結婚したら，「男は仕事も家事も」「妻は家事と趣味と」の生活を求めているのだという。これでは男はまるで「働き蜂」だ。これからは，当然，「男も女も仕事も家事も趣味も」という対等な分担を男性の側から求める時代なのかもしれない。

恋愛のゆくえ

　冒頭でもふれたが，現代社会は，恋愛脅迫症の時代なのかもしれないと思う。恋愛ができない人間は，一人前ではない，といった思い込みは，とくに若い世代の間では強烈だ。しかも，そこに男女相互の意識のズレがあるのだから，問題はさらに複雑になる。

しかし，今後，時代の変化のなかで，男女関係も，また（男女に限らない）恋愛のかたちも大きく変貌していくことだろう。異性愛関係を基準にした，健常者中心の，ジェンダー枠組みに従ったこれまでの恋愛のかたちには変化が生まれざるをえないからだ。

 また，その一方で，メディアの発達は，バーチャルセックス，バーチャル恋愛といった事態も生み出そうとしている。VR（ヴァーチャル・リアリティ）によるヴァーチャル・セックスの時代は，すでに始まっているのだ。その予兆は，1980年代からある。この時期，若い男の子たちの現象として「2次元コンプレックス」という言葉が使われはじめた。つまり，生身の女性よりビデオやテレビゲーム上の女性により親密な感情を抱くような男の子の誕生だ。その背景には，現実の女性をうまくコントロールできなくなった男の子たちの事情があるという分析もなされてきた。

 とはいっても，今後も，人と人との強い引かれ合いの関係，他者との親密なコミュニケーション関係を求める意識は，人間が人間として生きていくかぎり必要なものだろう。しかし，その関係は，必ずしも若い男女の間に留まることはないというのも明らかだ。同性同士の恋愛や結婚，高齢者の恋愛，さらに冒頭にあげた年老いた女性と若い男性の間の恋愛（あるいはその逆）だって，あたりまえになるかもしれない。こうした人間の深く親密な関係を恋愛と呼ぶなら，恋愛のために今後問われるのは，ジェンダー・バイアスや異性愛強制，さらに健常者・障害者，出自による差別など，さまざまな固定的な思い込みに縛られたこれまでの「恋愛」を，もう一度，根底的に見直すことだろうと思われる。

エクササイズ

1 グループに分かれ，恋愛を描いた少年マンガ・少女マンガをとりあげ，そこに描かれる恋愛のかたちの特徴や男性登場人物・女性登場人物の描かれ方について議論してみよう。グループの意見をまとめて発表し，全体で議論を深めてみよう。

2 同性愛について，次の質問に，正しいか間違っているか考えてください（これはあくまで今思っていることをチェックするものであり，採点したりするためのものではありません）。回答を終わった後で，全員で同性愛について討論してみよう。

①ほとんどの同性愛者は自分で選んで同性愛になった。（正・誤）
②同性愛は医学的な治療の対象である。（正・誤）
③同性愛者は外見や服装，態度や職業などですぐに見分けることができる。（正・誤）
④レズビアンとは男になりたい女性のことである。（正・誤）
⑤同性の人と性的な関係をもった人はすべて同性愛者である。（正・誤）
⑥異性の服装を好む人はたいてい同性愛者である。（正・誤）
⑦アメリカ合衆国には他の国と比べてとりわけ同性愛者が多い。（正・誤）
⑧同性愛者は多くの場合，身近な同性愛者の影響で同性愛になる。（正・誤）

（回答：すべて誤）

［参考文献］ 森田ゆり『多様性トレーニング』解放出版社，2000年。

読書案内

鈴木隆美『恋愛制度，束縛の2500年』光文社新書，2018年。

　古代ギリシアの男性同性愛，結婚制度の外で展開された中世の宮廷恋愛，近代のロマンティック・ラヴまでのヨーロッパの恋愛の変容の歴史と，日本でのヨーロッパ風の恋愛観の受容など，恋愛の歴史を大きな構図で説明してくれる。日本の人間関係の説明には個人的にはちょっと違和感もあるが，よくまとまった一冊だ。

阿部真紀『暴力を受けていい人はひとりもいない』高文研，2018年。

　デートDV（恋人間の暴力）という言葉を知っているだろうか？　多くは配偶者間の暴力を意味するDV（パートナー間の家庭内暴力）の恋人版だ。つきあっている相手の人間関係を制限したり，携帯を毎日チェックしたりすること，言葉による暴力から身体的暴力まで，デートDVも多様性がある。もともとCAP（子どもへの暴力防止）の活動をしていた阿部さんが，デートDVの現状や，そこから脱出する方法まで，データを駆使して説明してくれる。

南和行・吉田昌史『ぼくたちのカラフルな毎日』産業図書センター，2016年。

　弁護士の同性カップルの生活記録。二人の出会い，カミングアウトから結婚まで，いろいろな壁を乗り越えて一緒に暮らすお二人のお人柄がよくわかる。2018年には『愛と法』（戸田ひかる監督）という映画にも二人で出演。この映画は，文部科学省特別選定にも選ばれている。

打越さく良『レンアイ，基本のキ』岩波ジュニア新書，2015年。

　弁護士の打越さんが書いたジェンダー視点からの恋愛論。法律家の書いた本がまったく堅苦しくない。ジェンダー平等な恋愛を望むなら，ぜひ一読を。

Column ④ 結婚できない症候群/男性の結婚難とその背景

　少子化の問題と関連して，結婚しない女性の増加や晩婚化がよく問題にされる。実際，1985年と2018年の約35年間で，30代で結婚していない女性の率は，8.4％から30代前半だけみても約34.6％へと変化している。いわゆるシングル志向の女性の増加や，仕事の継続のなかで社会的な自己実現を望む女性の数が増えているのはどうも事実のようだ。

　以前，「かつて女性にとって結婚は主食だったが，今は副食になった」という言葉を聞いたことがある。「女性は家を守って子を育てて一人前」的な社会規範が強く，また就職口も少ないしあっても低賃金という社会では，女性たちは，生きていくためには男性と結婚することが重要な課題になっていた。しかし，今や，女性たちにとって結婚は，食べても食べなくてもいい「選択」の対象になったというわけだ。

　しかし，30代で結婚していない人の割合ということでは，男性の方も負けてはいない。というより，むしろ男性の方が，女性と比べてもはるかに高い割合を占めているのだ。1985年には30代全体で20.6％だったのが，2018年には30代前半で47.1％，30代後半でも35.0％とほぼ倍増している。単純に考えて，30代の男性は，女性に比べてかなり「売れ残って」いるということだ。

　なぜ，こんなに結婚していない男性の割合が高いのだろう。1つには，男性たちが，結婚相手として自分より少し若い女性と結婚しようとするということがあるだろう。勢い，同世代では，女性の方が未婚率が下がることになる。また，離別・死別後の再婚という点でも，1人で生活できない男性の方が再婚の割合は高い。

　とはいっても，それだけではないはずだ。たぶん，そこには次のような理由がある。まず考えられるのが冒頭でふれたシングル志向の強まりだ。シングル志向は女性だけの傾向ではない。男性のなかにも増加しているのだ。2人で暮らすということになるといろいろ気をつかわなくてはならない。お金も時間も制限される。つまり，気ままに暮らすという自由がなくなるのだ。それなら結婚など焦らずにシングルライフを楽しもう，というわけだ。

　これとかかわることだが，若者の経済生活が悪化していることも結婚離れ（結婚できない状況）を生み出しているといわれる。21世紀になってから日本の雇用労働者の賃金はどちらかというと下がっている（男性サラリーマンの年収が最も高かったのは1997年。570万円くらいあった。リ

ーマンショックの2008年まで下降を続け，その後，ちょっと上昇したが，まだまだ1997年の570万円前後には程遠い）。とくに若い世代の収入は抑えられている。かつては男性稼ぎ型モデルで夫の稼ぎである程度支えられた家計は，いまや男性だけでは支えきれない。結婚しようにも経済的にゆとりがないのだ。

おまけに，少子化のおかげで親の方も子どもを手放したがらない。親と暮らす現状と比較すれば，若い夫婦の結婚生活は明らかに生活水準の低下につながる。親がかりの現在の方が，結婚生活よりもズッと快適なのだ。そんなわけでシングルの男女が増加しているのだろう。いわゆるパラサイト・シングルというやつだ。

もっともそればかりではない。とくに，男性の方に未婚率が高いということからは，未成熟で自立できない男性の増加ということも推測される。恥ずかしがり屋で，なかなかうまく自分の気持ちを伝えられないラブ・シャイの若者の存在は，日本のみならず，アメリカ合衆国でも問題になっているようだ。本文でもふれたいわゆるシャイマン・シンドローム（恥ずかしがり屋の男の子症候群）だ。こうした自立できない男性は，多くの場合，専業主婦の母親に育てられているという興味深いデータもある。母親1人に育児の責任を押しつける，人類はじまって以来の奇妙な子育て環境（少なくとも，つい50年ほど前まで，子育ては，女性に多くの負担がかかっていたとはいえ，基本的に複数の大人や年長の子どもの手を通じて行われていたはずだ）を生み出した現代社会は，女性の育児ノイローゼを生み出しただけでなく，子どもの社会性や自立を育むうえでもマイナスに作用しているともいえるだろう。

もう1つ，若い世代の男女の結婚観・夫婦観のスレ違いもあるのだろう。以前，大学のゼミで結婚について話題にしたときのことだ。だれも発言する様子がないので，後ろの方の席に座っている男子学生に「君は結婚をどう思う」と聞いてみた。彼は，ボソボソと次のように語った。「やはり結婚したら妻には家にいてほしい。家の近くまでくると自分の家の明かりがついていて，ドアをあけるとミソ汁の匂いがプーンとする。そんな結婚が理想です」。すると即座に，前の席に座ってホオづえをついていた女子学生が反論した。「そーんな男とは私たち結婚しないわよー」。

男性の意識が変わらないかぎり，若い男性の結婚難は，まだまだ続きそうだ。

特講 2 男性学って何？
——ごく短い男性学と男性運動のスケッチ

　本書のタイトルは『女性学・男性学』である。読者のなかには，「女性学は何となくわかるが，男性学って何だろう」と言う人もいるだろうと思う。「男性学（men's studies）」とは何か。もちろん，だれでも気がつくように，「男性学」は，「女性学（women's studies）」に対応して生まれたものだ。「女性学」は，女性にとって居心地の悪い男性中心社会を，女性の目で見つめ直し，これを変革するために生まれた。とすれば，「男性学」は，男性中心社会における支配的性である男性の側から，男であるがゆえに抱えこんでいる問題を，男性自身の目で批判的に見つめ直し，男性にとってより生きやすい社会をめざすための学問といえるだろう。

　ただし，最近では，この「男性学」，「男性学・男性性研究」といった呼び方をすることもある。男性を対象とするこの研究スタイルは，当初，女性学にならって男性学 Men's Studies と呼ばれていた（もちろん，こう名乗っている男性性研究の人もたくさんいる）。しかし，これでは，女性学 Women's Studies の「裏返し」のようにとらえられてしまうのではないかという声も生まれることになった。現代社会は，まだまだ男性主導社会だ。男女の関係は，非対称の状態（女性差別がまだまだ根強く，男女のおかれた状況は均等とは言い難い）が続いている。そこで，欧米の男性性研究者の間では，Men's Studies ではなく，The Study of Men という名称が考えられたりしたこともある。今では Men & Masculinities（Studies）という名称が男性というジェンダーの研究にはよく使われる。そこで，最近，この英語をそのまま日本語にして

「男性学・男性性研究」と呼ぶことがある。女性学が社会的少数派の立場からの学であったとすれば、男性学・男性性研究は、社会的マジョリティの側からの自己省察と自己変革を課題としていたということを、ここで付け加えてもいいだろう。

 実際、日本社会でも、ここ数年、男性たちが世代をこえて多くの問題を抱え込みはじめていることが明らかになりつつある。若い男性の間には、母親の過保護・過干渉のなかで育ったことで自立できないマザコンタイプの男性が増加しているといわれる。また、結婚したくても結婚できない独身男性も急増しつつある。働き盛りの男性の前には、長時間労働や出世競争のなかでの苦悩がある。その典型的な結果が、年間数万件を超えるともいわれる過労死だ。しかも、最近のリストラの波や雇用形態の流動化は、中高年男性を中心にプレッシャーや挫折を生み出そうとしている。1998年以後急激に上昇した中高年の自殺率はその現れだろう。仕事人間から解放されて、「さて老後は妻と2人で旅行でも」などと思っていると、妻から定年離婚を言い出されて泡を食ったり（20年以上連れ添った夫婦の離婚は、2015年段階で離婚数全体の23％にまで上昇しているし、裁判所で離婚調停を行っている夫婦の7割以上は妻から言い出す離婚だそうだ）、それを乗り越えても、趣味も友人もいない、妻に依存するだけの「濡れ落ち葉族」やひどい言葉だが「産業廃棄物」のような生活が待っているというわけだ。これではたまらない。

 そこで、男性自身が自分たちの生活を振り返り、より人間らしい生き方ができる社会を求める男性学・男性運動が必要になる。

 この男性学・男性運動の発祥の地は、いうまでもなく、ウーマン・リブの運動の震源地でもあったアメリカ合衆国である。1970年代、女性運動の発展に対応するかたちで誕生したといわれる。

もっとも，男性学が学問として認知されるようになったのは，1980年代に入ってからのことのようだ。1984年の段階でアメリカ合衆国の大学で40の講座が開かれていたという。この動きは，その後急速に広がり，92年には，400講座と10倍に増えている。

　アメリカ合衆国の男性学も，大学教育の内部においては，性差別の問題とかかわらせながら授業プログラムが作られているようだ。現在の男性主導社会のどこが問題なのか，また，男女平等社会を作りだすためには，男性たちに，どのような意識や生活スタイルの転換が必要なのか，といった課題が中心になる。

　現実に，女性問題の解決を男性問題の解決と結びつけて考える男性の運動体も存在している。たとえば，プロフェミニズムの（フェミニズムに対して親和的な）男性運動 NOMAS（性差別に反対する男の全国組織）などは，その代表的な存在だろう。代表者のミケーレ・キンメルによれば，この運動の基本的な方向性は次のようなものだ。

　「このグループの運動は，3つの原則のために積極的に活動している男と女（女は会員の約1割）の全国組織だ。第1は，女と男の完全平等。第2は，ゲイ・レズビアンへの差別の撤廃。第3は，より豊かで，深く，意義ある生き方をしたいと願う男たちを支持すること。僕たちは，前2つなくして3番目はありえないと考える。女と男が平等でないかぎり，そしてセクシズムとホモフォビア（同性愛嫌悪）を終息させないかぎり，豊かで深みのある充実した人生を築けないと信じる」。

　男性運動のなかでも，1980年代以後，急速にその勢いを増したのは，男性同性愛者（ゲイ）の運動だったといえるだろう。キリスト教文化（なかでもピューリタニズムの伝統）の強いアメリカ社会において，「同性愛者である」と表明することは，神に反

する存在であるということでもあった。また,マスメディアにおいてもマッチョな男性ヒーローのイメージが強調されるアメリカ社会は,同時にホモフォビア＝同性愛者を嫌悪し排除する社会でもある。その意味で,こうしたゲイへの差別に反対する広範な運動が,各地で広がったのは当然のことだっただろう。

とはいっても,性をめぐる差別に反対する動きと強く結びついた男性学・男性運動ばかりでない。このあたりが,いかにもアメリカ的なところだろう。古い〈男らしさ〉の復権や強化を図る保守派のグループもあれば,現代社会における男性の相対的な権利剝奪状況を批判し,ときに女性の主張を男性に対する逆差別だと糾弾する男性の権利派の動きもある。

「なぜ男だけが兵隊にされるのか」「男性もまた,男性であるがゆえにさまざまな差別を受けている」という男性の権利擁護の運動は,この流れのなかで生まれた。運動体の1つである「自由な男（フリーメン）」は,会員募集のパンフレットでこう訴えている。

「なぜなのだろう。女が男より平均して8年長く生きるのは？ 男が女より3倍も多く自殺するのは？ 殺人事件の犠牲者の75％が男なのは？ 10％の男しか子どもの保護養育権を勝ち取れないのは？ 学校の重大な問題でチェックを受ける生徒の大多数が男子なのは？ 刑務所での男女の比率が25対1なのは？ 救急患者の3分の2が男なのは？ 落第者の3分の2が男なのは？ 男は女の25％しか医者に行かないが,入院が15％長引くのは？」。

男性であるがゆえの権利剝奪に対する反対の運動のなかでも,このパンフレットでもふれられている子どもの養育権をめぐる父親たちの運動は,大きな潮流になっている。というのも,当時,離婚による子どもの養育権をめぐる裁判においては,圧倒的に妻の勝利に終わっていたからだ。「なぜ男は男だという理由で,子

どもと引き離されなければならないのか」というわけだ。

　また，男性性の危機を，男性原理の不全状況に求め，その回復を追求しようとする精神主義派（ロバート・ブライに代表されるミソ・ポエティック派など）の動きもよく知られている。ブライの書いた『鉄のジョン』（邦訳タイトル『アイアン・ジョンの魂』〔集英社，1998年〕）は，全米で大ベストセラーになったほどだ。「フェミニズムに対して敵対するつもりはない」と語るブライが主張するのは，男性たちが自らの男というアイデンティティを見失ってしまった現代社会の問題性を，男性の側からどう克服するかというテーマだった。自信がなく傷つきやすい男性の増加は，男性の間に，多くの悩みを作り出している。

　ブライによれば，現在の男性たちの傷つきやすい状況の背後には，近代産業社会の生み出した**イニシエーション**（通過儀礼）なき成長とともに，ここ数十年急速に強まった父親不在の家庭環境があるということになる。かつて，男たちは，さまざまなイニシエーション（日本の「元服」などはその例だろう）を通じて，一人前の「男」になっていった。グリム童話の「鉄のジョン（ハンス）」のように，男たちは森にほうり出され，さまざまな苦難（一人前の男になるための通過儀礼）を経て，真の男として自立していったものだ。ところが，近代社会の成立は，こうした男たちが男になるためのイニシエーションの機会を喪失させてしまった。おまけに，仕事中心の社会は，男たちを家庭から遠ざけ，父親不在の状況を作り出している。こうした父親不在は，男の子たちにとって，モデルとしての父親を奪うとともに，彼らを母の強力な影響力の下におくことで自立を妨げる結果を生み出した。

　傷つき癒しを求め，真の男としての自己確立を模索する男たちに，ブライは，「森へ帰ろう」「（内面に）父親を取り戻そう」と

語りかける。ブライの呼びかけに応え，多くの男たちが休日に森にキャンプを張り，男同士の語り合いを開始した。ここで男性の自己回復の方向として描かれているのは，野性的で確信をもった男性性という男性原理の復権といってもいいようなものである。また，男性たちは，家庭においても，母の影響力から脱出し，内面の父親を回復するために，かつて何の世話もしてくれなかった父親たちとの長時間にわたる会話（「なぜお父さんは，子どもの頃，ぼくに何もしてくれなかったんだ」という問いから始まる会話）のなかで，父との「和解」を求める作業なども行われている。

宗教的な立場に立つ男性運動も登場しつつある。その代表的な例が，1990年代のアメリカ合衆国において急成長した，「プロミス・キーパーズ」と名乗るキリスト教原理主義に基づく男性学・男性運動だ。「資金援助者に極右勢力がいる」と指摘されるなど，明らかに保守的な傾向をもった男性運動である。しかし，これまでの右翼の運動と比べて，一風変わった傾向をもっている。というのは，「保守的」であるにもかかわらず（むしろ「保守的」だからこそ，なのか），「男性の家庭への回帰」を主張しているのだ。

「男たちよ家庭・コミュニティに帰れ」「男性はよき夫，よき父たれ」「男性は家庭のサーバントとして活動せよ」「男はもっと感情生活を取り戻し，男性同士の友情を深めなければならない」などといった彼らの主張は，信者の妻たちの間でも，賛同と支持を広げている原因になっているようだ。

保守的だといっても，「男性の家庭回帰」という彼らの主張は，女性たちにも広く受け入れられそうな感じがする。しかし，フェミニスト団体や人権団体は，このプロミス・キーパーズの急成長に対して，厳しい批判を加えた。その理由は，プロミス・キーパーズのもつ「性差別（男性主導の主張）」「中絶反対」「同性愛者差

別」「人種差別」などの人権無視の反動的な傾向だ。

　さらに，男性問題をマルクス主義的な問題関心から分析しようとする社会主義派，男性問題を人種問題と結びつけるブラック・アメリカンの運動（皮膚の色が黒いことをもって，レイピスト＝強姦魔視され差別される場合さえある）など，フェミニズムとの関係をもちつつも，独自の課題を追求する男性学・男性運動もある。

　男性の視点から男性中心社会を批判的に捉え返し，男性のより人間らしい生活をめざす男性学・男性運動だが，なかでも重要と思われるのは，保守派や精神主義派ではなく，やはり女性問題にきちんと目配りしつつ男性の意識改革や生活スタイルの転換を模索するジェンダー平等（固定的な男女の性別にとらわれない）の立場からの男性学ではないだろうか。（異性愛の）男性の立場だけを軸に考えるのではなく，エスニシティや文化，宗教を超えた女性や同性愛男性（女性）との対等な関係の確立こそが，多くの男性にとってより豊かな人間性が保障される社会だと考えるからだ。

　日本でも，多様な男性の運動が存在してきた。1970年代の末には，（今なお重要なテーマであり続けている）男の子育てを進めようと「男の子育てを考える会」（1977年発足）が生まれた。続いて「男も女も育児時間を！　連絡会」が，1980年に発足した。

　1990年代に入ると関西で誕生した「メンズ・リブ」の動きが全国に拡大した。もちろん，ここでいう「リブ」は，男も勝手に自由に生きようということではなく，「男性もまた〈男らしさ〉というジェンダーに縛られて窮屈な状況にあることに自覚的になろう。固定的な男性性から解放されて，ジェンダー平等社会の構築に男性の側からも積極的にかかわろう」という意味をもっていた。先に述べたアメリカ合衆国のNOMASのように，性的マイノリティの人々との連帯や，女性に対する暴力の問題などにもい

ち早く対応した運動だった。

　21世紀に入ると，Fathering Japan の運動が大きく広がった。「男性も父親であること（育児）を楽しもう」「笑っている父親を増やそう」という視点から，男性の仕事問題（ワークライフバランス）や，職場でのイクボス（男性の育児を支えてくれる上司・管理職）を増やす運動などが活発に展開されている。

　また，2015年には，国際的な男性の非暴力運動（女性への暴力に反対する男性の運動）であるホワイトリボンキャンペーンの日本でのグループが発足した。1989年にカナダのモントリオールで起こった女子学生大量殺人事件を契機に，1990年代にカナダで始まった運動だ。今や，世界中の60ヵ国にホワイトリボンの運動が広がっている。日本でも，この国際的な運動に答えようと，ホワイトリボンキャンペーン・ジャパンが正式に結成されたのだ（詳細は，多賀太・伊藤公雄・安藤哲也『男性の非暴力運動』岩波ブックレット参照）。

　国際社会も男性の役割に本格的に目を向けつつある。21世紀に入って以後，国連やEUは，ジェンダー平等社会に向けて「男性・男子の役割」についての調査を踏まえた政策提案を発表しているのだ。

　なかでもEUなどでキーワードになりつつあるのが Caring Masculinity（ケアする男性性）という言葉だ。他者への「共感能力」に欠ける男性たちにとって，ケアという他者の生命・身体・人格・思いに寄り添う力の必要性という視点がここには含まれている（なかには，男性のケアの倫理を養成することは戦争抑止・平和構築にとっても重要だ，という指摘さえある）。ただ，ヨーロッパ社会でいうケアは，育児が中心になる（介護の社会化が一定充実しているからでもあるだろう）。日本では，ケアは育児というよりも介

護のイメージが強いだろう。そこで，このCaring Masculinityを「男性のケアの力」と位置づけ直して，日本にも適応できないか，考え始めている。

　なぜ「男性のケアの力」と，「Caring＝ケアする」とは異なる概念を用いるかといえば，日本社会で男性とケアを問題にするとき，「ケアする（育児・家事・介護する）主体」としての男性性の重要性とともに，「ケアされる（とくに介護において）」男性性の問題もあると考えているからだ。ケアされる力，ケアを受容する力と男性性という課題だ。というのも，日本では，多くの男性は介護というケアをうまく受容しきれていないからだ（介護＝ケアされるということは，他者に依存する＝男性性を失うということと思い込んでいることもある。また，女性のサポートを「前提」にするという，男性の側からの女性に対する「自覚なき依存」の問題もある）。だから，ケアされる場合でも，威張ったり，命令したりするのだ。逆に，ケアを素直に受容できず（これもまた，他者への素直な依存ができないということだ），自分の要求をスムーズに出せない男性もいる。自分の弱さを他者にオープンにしつつ，感謝の気持ちでケアを受容する力もまた，今後の高齢社会においては不可欠な課題だと思う。

　国際社会も少しずつ男性のジェンダー問題に目を向けつつある。しかし，日本社会においては，この課題は，まだまだ「見えない問題」になっている。男性学・男性性研究の一層の深化のなかで，ジェンダー平等に向けた政策の実現に向けた作業は，まだまだこれから本格化していくことになるのだろうと思う。

　　参考文献　　天野正子・伊藤公雄ほか『新編 日本のフェミニズム 男性学』（解説・伊藤公雄）岩波書店，2009年。

第5章 ジェンダーと労働

わかってもらおうと思うは乞食の心。(田中美津『いのち
の女たちへ』より)

　(変化に直面したとき)鎧のひびを,あるいは魂の傷をほ
かの男たちに覗かれるのを恐れて,男たちは以前より一層ガ
ードを固くしようとする。彼らは新しい友人をほとんどつく
らない。彼らは感情的に,危険なまでに妻に依存する。男た
ちは自分の健康に関する本をほとんど読まず,人生の次の段
階に突き当たるまでに,立ち止まって自分の位置を確認する
こともしない。何人もの精神分析医は私に,男たちは「行き
詰まった」とか「落ち込んだ」ように感じるときに診察を受
けにくるが,自分が変わることの必要は認めることができな
いという。(ゲイル・シーヒー『男盛りこんな生き方もあっ
たのか』より)

はじめに

人間にとって仕事・労働とは何だろう。人間は、生産活動をはじめとするさまざまな仕事や労働を行うことで、自分たちの生活を支えてきた。私たち人類が、生命や生活を維持しつつ、その文化を発展させてきたのは、まさに仕事や労働を通じてのことだった。

しかし、仕事や労働は、単に生活を維持するためだけに営まれてきたわけではない。人間は、仕事や労働を通じて、他者との社会関係を生み出すとともに、自分自身を表現し、新たな自分の可能性を広げ続けてきたのである。つまり、仕事や労働は、人間が生存するためだけのものではなく、人間にとって自己確認・自己実現の1つの重要な場なのである。

仕事や労働という問題を、女性学・男性学の視点から考えてみよう。そうすれば、この仕事や労働という場において、男女間にきわめて大きな溝が存在していることがみえてくるだろう。とくに、近代産業社会以後、この溝は、「男は仕事、女は家庭」というジェンダーによる労働の分業(**性別役割分業**)として固定化されてきた。この構図のなかで、女性たちは、家事・育児・介護といった人間の生活にとって必須の労働をその肩に負わされる一方、社会的な労働の場においては十分に自分たちの能力を発揮できない状況が作られてきたのである。

それなら、男性たちはどうだろう。「男は仕事」というジェンダーによる分業は、たしかに男性たちの仕事や労働への参加を拡大した。しかし、その一方で、男性たちは、長時間労働に縛られ、家庭や地域での人間らしい生活を奪われてきたとも考えられる。

現在、国際的にも重要な課題として浮上してきた男女共同参画(ジェンダー平等)社会の実現のためには、何よりもまず、このジ

ェンダーによる分業の仕組みを組み替える必要がある。

> 歴史のなかで変化する
> ジェンダーと労働

現在,「自然なもの」と考えられている「男は仕事,女は家庭」という性による分業が,近代産業社会の成立以後に成立したものであることが,最近,よく指摘される。

「そんなことはない。原始社会だって男が狩りに出て,女は家を守っていた」と言う人がいるかもしれない。文化によっては,女性が男性とともに狩猟に行く生活をしている人たちもいるので,簡単にこう決めつけることはできない。しかし,原始社会の生活を調べてみると,多くの文化で,男性が主に狩猟を担っていたと考えられている。おそらく,男性の筋力や瞬発力が一般に女性よりも発達していたことが,この分業の背景にはあったのだろう(もちろん,ここにも男女差以上に,個人差があるのは明らかだ)。

「そらみろ,やっぱり男が働いて生活を支えていたんじゃないか」と,考える人がいるかもしれない。しかし,ここでちょっと立ち止まって考えてほしい。この時代,男の狩猟活動だけで食料が十分に自給できただろうか。狩猟活動は,たしかに動物性のタンパク質確保という点で重要な仕事だっただろう。とはいっても,狩猟活動は,獲物がとれるときととれないときがある。つまり,いつもきまって食料を確保できるわけではないのだ。実際,ある人類学者の推計によれば,この時代の狩猟による食料自給率は,全体の20～30％程度だったという。それなら,後の70％から80％の食料は,だれが確保していたのだろう。もちろん,男性が狩猟に出掛けているとするなら,主に女性や子どもたちが担っていたのだろう。つまり,女性たちの労働がなければ,原始社会では,食料の7～8割近くが不足するということだ。こう考える

と，原始社会においても，女性の労働力が，基幹労働力であったことは誰の目にも明らかだろう。

狩猟社会に続く，農業社会においても，女性の労働力は，生産活動における基幹労働力だった。そのことは，日本社会をとってみてもよくわかることだろう。働く女性の割合が大きく減少していくのは，第2次世界大戦後から高度成長期にかけてのことだ。なぜなら，それまで農業に従事していた女性たちが，「サラリーマンの妻」として「専業主婦化」していくからだ（実際，いわゆる「専業主婦」の割合が最も高いのは，団塊世代，つまり，1940年代末に生まれた女性たちなのだ）。

近代産業社会の産物としての「男は外/女は家」

人間の歴史をみても，生産労働における基幹労働力としての女性たちが，生産の場から姿を消していくのは，産業社会の成立以後のことなのだ。産業社会の成立によって，それまでさまざまな場で生産労働に従事していた女性たちは，「家庭」という場での家事・育児労働へと，その活躍の場が狭められていくのである。

とはいっても，産業社会の初期には，女性の労働力もまた基幹労働力であり続けていた。産業革命初期の労働をみれば，そこでは，男性のみならず女性も子どもも，重要な労働力として生産労働にかかわっていたことがわかる。しかし，産業社会の展開は，やがて，男性のみを基幹労働力として限定していくことになる。

この仕組みについて，もうすこし詳しく考えてみよう。近代産業社会が誕生する以前の段階では，生産・消費・教育といった生活の諸側面は，家族ないし地域共同体の内部でほとんど充足していた。ところが，近代産業社会の登場は，まず生産の場を，工場

やオフィスといった，居住地域とは離れた外の世界に作り出すことになる。また，産業社会は，その発展のために，まず何よりも豊富な労働力を必要とする。できるだけ多くの労働力を集中することが，産業の発展につながるからだ。だから，産業革命初期には，男も女も子どもも，労働力として駆り出されることになる。しかし，男も女も子どもも労働力として外で働く仕組みは，多くの問題をはらんでいることが次第に明らかになる。

　子どもたちは苛酷な労働のなかで病気になったり，なかには死んでしまう者も出てくる。女性たちにとっても，工場労働の仕組みは，彼女たちの生物学的機能とバッティングしてしまう。女性の妊娠・出産は，継続的に生産を続ける工場の仕組みにとって，きわめて都合が悪いからだ。それまでの農業を中心とする社会では，妊娠・出産は，他の労働力の支援によって補充できた。それゆえ，女性たちも基幹労働力として働き続けたのである。しかし，継続的で均質な労働力を要求する工場労働にとって，妊娠・出産する女性は，安定した労働力ではない。一定期間，労働から離れざるをえないからだ。おそらく，このことが，(とくに既婚)女性を工場労働から排除する1つの原因だったのだろう。また，妊娠せずに働き続けようとすれば，女性は，子どもを産めないことになる。それは，社会を維持するという点で大問題になる。

　さらに，産業労働の中軸を担うことになる男性たちをめぐる問題もある。長時間，工場で働く男性たちにとって，食事や洗濯をはじめ，ケアしてくれる存在がなければ，健康な労働力として働き続けることができないだろう。本来，彼らを雇用する経営者がそれを負担するのが筋かもしれない。しかし，それは膨大なコストがかかる。いってみれば，女性に（男性労働者の）ケア労働を

担ってもらう仕組みは、経営者にとっても有利なのだ。さらに、女性たちには、次世代の労働力としての子どものケアも全面的に要請される。それに加えて、加齢により使いにくくなった労働力（高齢者）のケア＝介護・介助を担うこともまた女性の仕事になる（こうした現在・過去・未来の労働力を維持し支えるための労働を、「労働力の再生産労働」と呼ぶ）。このようにして、男性は、女性たちを中心にしたシャドウ・ワーク（生産労働を陰で支える労働）によって支えられつつ、産業労働の担い手になっていったのである。

こうして、子どもたちは、次世代の労働力としてのトレーニングを受けるために学校へ、女たちは家事・育児というケア労働へ、さらに男たちは、女たちのケアに支えられながら、外へ、という構図ができあがることになる。

「男＝外／女＝家庭」という近代的な性別分業は、明らかに女性の立場を弱くした。女性たちは、近代産業革命後の社会においても、家事・育児労働という、男と同様あるいはそれ以上の長時間労働を強いられてきた。しかも、この労働は、男の賃金労働とは異なる無償労働（アンペイド・ワーク）なのだ。つまり、男性の労働は、生産労働であり、それゆえ「社会的な意味」のある「公的」な労働であり、さらに賃金が支払われる労働であるのに対して、女性たちの労働（家事・育児・介護労働）は、モノを生産しない、それゆえ「私的」な労働であり、さらに、賃金を支払われることのない「無償労働（アンペイド・ワーク）」だ。簡単に図式化すれば、男＝生産的労働＝「公的」労働＝賃金労働／女＝再生産労働＝「私的」労働＝無償労働という構図が生み出されたということだ。女の「私的」労働よりも男の「公的」労働の方が、より社会的に価値のある労働として認識されやすいだろう。また、

そもそも，男の生産労働は，女の労働と異なり，賃金が支払われる労働なのだ。ここに，男性の女性に対する優位が，前近代社会とは異なる質をもって強化されるメカニズムが存在している。

無償労働（アンペイド・ワーク）という課題

無償労働が主に女性に担われるというこの構図は，明らかに女性に不利に作用する。たとえば，1980年（女性差別問題が国際的に顕在化した時期にあたる）のILO（国際労働機関）の試算によれば，生産労働のみならず，家事・育児を含む世界中の労働という労働を考慮に入れたとき，世界の労働の3分の2は女性によって担われていた。にもかかわらず，女性が受け取っていた賃金は，世界の総賃金の5％でしかない。さらに，女性が所有していた資産は，世界の総資産の1％にすぎなかったという。その背景には，無償労働が，女性の肩に一方的に担われていたという構図があった。簡単にいえば，女性は男性の倍働いているにもかかわらず，受け取っている賃金収入はほぼ20分の1，財産にいたってはほぼ100分の1でしかなかったのだ。その理由は，人間の生活にとって必要不可欠でありながら無償の労働が，圧倒的に女性によって担われているということだ。

女性が担う傾向が強い無償労働は，家事・育児・介護ばかりではない。たとえば，日本の農業労働は，ほぼ半分が女性の手によって担われている。しかし，農業収入の多くは，「世帯主」である夫名義になり，女性たちの手には渡らない場合が多い。

しばしば女性が担うボランティアもまた無償であることが多い。有償の場合もその労働に見合った賃金が支払われていることは少ない。さらに，発展途上国では，しばしば女性の肩に担われている，水汲みや，調理のための薪集めなどの重労働のほとんどが無

償である。国連の概算によれば、こうした女性による無償労働は、有償・無償あわせた世界の経済生産のほぼ3分の1に相当するという計算であった。

それならどうするか。1つの方法として、無償労働を有償化するという道がある。たとえば無償のボランティア労働の有償化などが考えられる。実際、日本社会でもこうした無償労働の有償化が進みつつある。たとえば、農林水産省は、こうした状況を変えるために「家族経営協定」の締結を推進している。第三者をはさんで、家族の間で労働時間や休息日、さらに収入などについて「契約」を結ぶという動きだ。この方法は、十分な報酬を得ていないことが多い自営業の女性たちにも適用しうるだろう。

もう1つの方法は、無償労働の社会化である。これまで多く女性に担われていた無償の労働を社会全体で負担していくというやり方だ。これはすでに具体化している部分もある。たとえば、保育園や学童クラブは、行政機関が育児労働という無償労働の一部を負担していると考えられる。2000年4月から施行された介護保険も（どうもうまくいっていない部分も多いようだが）、介護という無償労働を社会全体で担うという発想が背景にはある。

しかし、すべての無償労働を有償化したり社会が負担したりすることはむずかしいだろう。無責任に、24時間保育などされたら、子どもの側の精神的な負担は大きく発達への悪い影響も出てくるだろう。だから、有償化も社会化もできない（するべきでない）無償労働については、男女対等な分担が求められるのだ。

無償労働の見直しの動きは、国際的にも広がっている。面白いのは、家事労働を有償化しようという試みもあるということだ。たとえば、1980年前後、イタリアでは女性たちを中心に「家事

労働の賃金化」要求が広がった。「主婦もまた重要な労働の担い手だから賃金をもらって当然だ」というわけだ。実際，一部の自治体（ボローニャ市など）では，行政から主婦個々人に「賃金」が支払われていた時期もある。しかし，財政負担などから，継続が困難になった。だが，このように各国に先駆けて主婦の無償労働の見直しを進めてきたイタリアでは，無償労働の評価をめぐる新しい制度作りも試みられている。2000年に，男女を問わず家事従事者の家事労働での傷害に対しても，これを労働災害として認知し，社会的に保障するという法律が制定されたのだ。家事労働を含む無償労働が重要な労働だというなら，それをどう評価するか，また女性だけに片寄った状況をいかに変えるのかが，今，問われているのだ。

男女平等に向かって変化を開始した国際社会

無償労働の問題だけではない。現在，国際的にも，男女対等な労働と社会参画が大きな共通テーマとして浮上しつつあるのだ。その理由はいくつか考えられるだろう。1つは，この30～40年ほどの女性たちの平等を求める声が，大きく社会を変化させはじめたのだ。とくに，1975年の世界女性会議とそれに続く「国連女性の10年」の動き，さらに世界各地で開催された世界女性会議と，着実に男女の対等な関係作りに向けて国際社会は変化を開始したのだ。

「平等」を求める女性たちの声の広がりとともに，性別役割分業を生み出した近代産業社会そのものが，1970年を前後して大きく変貌を開始したことが，この分業構造にヒビを入れる原因となったということは，ここで強調しておかなければならないだろう。工業化のプロセスのなかで，当初は重要な労働力でもあった

女・子どもが次第に排除され，男の労働力のみが最終的には選択された。その背後には，生産労働を誰が担当するかをめぐって，先に述べた理由以外にも，一般に筋力や瞬発力にまさると考えられてきた男にそれが割り当てられた（もちろん，体力差にも個々人の差がある）という面も存在していただろう。

　しかし，従来の生産労働中心社会からサービスや情報を軸とする産業への移行は，労働の形態そのものを変えることになった。いわゆる「ポスト工業社会」の時代の登場である。日本社会でも，現在，製造業，建設業などの第２次産業労働者を１とすれば，情報・サービス業などの第３次産業労働者は，2.5倍を超えるようになっている。サービスや情報産業に男の筋力や瞬発力は必要ない。一般論のレベルでいっても，コンピュータのキーボードをたたくのに男であるか女であるかはほとんど問題にならない。労働の形態そのものがジェンダーレス化したのだ。

　さらに，女たちの社会参加，意識革命を推し進めた重要なモメントとして，性による労働のアパルトヘイトを作り出した資本主義のシステムそのものが作用していることも明らかだ。なぜなら，経済活動にとって，労働力における性的要素は，今や必ずしも重要なものではなくなりつつあるからだ。労働力の需要が「天の半分」でまかなえた（まかなわざるをえなかった）時代は，今や終焉を告げようとしているのである。むしろ，経済活動の進展は，労働者・消費者としての女のいっそうの「活用」をめざすだろう。その動きは，産業社会の登場とともに（主に労働力再生産のコストを減らすために）女たちを「家庭」に閉じ込めたのと同じ理由で，ソフト化・サービス化・情報化の進んだ現代社会においては，女性たちの家庭の外での労働をますます「活用」するようになるだ

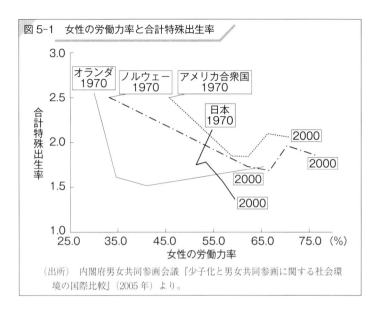

図 5-1 女性の労働力率と合計特殊出生率

（出所） 内閣府男女共同参画会議『少子化と男女共同参画に関する社会環境の国際比較』（2005 年）より。

ろう。それは，これまで女性たちに加えられていた制限や保護を破壊して進行しつつある。経済活動の発展が女性の社会参加を拡大することにつながったということだ。

> M字カーブから共働き社会へ

このような国際的な変化を前に，1970年代以後の日本社会は，どのように対応してきたのだろうか。残念ながら，国際社会の急激な動きに大きく取り残されてしまったというのが実情だ。図 5-1 を見てほしい。ここで示されているのは，女性の労働力率と合計特殊出生率（1人の女性が一生涯に産む子どもの数の平均）について，1970年から2000年までをまとめたものだ。1970年代，頭抜けて高い女性の労働力率を示していた日本が，30年の間に他の国々に追い抜かれていった様子がよくわかるだろう。

戦後の日本社会（とくに1970年代以後）は，他の国以上に，

第 5 章 ジェンダーと労働　143

「男性は一家の稼ぎ手として外で長時間働き,女性は(職業をもっていてもいなくても)家のことを一手にひきうける」という仕組みを固定化してきた。たしかに,この方式は,生産性や効率という面ではうまく機能してきたといえるのかもしれない。実際,戦後日本の経済成長は「奇跡」とさえいわれるほどの急激な速度で進められた。そして,この性による労働の分業は,それを支える1つの大きなモメントだったのは明らかだ。

しかし,考えてみれば,日本の男性,女性はよく我慢したものだと思う。女性たちは,(多くの国では当然のこととしてあった)男性の家庭参加や地域活動に頼ることなく,家庭や地域のほとんどのことを一手にひきうけてきた。他方で,男性たちは,(これも「普通の国」だったら信じられないほど)家庭生活をなげうって,一心に仕事に集中したのだから。

そうした日本の状況,とくに女性と労働という点で日本社会を象徴するようなグラフがあった。しばしば「**M字型曲線**」と呼ばれてきた(図5-2)。日本の女性は,その70%以上が1度は就職するが,結婚や出産で20代後半くらいから職を離れる人が増加する。しかし,子育てが一段落した40歳前後で,再び就職するが(といっても,年齢制限などがあるため,多くはパート労働に就く),年をとるにつれて退職していくという,M字型のカーブを描いてきたのである。

欧米でも女性の労働力率は,かつてはこのM字を描いていた。しかし,現在では,ほとんど谷ができないかたちになっている。

なぜ日本だけがM字が続いてきたのか。そこには日本のジェンダー構造の問題点が複雑にからみあっていた。まず,「女性は結婚したら家に入るのが当然」という,社会意識が根強いという

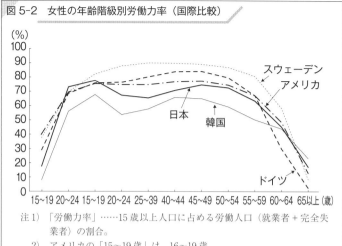

図 5-2　女性の年齢階級別労働力率（国際比較）

注 1）「労働力率」……15 歳以上人口に占める労働人口（就業者＋完全失業者）の割合。
2）アメリカの「15〜19 歳」は，16〜19 歳。
3）日本は総務省「労働力調査（詳細集計）」（2009 年），その他の国は ILO「LABORSTA」より作成。
4）日本は 2009 年，韓国は 2007 年，その他の国は 2008 年時点の数値。
（出所）　内閣府『男女共同参画白書』（平成 22 年版），138 頁。

ことがあげられた。また，日本の企業文化のなかに，女性を一人前の労働力としてみない古い意識が潜んでいたことも指摘しておかなければならないだろう。「女はどうせ腰掛けだから」と，雇用しても，責任ある仕事を与えない，またジョブ・トレーニングもきちんとしない。結局，いわゆる一般職という名の補助的労働のなかで，やる気はどんどん衰える。そこで結婚ということになれば，退屈な労働から解放されるチャンスというわけで，退職することになる。退職すれば，「やっぱり女は腰掛けだから」ということを，逆に証明することになる。もちろん，女性たちのやる気も問題なのだろうが，女性の能力の開発を本気で望むなら，その前に，こうした悪循環を断ち切る努力も必要であろう。

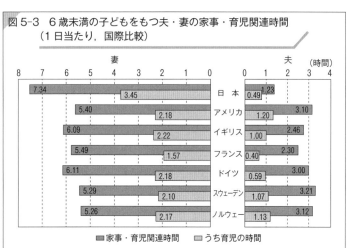

図5-3 6歳未満の子どもをもつ夫・妻の家事・育児関連時間
（1日当たり，国際比較）

注1) Eurostat "How Europeans Spend Their Time Everyday Life of Women and Men" (2004). Bureau of Labor Statistics of the U.S. "American Time Use Survey" (2016) および総務省「社会生活基本調査」（2016年）より作成。
2) 日本の数値は，「夫婦と子どもの世帯」に限定した夫と妻の1日当たりの「家事」「介護・看護」「育児」および「買い物」の合計時間（週全体）である。
（出所）内閣府資料。

　保育所等の社会サービスの遅れも女性の社会参画の遅れを生む原因になっている。税制や年金制度も，「夫が外で働き，妻は専業主婦で家庭を守る」という生活スタイルを基準に家庭を考えてきたという問題もある。

　最後に，男性の家事・育児分担の未成熟という問題がある。男性たちがもう少し，家事や育児に参加すれば，女性も働き続けることができるかもしれない。しかし，国際比較のデータをみても，日本の男性の家事時間は極端に短いのである（図5-3）。

　世間も「女は家庭」というプレッシャーをかける，子どもに何

かあればみんな「母親」の責任にされる。仕事も補助的労働で自分の能力がいかせない。保育園などの社会サービスも十分ではない。さらに仕事に加えて家事というセカンド・シフトが待っている生活。しんどい生活のなかで，仕方なくどちらかが職を辞めるということになれば，女の方が給料は低い。また，年収が103万円の枠内なら税の控除もあるし夫の扶養家族手当ももらえる。年金も払わずにすむ。それなら辞めようということで，このM字の谷がなかなか上昇しなかったのだ。

雇用機会均等法は女性の社会参画を拡大したか

ジェンダー平等に向かう国際的な流れのなかにあって，はっきりと出遅れてしまった日本社会だが，かたちのうえでは，世界の動きに遅れまいと「格好をつけてきた」のも事実である。たとえば，「男女雇用機会均等法」（雇用の分野における男女の均等な機会及び待遇の確保等に関する法律。1985年5月成立，86年4月施行）は，労働における男女平等にむけての努力の表明といえるだろう。しかし，この男女雇用機会均等法によって，日本の女性を取り囲む労働環境は改善されたのだろうか。とてもそうはいえないことは，1985年以後も女性の労働参画がほとんど増加していないことからもよくわかる。また図5-4でみられるように，一度就職しても，出産で職を離れる人はかつては，働く女性の7割近く（働く女性が約6割のうち出産離職は37.3％）いたが，今でもまだ半分近く（働く女性約7割のうち出産離職は34％）もいる状態だ。図5-5で示されるように，大卒女性の出産退職者は，後で非正規やパートで働いても（A-R-PやA-Rで示されたケース）生涯賃金で1億6000万円から2億円前後のマイナスになるというから，職を離れるのは大損だ。

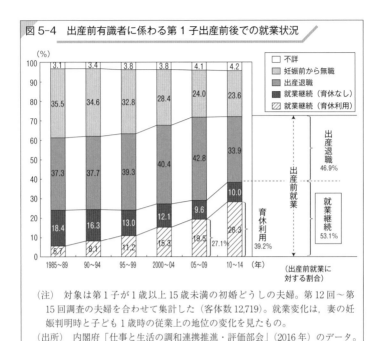

図5-4 出産前有識者に係わる第1子出産前後での就業状況

（注）対象は第1子が1歳以上15歳未満の初婚どうしの夫婦。第12回～第15回調査の夫婦を合わせて集計した（客体数12,719）。就業変化は、妻の妊娠判明時と子ども1歳時の従業上の地位の変化を見たもの。
（出所）内閣府「仕事と生活の調和連携推進・評価部会」（2016年）のデータ。

　男女の賃金格差のひどさも世界で例をみない。パート労働者を含むすべての日本の労働者を対象にした男女の格差は、年収レベルでみればほぼ100対50程度である。しかも、この差は、均等法の施行前後も（もっといえば、1980年から現在まで）ほとんど変化がない。この格差の背後には、「男性には一家の長として家族の生活を支えられる給与を与えるが、女性は補助的労働者であり、賃金もそれほど高くする必要がない」という戦後社会の労働におけるジェンダーの構図がある。同じ労働には同じ対価を（同一価値労働同一賃金）という原則が、日本社会では機能してこなかったのだ。同一価値労働同一賃金をうたったILO（国際労働機関）の100号条約が成立したのは、1951年のことだ。日本政府も67

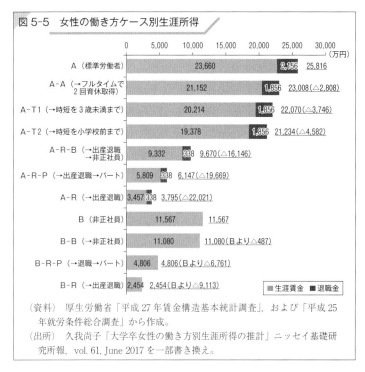

図5-5 女性の働き方ケース別生涯所得

（資料）厚生労働省「平成27年賃金構造基本統計調査」，および「平成25年就労条件総合調査」から作成。
（出所）久我尚子「大学卒女性の働き方別生涯所得の推計」ニッセイ基礎研究所報，vol. 61, June 2017を一部書き換え。

年にはこれを批准している（というより，これに先立つ1947年制定の労働基準法4条には同一労働同一賃金が罰則つきで義務づけられているのだ）。

よく知られているように女性の多くはパートタイマーとして働いている。また，他の国と比べて日本のパートタイマーの労働条件はきわめて悪い。さらに，後にふれる税制や年金制度の問題もあり，結果的に100万円くらいの年収に自ら制限してしまう女性のパートタイマーも多い。その結果，男女の格差が大きく広がることになる。

それなら，パートタイマーを含まない正規の労働者ならどうか。

たしかに，若干改善はされる。しかし，これも男性100に対して女性は70程度でしかない。背景には，1986年の雇用機会均等法施行とほぼ同時に広がったコース別人事の問題もあるといわれる。

均等法によって，努力義務とはいえ，各企業には，男女の雇用機会の平等が求められた。しかし，どうも日本の企業は，労働における性別分業の仕組みを残したいと思ったところが多かったようだ。そこで，すでに行われていたコース別の人事を多くの企業がとりいれたのだ。いわゆる「一般職」と「総合職」というコースである。その結果，主に補助的な仕事をする（管理職の昇進の可能性も低い）「一般職」には女性を，また，将来の幹部候補生である「総合職」には男性と一部のエリート女性をという構図ができあがった。企業にいわせれば，「それぞれのコースは，就職時，自分の選択によって決めたのだから差別ではない」ということだろうが，実際は，あらかじめ「一部を除いて女性は一般職」という仕組みで採用しているのだから，問題だ。おまけに，一般職の女性は，「結婚や出産でやめる若い女性」という発想が企業側にあるから，こうした女性は働き続けにくい（結婚即退社＝「寿退社」をルールにしている企業なども少なからずあった）。そもそも，「若い結婚前の女性」という発想だから，賃金の上昇カーブも，一般職の場合，30代になると頭打ちになる。だから，一般職の女性は，総合職の人（主に男性）と比べると，40代でほぼ給与が2分の1くらいになってしまう。

最近では，こうしたコース別人事は重大な「間接差別」であるという指摘もされている。間接差別とは，直接的には差別でないようにみえながら，結果的・実質的に差別や格差を生み出すような仕組みのことを意味する。コース別人事は，たしかに，採用時

の労働者の自主選択という建て前になっている。しかし，実質的に，「女性は一部を除いて一般職採用へ」ということなら，賃金や昇進における男女間の格差を是正することはできないし，職場の差別状況は改善されない。

　他にも，圧倒的に男性が多い「世帯主」への家族手当・住宅手当給付なども代表的な間接差別と考えられてきた（現在ではこの制度を廃止しようという企業もある）。働いていても，「世帯主」でなければ，女性は，子どもや要介護者がいても家族手当などが支給されないことが多い。その結果，たとえ職場の待遇が男女平等でも，結果的に，女性は男性との賃金格差が生じてしまうことになる（何よりも問題なのは，日本におけるこうした社会政策や制度が，個人単位でなく，男性の「世帯主」を前提にして，世帯単位で組み立てられているところにある）。また，採用段階で広域転勤ができるかどうかを前提にするようなことも，間接差別になる。現状のように，女性が主に家庭のことをする仕組みがあるなかで，「あなたは単身赴任ができますか」と言われれば，家族のいる女性は，「イエス」とは言いにくいだろう。結果的に，「イエス」が言える男性の方が採用される。これも明らかに間接差別である。

| 改正均等法は男女間格差を解消しうるか |

　しかし，こんなふうに男女平等に向かって「格好」だけつけているわけにはいかなくなったことがはっきりしてきた。少子・高齢社会という現実は，かたちだけの男女平等では，日本社会がもうやっていけないことをはっきり示すことになったのだ。

　第7章で詳しくみるように，21世紀前半の日本社会は，生産労働人口（15歳から64歳までの元気で働ける世代の人口）が急激に減少する一方で，超高齢社会がこれもまた急速に進行する。元気

第5章　ジェンダーと労働

に働き，税金を納め，年金を負担する人たち（生産年齢人口）が減少し，他方で，こうした人たちによって老後を支えられる人たち（高齢者）が増加する。単純に考えても，元気で働く人たちは，税金や社会保障費をはじめ多くの社会的負担が増大する。その分所得も減る可能性が高い。その一方で，高齢者の方は，あてにしていた老後のゆとりある生活などとてもできない状況になる可能性も大きい。そもそも生産年齢人口の減少は，経済力を急速に衰えさせる原因になるともいわれる。このままでは，日本社会全体の経済が悪化するなかで，元気な労働世代も高齢世代も苦しい生活を迫られかねない。そこで，考えられているのが，労働人口を増加させるための方法だ。なかでも，国際的に比較してみたとき，これまで生産労働に参加する割合の低かった日本の女性の「活用」がどうしても必要になる。

　その後均等法が，2004年，2006年，2016年，と繰り返し改正された背景には，こうした21世紀を前にした日本の労働をめぐる状況があったはずだ。こうした改正の結果，たしかに，「ザル法」（ザルのような法律で透き間から大事なものが擦り抜けてしまって効果がない法律のこと）と呼ばれた第1次の均等法と比べて，大きな変化がみられている。まず，募集，採用，配置，昇進，教育訓練，福利厚生，定年，退職，解雇のすべての領域において性による差別が禁止されることになった。当初は，努力義務でしかなかった募集，採用，配置，昇進における性差別が禁止となったことは大きな意味があるだろう。また，これまでは均等法に違反しても罰せられることはなかった（罰則規定が存在しなかった）。新しい均等法では，厳しい罰則とはいえないが，改善勧告に従わなかった企業は厚生労働大臣によって企業名を公表されるという

かたちで、社会的制裁が加えられることになった。

　現在の均等法では、雇用における差別に対して、労働者側、使用者側のどちらか一方からの申し出で、調停が行われることになっている。労働側、使用者側の双方の合意がなければ、調停の開始をすることができなかったかつての均等法と比べれば、これも大きな変化だ。双方の合意とは、労働者の側が差別を訴えても、使用者側が「ワシャ知らん」という対応をしたら、問題はなかったことにされてしまうということだ。差別があると感じた女性は、自ら調停の申立てができる。また、労働者側がこうした申立てをすることによって、使用者側がその女性に対して不利な取扱いをすることも禁止されている。

　セクシュアル・ハラスメントについては、加害者の管理者責任が問われることが明記されている。また、従来被害者は女性のみを想定していたが、現在では、男性被害者やLGBTへのハラスメントも対象となっている。妊娠・出産を理由とした不利益扱いの禁止もつけ加えられている。

　また、ポジティブ・アクションつまり積極的差別解消策についても現行均等法では明示されている。すでに述べたように、これまでは、女性たちは、女性であるという理由だけで、男性より低い地位や低い賃金を押しつけられ、また、研修機会も男性と比べて十分に与えられるとはいえない状態が続いてきた。ポジティブ・アクションに取り組む事業主が、実施状況を外部に公開する場合には、国から援助を受けられることも新しい要素だ。西欧諸国のように、企業や行政機関にポジティブ・アクションを義務づけている社会と比べれば、まったく不十分ではあるが、ことばとして言及されたことは、一応、評価できるだろう。

> パートタイム労働とジェンダー

じつは、女性の就労率は全体でみると上昇している。にもかかわらず、先にふれたように男女の賃金格差は少しも縮まないのである。こうした現象は先進産業国の間でも日本独特の現象といわれる。なぜこうした現象が生まれるのだろうか。その理由は、増加している女性の就労の多くが、「パート」、「アルバイト」、「契約社員」（臨時職員）、「派遣社員」（登録型派遣）などの非正規雇用労働者であるという点に求められる。

これまで、不景気にも強いといわれてきた日本の経済構造は、まさにこの非正規女性労働者、なかでも低賃金で労働条件の悪いなかで働き続けてきた中年女性の低賃金パート労働によって支えられてきたといっても過言ではないのである。

女性の非正規雇用者は、全雇用者のなかでほぼ4割を占めている（女性の労働者の6割近くが非正規労働者である）。こうしたパート労働者の労働領域は、賃金の低い製造業が多い。それも中小規模の製造業では、フルタイマー並の労働時間で働く中年女性パート労働者が主要な労働力となっている。

と同時に、今日では日本の全産業の7割を占める第3次産業、つまりサービス産業にも女性の非正規労働者は多数たずさわっている。こうした職場における女性たちの労働内容をみると、ほぼ正社員と同様の働き方をしているにもかかわらず、賃金も正社員と比べてきわめて低い。また、年金など各種保障も退職金もないことも多い。いわば使用者側にとっては、このうえなく好都合な労働者であるといえる。労働者の権利確立や労働条件の改善を進めるための非正規労働者による組合活動も、まだ十分には広がっていない。非正規女性労働者は、使用者側からみれば、低賃金労

働力であるとともに、不景気になればいつでも辞めてもらえる「産業調整弁」として考えられているようにさえみえる。

　もちろん、時間的に柔軟性のある短時間労働を望む人たちもいるだろう。しかし、問題なのは、こうした労働者と「正規労働者」との格差があまりにも大きいということだ。

　国際社会は、こうした非正規労働者の権利を、「正規労働者」と対等なものにしていこうという流れにある。ILOの175号条約は、はっきりと短時間労働者（パートタイマー）とフルタイム労働者の均等待遇をうたっている（残念ながら、日本政府は、この条約を批准していない）。つまり、労働時間が短かかったり、労働の契約の仕組みが異なっているだけなのだから、それぞれの労働時間に応じて賃金においても、また社会保障においても、均等に待遇すべきだという条約である。今後、短時間労働者や派遣労働者が増加していくことが明らかな状況であるだけに、非正規労働をどう位置づけていくかは、じつは、日本社会においても焦眉の課題なのだ。

　実際、短時間労働という時間的にはフレキシブルな労働を軸に、労働の仕組みを変え始めている国もある。最近よく注目されるのはオランダの例だ。オランダは、かつては経済の発達した国のなかでも男女の性別分業の強い社会だったといわれる（何しろ、1950年代後半まで結婚した女性の雇用が法律で禁止されていたくらいだ）。しかし、1990年代、女性の社会参加と女性が多数を占めるパート労働者の待遇改善の動きが急速に高まった。その結果、フレキシブルな労働時間制度とともに短時間労働者のフルタイム労働者との均等待遇をベースにした大幅な社会改革が行われることになった。

これまでは，労働における男女平等というと，よくスウェーデン型がモデルとされてきた。スウェーデン型では，男女とも基本的にフルタイムで働くことをモデルに，男女とも家庭参加・地域参加が可能な働き方ができる社会を模索してきた。これに対して，オランダ型は，男女ともフレキシブルな労働時間を確保することにより家庭や地域での生活時間を保障するというスタイルだといえるだろう。いわば，短時間労働を積極的に見直す方向での労働における男女平等の動きともいえるだろう（とはいっても，スウェーデンにしても女性の労働条件は男性と比べると悪いし，オランダの場合，パートの多くは女性が担うことで，結果的に男女の労働の仕方の固定化をまねいているともいわれている）。

セクシュアル・ハラスメントって何だ

　すでに改正均等法のところでもふれたが，セクシュアル・ハラスメントについても，ここで再度ふれておこう。この言葉が流行語として注目されるようになったのは1990年代に入ってからのことである。それまでも職場や教育の場，さらに，公共交通機関での痴漢など，女性に対する性的な嫌がらせは存在した。しかし，多くの場合，女性たちは，こうした不快な事態に対して，「仕方がないこと」と泣き寝入りしていた。労働，教育，地域生活での性的嫌がらせや性的脅迫，性暴力等に対して，それらが犯罪であるとはっきり指摘されるようになったのは，ほんとうにここ30年たらずのことでしかない。このような意識の変革は，70年代の女性解放運動や，「国連女性の10年」の動き，さらに，女性差別撤廃条約の成立といった国際的な性差別撤廃の努力の結果生まれたものでもある。

　ここでいう**セクシュアル・ハラスメント**とは，「相手の意に反し

た不快な性的言動」を意味する。セクシュアル・ハラスメントは、対価型と環境型に分類されることが多い。対価型とは、職場上の地位などを利用し、性的な要求に応じなければ不利な状況に陥れるなど、対価や代償を間に介在させたセクシュアル・ハラスメントである。他方、環境型は、性的な噂話をするとか、不快な性的質問をするなど、その行為によって、労働環境を悪化させるようなセクシュアル・ハラスメントである。他の社員が不快に感じているポルノ写真をオフィスに貼るなどといった行為は環境型のセクシュアル・ハラスメントといえるだろう。セクシュアル・ハラスメントの被害者は、圧倒的に女性である。また、加害者になる傾向は男性の方が多い。しかし、女性同士のセクシュアル・ハラスメントもあれば、女性から男性に対する、あるいは男性同士のセクシュアル・ハラスメントもある。また、2016年の雇用機会均等法では、SOGI（Sexual Orientation and Gender Identity＝性的指向およびジェンダー・アイデンティティ）にかかわるハラスメントもセクシュアル・ハラスメントとして位置づけられることになった。

　セクシュアル・ハラスメント防止のための職場での取組みが広がっている。たとえば、職場アンケートをとったりする動きもある。こうした調査は、セクシュアル・ハラスメントの実態を明らかにするとともに、自分では意識せずに他者にとって不快な性的言動をとっている人には、自分の言動について、気づいてもらうという効果もある。

　また、職場にセクシュアル・ハラスメントの相談室などを設けて、働く男女の相談を受けつけたり、また悪質な場合は、処分するといった対応作りを進める企業も増加しつつある。しかし、実

際に事件が発生しても，個人間のできごとであることが多いために，「行為を行った，いない」や「言った，言わない」という水掛け論のやりとりになりやすいのも事実である。その意味でも，被害にあったときは，記録や証人などをきちんと確保することや，友人に被害の実情について聞いてもらっておくなどの対応も必要になるだろう。

なかには，「セクシュアル・ハラスメントという言葉が職場を暗くする」「何をしても言ってもセクシュアル・ハラスメントといわれるようで，窮屈だ」といった声も聞かれる。また「どこからどこまでがセクシュアル・ハラスメントで，どこからがそうでないのか線引きをはっきりさせてくれ」などという発言も（とくに男性からは）よく聞く。しかし，セクシュアル・ハラスメントは基本的に人間関係のなかで発生することだ。だから，同じ人間の同じ行為でもセクシュアル・ハラスメントになる場合もあればならないケースもある。恋人同士が肩を抱き合っても不快ではないが，別れたかつての恋人から急に肩を抱かれて不快だと感じればそれはセクシュアル・ハラスメントになるだろう（夫婦間でも無理やりに性行為を迫れば，それはレイプになる）。問題なのは，「何がセクシュアル・ハラスメントか」と身構えるのではなく，職場における風通しのいいコミュニケーションを生み出すことだろう。相手の気持ちに配慮しつつ，自分の言いたいことははっきり言うということができれば，多くの場合，問題は生じないはずだ。また，そうした職場であれば，セクシュアル・ハラスメントが発生しても，軽度の場合は相互の話合いで解決できるし，深刻な事態に発展することも避けられるだろう。また，セクシュアル・ハラスメントが，まさにジェンダー問題であることから，セ

クシュアル・ハラスメントをなくしていくためにも，固定的なジェンダー・バイアスを排除した，ジェンダー問題に敏感な職場環境作りが何よりも重要だろう。

ダイバーシティ（多様化）戦略と女性活躍推進法

労働とジェンダーについて考えるとき，今，世界中の企業で進められているダイバーシティ（「多様性」を意味する言葉だ）戦略に注目する必要がある。このダイバーシティ戦略の背景には，組織や企業の活性化には多様性がきわめて重要だという考えがあるのだ。人種，性別，年齢，思考などの多様性を認め合い，新しい活躍の場が創り出されることで，今後，企業のあり方や労働の仕組みは大きく変わっていくことが予想される。

これまでの製造業中心の社会では，男性の筋力や瞬発力に依拠した大量生産の仕組みが重要だった。しかし，情報やサービスが中心になる現代社会では，企画力や新たな発想がより大切になる。多様な角度から意見を出し合い，多様な経験をぶつけ合うことが，技術革新や商品開発につながっていくことは明らかだ。実際，男性主導の組織から，女性をはじめ，多様なメンバーが声を出し合える意思決定の場を作り出した企業ほど業績が上がっているというデータもたくさんある。

私たちの暮らす日本社会でも，ダイバーシティ戦略の重要な一環として，やっと「女性活躍」の声が広がりつつある。すでに述べたように，女性が働く国々は，男女がともに仕事と家庭・個人生活がバランスよく担える仕組みを作ってきたため，少子化にも歯止めがかかっている。

こうした国際的な動きをみつつ，日本でも 2016 年に女性活躍

図5-6 専業主婦世帯と共働き世帯（1980〜2017年）

注1）「専業主婦世帯」は，夫が非農林業雇用者で妻が非就業者（非労働力人口および完全失業者）の世帯。
2）「共働き世帯」は，夫婦ともに非農林業雇用者の世帯。
3）2011年は岩手県，宮城県および福島県を除く全国の結果。
（出所）厚生労働省「厚生労働白書」，内閣府「男女共同参画白書」，総務省「労働力調査特別調査」，総務省「労働力調査（詳細集計）」。

推進法が制定された。301人以上の従業員のいる企業・事業所は女性活躍に向けた行動計画を作ることが義務づけられたのだ。

図5-6にみられるように，20世紀の末に日本のカップルの働き方が，男性稼ぎ主モデルが主流の状況から夫婦共働きへと大きく変化した。今や共働きカップルが多数派なのだ。近年では，CSR（企業の社会的責任）やSDGs（国連の持続可能な発展目標）などを視野に，女性の昇進を積極的に進める動きもある。企業の社会的責任に敏感な企業は信用できるということで，投資家が優先的に投資をするようになっているのだ。

日本の企業の多くが女性を低賃金で雇用する非正規労働力として考えてきたこともあって，女性の働き方が完全に整っていると

はいえない状況だ。ただし，国際感覚にすぐれ，先見の明のある経営者は，女性管理職の増加も含めてダイバーシティ戦略を実行しつつある。こうした企業は，今後も大きく発展する可能性を秘めていると思う。

　だから，学生が就職活動する際，ダイバーシティ戦略や女性活躍についての企業サイトを通してじっくりチェックしてほしい。301人以上の従業員のいる企業は，行動計画とともに女性の採用比率，男女の勤続年数差，労働時間，女性の管理職割合などを公表する義務が付せられている。まずは，これをチェックしてほしい。またワークライフバランスの状況やダイバーシティ推進といった具体的な計画内容などにも注目していただきたい。もちろん，こうした女性が活躍できる企業の多くは，男性にとっても働きやすい職場だということも付け加えておこう。

男もつらいよ：仕事社会のなかの男たち

　男性の方はどうだろうか。近代産業社会成立以後の社会では，男の仕事は，家庭外での生産労働が中心になってきた。すでにふれたように，男性の労働は多くは賃金をもらえる有償労働であり，社会的にも「意義ある」とされる「公的」な労働であった。その意味で，ジェンダーによる「男は外，女は家庭」という分業の仕組みは，圧倒的に男性優位の社会を作り出した。

　しかし，この男性中心社会の担い手であるはずの個々の男性たちをみるとき，彼らは，この男性中心社会において，精神的にも身体的にも，「豊かで満ち足りた」人生を送っているのだろうか。そうではないことが，最近，さまざまなかたちで語られるようになってきた。むしろ，男性たちも，この男性中心社会によって，その精神と身体を蝕まれ，傷ついてきたといってもいいだろう。

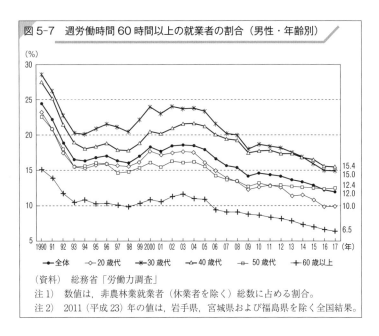

図 5-7　週労働時間 60 時間以上の就業者の割合（男性・年齢別）

（資料）　総務省「労働力調査」
注1）　数値は，非農林業就業者（休業者を除く）総数に占める割合。
注2）　2011（平成 23）年の値は，岩手県，宮城県および福島県を除く全国結果。

　男性中心社会であるとともに，企業中心社会でもある日本社会の現状をみるとき，いわば男性問題ともいえるような状況が，さまざまな場面で現れつつあるのである。

　男性問題を象徴する最も残酷な例は，過労死だろう。もちろん，女性の過労死も存在している。しかし，過労死で死んでいくのは，その圧倒的多数が男たちであるのも事実だ。その数，推定で年間数万人という。その背景にあるのは，男性の長時間労働だ。図 5-7 が示すように週 60 時間以上働いている男性の割合は一時は 30% 近くいたのだ。とくに 30 代 40 代男性は目立っている。

　「過労死 110 番」の弁護士の話によると，過労死で死んでいく男たちの圧倒的多数が，妻が専業主婦の家庭だという。「家のことは妻にまかせた」といって，昼夜にかかわらず働き続け，その

あげくに体を壊したり,あるいは死んでいく男たち。これもまた,「男は仕事」という現代日本の男性文化の生み出した悲劇だろう。

ジェンダーによって生み出された「男は外,女は家庭」といった労働における分業の仕組みは,男性を主要に「仕事人間」として枠づけてきた。この仕組みは,女性を家庭や補助的労働へと配置させる仕組みを生み出す一方で,男性たちからは生活レベルでの時間や能力を奪い,家庭や地域での豊かなコミュニケーションの機会を喪失させ,結果として,人間的なゆとりの時間やそれを通じた人間としての多様な可能性を男性たちに許さない状況を作り出してしまったのである。

現在のジェンダーによって枠づけられた労働の問題は,女性だけでなく,男性の生き方とも重なる課題なのである。

非正規労働の拡大

今後,日本の労働環境はどのように変化していくのだろうか。おそらく,雇用における男女の差別は解消される方向に向かうだろうと思われる。というのも,「男は外で仕事,女は主に家事」といった古い性別分業意識に縛られた状況では,日本の社会がもはや「やっていけない」からだ。そもそも,国際社会が,こうした性による差別を許さないだろう。もし,これまでのような性による差別が続くなら,日本社会は,「国際社会で名誉ある地位を占める」どころか,これまで以上に「不名誉な位置を占める」ことになるだろう。

と同時に,すでにふれたように少子・高齢社会にならざるをえない今後の日本の社会は,これまでのように,成人男性を軸にした労働ではもはや支えきれないことは明らかだ。女性,高齢者,外国人といった,これまで「周縁」に置かれてきた労働力が,はっきりと基幹労働力として位置づけられざるをえないだろう。

それなら、労働における男女の人間らしい生活は、きちんと保障されるのだろうか。どうも、そう簡単にもいえないようだ。

　産業の仕組みの効率化の動きは、基幹の「正社員」はごく少数におさえながら、他の業務は派遣労働者やパート労働者に委ねるような企業の増加を生み出した。それは、働く男女にとってはプラスの面もあったかもしれない。労働時間をフレキシブルに組み立てることができるからだ。しかし、その一方で、賃金が低くおさえられたり（これまでのような年齢の上昇により賃金があがる年功序列の仕組みは崩れはじめた）、雇用が安定しない（就職すれば定年まで原則として身分保障がされてきた終身雇用の仕組みの終焉）状況が広がった。また、さまざまな社会保障も確保できない人が増加した。企業としてはできるだけ人件費をおさえ、また、社会保障費や退職金などによる負担をできるだけおさえようとしたからである。

　ある面、能力主義になるわけだから、男・女というジェンダーによる差別や排除は抑制されるかもしれない。しかし、その一方で、（男も女も、力のある人は金も稼げる）「弱肉強食」的な社会がやってきたともいえる。こうした社会は、「力のある」女性・男性にとっては活躍の場が広がるわけだから、悪くない話かもしれない（しかし、実際は、非正規労働者は圧倒的に女性が多数のままだ）。

　もちろん、男女にかかわらず、自分の能力が十分に発揮できる社会は望ましい社会といえるだろう。しかし、それがそのまま「弱肉強食」型の社会につながるのはごめんこうむりたい。労働のフレキシビリティ（柔軟性）は、不利な状況におかれることになった人々への社会的な支援が大前提だ（フレセキュリティ＝柔

軟性と安定性の同時実現が求められているのだ）。

> **ワークライフバランス社会に向かって**

もう1つ重要なことがある。仕事と個人生活，家庭生活のバランスという問題だ。これからは男女ともに働く社会にならざるをえない。しかし，男女ともに長時間労働にさらされる社会になったらどうなるだろう。仕事以外の面で自分を充足させる時間はもとより，育児時間も高齢者の介護も家庭ではできないような社会になってしまいかねない。もちろん，公的な保育サービスや介護の充実でサポートすることはこれまで以上に求められるだろう。でも，育児や介護のような家族の人間関係が生み出す感情的なつながりは，行政サービスだけで十分代行できるだろうか。そうは思わない。いわば男女とも働く社会が必要になっているからこそ，男女ともに仕事以外の時間，つまり自分自身を豊かにするためのゆとりの時間とともに，男女ともに育児や介護が十分にできるような時間の確保が必要なのだ。いわゆるワークライフ（欧米ではワークファミリーということもよくある）バランスの仕組み作りが重要になる。ディーセントワーク（人間らしい労働）に向けて，働き方を変革していく必要があるのだ。

日本政府も，遅まきながらこの課題の重要性に気がつきはじめている。2007年には，政府，経済団体，労働組合なども巻き込むかたちで「仕事と生活の調和憲章」がまとめられ発表されている。表5-1が示すように企業がワークライフバランスを進めることでのメリットも，データをふまえて提示されている。

男女ともに働きながら，同時に，個人生活や家庭生活を豊かにおくれる社会の実現のためには，男女の平等な労働条件の確保とともに，このワークライフバランスの仕組み作りが何よりも重要

第5章　ジェンダーと労働

表 5-1　職場にとっての WLB のメリット

●企業が仕事と生活の調和に取り組むと，以下のように多様な
メリットがもたらされることが分かりました。

・多様な従業員の定着（離職率の低下）
・優秀な人材の確保（採用）
・従業員の満足度や仕事への意欲の向上
・従業員の生活者としての視点や創造性，時間管理能力の向上
・コスト削減（残業代など）
・生産性や売り上げの向上
・部下や同僚従業員の能力向上
・企業イメージや評価の向上
・従業員の心身の健康の保持増進

（出所）　内閣府「企業が仕事と生活の調和に取り組むメリット」
2008 年。

になるだろう。逆に，若い世代が就職活動をするとき，希望する企業がこうしたワークライフバランスにどこまで配慮しているかをきちんと考えることも，将来の人生設計にとって重要な問題になっていくことだろう。

エクササイズ

セクシュアル・ハラスメントのロールプレイ（役割劇）

【目的】　セクシュアル・ハラスメントを防ぐためにどのような行動をとることができるか。また，被害者・加害者のおかれた状況はどのようなものか，ロールプレイを通じて考える（ロールプレイには，2つのタイプがある。1つは，ある状況を模擬的に作り出して演じるなかで，その状況を人々がどう感じるか，周囲の人はどう反応するのかを探るもの。もう1つは，他者の立場に立ってみることや心の動きを探ることを主要な目的とせず，あるテーマを話し合うための手段として，状況を具体的に考えてもらうことで参加者の興味を喚起することを目的とするもの。ここでは，

両者の混合型の設定をしてみた)。

 4,5人のグループに分かれ，それぞれのグループにセクシュアル・ハラスメントのケースの状況設定を与え，事態にどのように対応しそれを解決するかロールプレイ（役割劇）を作ってもらう。

 状況設定については具体的には以下のようなものが考えられる（自分たちで状況設定を考えてもらってもいい）。

 1. 男性上司が，突然，見たくもないようなヌード写真を目の前に広げるというケース。不快に感じた女性の部下は，どういう対応をとるのがいいか（複数考え演じてみる）。また，それぞれの対応に対して，男性上司はどのような反応をするか（あるいはするべきか）。

 2. 同級生（同僚でもいい）にしつこくつきまとわれている女性のケース。手紙や電話を何度もしてくる。この男性に直接デートに誘われるという状況設定。女性の側は，どういう対応をとるのがいいか（複数考え演じてみる）。また，それぞれの対応に対して，男性はどのような反応をするか（あるいはするべきか）。

 3. 忘年会の席で，上司（あるいはゼミの教授）が，卑猥な発言をしたケース。聞いた側は，どういう対応をとるのがいいか（複数考え演じてみる）。また，それぞれの対応に対して，上司（教授）はどのような反応をするか（あるいはするべきか）。

 それぞれ，ロールプレイを作ったうえで，どの対応が現実的で有効か話し合う。そのうえで，グループの意見をまとめて発表し，全体で議論を深める。
［参考文献］　森田ゆり『多様性トレーニングガイド』解放出版社，2000年。

読書案内

竹信三恵子『これを知らずに働けますか』ちくまプリマー新書，

2017年。

仕事をどう選ぶか、給料の仕組み、労働組合とはどんな役割を果たすのか、労働に関する法規などなど、働くうえで知っておくべきことがうまくまとめられている。就職活動をする前に、読んでおくべき一冊。

三成美保編『LGBTIの雇用と労働』晃洋書房、2019年近刊。

労働の場でのLGBTIの権利をめぐって、労働法や職場での取り組み、国際機関ILOの性的マイノリティ政策、LGBTIの就職支援など、LGBTIと労働をめぐる現状と課題が整理されている。

森岡孝二『働きすぎの時代』岩波新書、2005年。

グローバル化や情報化などの産業構造の変化のなかで、日本の労働者は大きな問題に直面している。長時間労働は、なかでも大きな課題だ。真のワークライフバランスを生み出すためにも、労働時間について考える必要がある。

Column ⑤ 働く女性はどう見られているか

まず、日本の男性が、働く女性をどう見ているかということから考えてみよう。ちょっと古い本だが、アメリカの女性たちが書いた『日本人のセクハラ』（C. ブラネン・T. ワイレン著、安次嶺佳子訳、草思社、1994年。原題は「日本人男性ビジネスマンと仕事をするには」という日本の男性たちと一緒に仕事をするときのマニュアル本だ）の冒頭に、こんな面白い例が載っていた。「オウムの時間」というエピソードだ。アメリカ人のビジネス・チームが日本人男性中心の企業人と交渉をしているシーンを想像してほしい。現在では珍しいことではないが、アメリカ側は女性がプレゼンテーションをすることになった。しかし、この女性が発言している間中、日本人男性たちは、だれも話を聞いていないのだ。これでは、困る。そこで、アメリカ側は、別の男性が、先ほどの女性とまったく同じ話（まるで「オウム」のように）をする必要が出てくる。男性が話しはじめると、それまでボーッとしていた日本人男性の顔がパッと輝き、熱心にメモをとりはじめるのだという。どうも、日本の男性たちは、勝手に、「女性が話すことは重要なことではない」と思い込んでいるようなのだ。

そこでどうするか、ということで、この本のようなマニュアルが必要に

なる。この本には，こう書いてある。女性がプレゼンテーションをするときには，周りで援護すると効果的なのだそうだ。「彼女はこの問題のエキスパートだ」とか「彼女に聞かないとこの問題はわからない」などとアメリカ側のメンバーが言うと，通常は女性の発言に耳を傾けることのない日本の男性も，少しは聞くようになるというのだ。

ちょっと恥ずかしくなるような話だ。もう20年以上前に出された本だが，今もあまり日本の事情は変わっていない。同様の話を，日本の働く女性たちからもよく聞く。よく話題になるのは，電話の話だ。自分のデスクの電話が鳴ったので受話器を取り，「はい，○○でございます」と返事をすると，相手側の男性がこういうのだそうだ。「なんだ女か，女じゃ話がわからん。人を出せ，人を」と。女性たちは，「私たちは人じゃないんですか」と怒っている。でも，電話をかけてきた男性にとって，彼女は「人」ではないのだろう。もちろん，言葉をしゃべっているのだから，「人間」であることはわかっているはずだ。しかし，この男性にとっては，女性は「一人前の判断を下せる人ではない」ということなのだろう。だから，「人＝男を出せ」と言いたいわけなのだろう。

まったく，同じようなエピソードをある自治体で聞いたことがある。まだ少ない女性の課長の話だ。いつもは，奥で仕事をしているこの課長が，たまたま部下のいる窓口付近にいたら，市民の方が苦情を言いに来たのだそうだ。そこで，課長が対応しようとした。すると彼女を見るなり「お前じゃ話にならん。責任者を出せ」と叫んだのだそうだ。彼女は，この部署のまぎれもない責任者なのだが，「私が責任者です」と対応すると，どうもトラブルになりそうなので，上司にあたる部長を呼んで対応してもらったということだ。

日本の労働の場では，女性ということで「一人前」とは見られないことがある。それは，逆にいえば，「女性だから」と，補助的な役割や，お飾り的な場所に配置されやすいということでもある。これは外国の人からみればたいへん奇妙に見えるようだ。30年ほど前，日本でも労働力不足が叫ばれた時期があった。ちょうどその時期，ドイツの労働視察団が日本の労働市場の調査にやってきた。視察後，こんな発言があったという。「日本は，今，人手不足だといわれる。それならなぜ，デパートのエレベータのところにいるあの若い女性たちに働いてもらわないのだ」と。たしかに，エレベータ係の女性の労働は不思議な労働だと思う（お年寄りや身体の不自由な方にとっては必要な場合もあるだろうが）。しかも，50代のエレベ

ータ係というのもほとんど見ない。ドイツの視察団は，ここに，若い女性をお飾り的に雇うという，日本の女性労働の典型例を見出したのだろう。

マンガ 2

花子さんの見た未来？

樹村みのり

マンガ2 花子さんの見た未来?

みんなの話を
いろいろ合わせてみると
どうやら今は
こうなっているらしい…

ある時から徐々に税金・年金・保険が
個人単位になり「扶養家族」という言葉が消えた
（そのかわり子どもと老人には　国から補助が出る）

お給料は１人の人間が
自分１人の面倒を見られればよい額でいいので
基本的に低くなり　労働時間も短縮された

同性のカップル

異性のカップル

独身

高いお給料の人に
家族でぶらさがる…
ということがないから

いろいろな生き方ができて
関係も対等になるのかも…ね

第6章 多様な家族に向かって

　家族制度に関していつも耳にするのは，崩壊の危機にひんしているとか，もう機能を果たしていないとか，立て直す方法を見つけなくてはいけないといったことばかりです。……もし家族が機能を果たしていないとするなら，おそらくそこには，構造的な欠陥があるにちがいありません。駄目なのは人間で，家族制度には問題がないと，なぜきめてかかるのでしょう。家庭から逃げ出す人がいるのは，それなりに理由があるに違いありません。家庭内で人権が無視されていたり，女性が酷使されていたりするという報告は，政府がまとめた資料の中にさえ，いくらでも見つけることができます。（シェア・ハイト『新家族論』より）

　ショッキングな話は，ビールで盛り上がったフリートーキングのときに出て来た。
　「私は，座っておしっこをしていますよ」
　和夫さん（34歳）の話に，集まった男たちは一瞬あっけにとられた。
　……
　「立ってすると汚れるから，と妻がうるさいんですよ。ときどき反抗しようと思って，立ってやります。でも，音が聞こえると妻が飛んで来ますから……」（中国新聞文化部編『妻の王国』より）

はじめに：同性同士が「結婚」できる国

「私たち，同性同士で結婚式を挙げました」
カナダと日本

レズビアンカップルの美月さんと凌さんは2008年10月25日，カナダで結婚式を挙げました。

「この両名の婚姻はブリティッシュ・コロンビア州において正式に承認されます」

カナダでは国籍に関係なく同性カップルに結婚証明書が発行されるのです。

2005年から同性婚が認められるようになったカナダ。証明書は異性間でも同性間でも同じものが発行されます。日本では有効ではありませんがそれでもふたりは取ることにしました。

凌 やはり一緒に歩んでいくという覚悟の決め方の問題だと思います。普通に一緒に生活していればいい，っていうスタイルももちろんひとつの決め方としてはある，でも自分たちはこれにこだわった。

美月 自分の歩いていく道のなかで壁に突き当たったとき，乗り越える力になる。それは紙切れじゃないんだよね，ふたりにとっては。

その後，ふたりは日本でも式と披露宴を行いました。こちらは列席してくれた人たち皆に誓うという人前式の形。学生時代の友人や会社の上司など30人が出席し祝福してくれました。美月さんの会社の社長さんからは温かい祝辞も読み上げられました。

美月 もともと，社長には言うか迷っていましたが，カナダに行くということもあって思い切って社長室で話をして，日

本で式をするので来てくださいと言いました。そうしたら、「そんなおめでたいことはない、ぜひ」、と言ってくれたのが嬉しかった。

   （美月さん，凌さん「私たち，同性同士で結婚式を挙げました」『NHK「ハートをつなごう」LGBT BOOK』太田出版，2010年）

　さて，読者は，この文章を読んでどんな感想をもっただろう。「女（あるいは男）同士の結婚なんて，そんなの変だ」と言う人もまだいるかもしれない。「日本も早くそうなればいいのに」という意見の人もいるだろう。

　2018年1月現在，世界で同性婚が法的に認められている国は，オランダ（2001年），ベルギー（2003年），スペイン（2005年），カナダ（2005年），南アフリカ（2006年）など24カ国，今後オーストラリアや台湾などでも2019年から同性婚が認められる予定である。

　いずれにしても，私たちがこれまで抱いていた「家族」のイメージは大きく変わろうとしているのだ。

家族とは？　それなら，ここで問題にしている「家族」とは何だろう。わかっているつもりでも，「それを定義するとどうなるか」と聞かれると困ってしまう言葉も多い。家族という語もその1つかもしれない。もちろん，見方によって家族の定義もさまざまに存在している。たとえば，日本の代表的なある家族社会学者は，家族を次のように定義している。

　「夫婦・親子・きょうだいなど少数の近親者を主要な成員とし，成員相互の深い感情的包絡で結ばれた，第1次的な福祉追求の集団である」（森岡清美・望月嵩『新しい家族社会学 四訂版』培風館，

1997年)。つまり,婚姻や血縁に基づき,強い感情的な絆によって結びつけられた,相互の助け合いを通じて共に生活している集団,というところだろうか。

こう家族を定義すると,「それなら,夫婦の間の愛情が冷め切った家庭内離婚のようなケースは家族とは呼ばないのか」とか,「それぞれが自己中心的で,お互いに助け合ったりすることのない一家は家族ではないのか」などという疑問の声が出てくるかもしれない。たしかに,上の定義は,ちょっと理想化された家族のイメージという印象がある。

そこで,ここでは,感情的要素や助け合いの要素を排除して,とりあえず,「婚姻(事実婚や同性カップルも含む)や血縁に基づいた,主に近親者(養子を含む)によってできあがった集団」というふうに,感情の要素や福祉の要素を抜いたかたちで,家族をおさえておこうと思う。

こうおさえても,世の中には,いろいろな家族のかたちがある。家族についての社会学的研究は,家族を,次のような概念で分類している。まず,よく知られている言葉である「核家族」,つまり,1組の夫婦と未婚の子どもからなる家族のことだ。この概念は,単親と未婚の子どもの家族,さらには夫婦のみのケースも含んでいる。

複数の家族が組み合わさった「拡大家族」もある。この拡大家族には,さらに,親世代・子世代が一緒に暮らす「直系家族」(祖父母,両親,子どもの3世代家族などは,この直系家族ということになる)とともに,きょうだいの家族が一緒に生活している「複合家族」という分類の仕方がある。さらに,1人の配偶者を複数の人が共有することで生み出された複数の核家族からなる

「複婚家族」もある。つまり，一夫多妻や一妻多夫のようなケースである。

「近代家族」の特徴

こうみていくと，家族のかたちも，それぞれの事情によって多様なタイプがあることがわかるだろう。と同時に，家族のあり方は，歴史のなかでも変化してきていることにも注意を払う必要があるだろう。

私たちは，夫婦と子どもを軸にした家族，姻戚関係や血縁によって結びついた家族というものを，歴史を超えた人と人の絆の形態として考えがちである。しかし，そうなのだろうか。じつは，私たちが現在,「家族」の典型的な形態として考えているものは，近代社会に固有のものだ，という意見も存在しているのである。

極端な見方をすれば，近代以前に，家族などそもそも存在しなかったという意見もある。たとえば，J. F. グブリアムとJ. A. ホルスタインによる『家族とは何か』(中河伸俊ほか訳，新曜社，1997年)によれば,「ドイツ語には，中世の終わりまで，現在私たちが家族として理解している，両親と子どもたちからなるプライベートな集団を指す言葉がなかった」という。

もちろん，現代社会と同じような，夫婦関係や親子関係がなかったわけではない。そうした関係はもちろん存在していた。問題は，そうした人と人の絆が何よりも重要な関係であると意識化されていなかったということだ。むしろ，夫婦や親子関係を超えたより大きな範囲の集団が，彼ら/彼女らにとって，生活の基本的なつながりの場だったのだ。そのことは，ドイツ語に家族を意味する言葉が一般に使われるようになるのが18世紀以後だということからも知ることができるだろう。逆にいえば，この時期になってやっと，人間関係における家族のもつ意味が，それまでと比

べてより大きな比重を占めるようになったということだろう。

どうも、私たちがイメージしている家族も、歴史の産物ということのようだ。なかでも、夫婦と子どもを軸にした家族イメージは、近代社会に特有なもののようだ。近代社会において主流になった家族のかたちを「**近代家族**」と呼ぶ。落合恵美子は、この「近代家族」の特徴を次のように8つの視点から、巧みに整理している。

① 家内領域と公共領域の分離
② 家族成員相互の強い情緒的関係
③ 子ども中心主義
④ 男は公領域・女は家内領域という性別分業
⑤ 家族の集団性の強化
⑥ 社交の衰退
⑦ 非親族の排除
⑧ 核家族

(落合『近代家族とフェミニズム』勁草書房, 1989年)

これは、私たちが「家族」として「あたりまえ」のものであると考えているものに近いのではないだろうか。逆にいえば、私たちが「あたりまえの家族」と考えているものもまた、歴史の産物であり、近代以前の社会においては、こうした「現在のあたりまえ」とは異なる多様な家族のかたちが存在していたということだ。

「愛」という名の労働

それなら、ここでいう近代家族の特徴はいかにして成立したのか。また、近代家族は、それ以前の社会とはどう異なっているのだろうか。この変化は、すでに「労働」の章（第5章）でみてきたが、ここでもう少し詳しく考えてみよう。

たとえば,「家内領域と公共領域の分離」とはどのようなことだろう。簡単にいえば, 生活する場が, 家族の内と外とに分かれたということだろう。それまで, 人々は, 血縁や婚姻さらには地域の近接性などによる結びつきに従って共に生活を営んでいた。近代社会, とくに産業社会の登場は, こうした生活の仕方に大きな変化を作り出した。すでに「労働」の章でみてきたように, 近代産業社会の登場は, 男は公領域（家庭外で仕事）/女は家内領域（家庭内で家事・育児・介護）という**性別役割分業**を生み出すことになった。

　フィリップ・アリエスの卓越した研究である『〈子供〉の誕生』(杉山光信・杉山恵美子訳, みすず書房, 1980年) によれば, 前近代社会では, 幼児期をすぎれば「小さな大人」として家や共同体の仕事に参加していた子どもたちも, 近代の幕開けとともに, 次第に「学校」という新しい境界の内部に囲い込まれていく。女性たちには, それまで男や子どもたちとともに担っていた, 家事をはじめとするケア労働が一手に背負わされる。他方, 男性にとってみれば, それまで女性たちと一緒に（はっきりした男女の分業がある場合が多いのだが）担ってきた, 家の仕事や地域共同体の仕事が減少し, もっぱら, 工場やオフィスが, 生活の中心になる。

　こうして, それまで地域によって担われてきた子どもたちの育児も, 学校とともに, 何よりも家庭（とくに女性）が担うようになる。これは, 先の近代家族の特徴のうちの③の子ども中心主義につながるだろう。また, 家族の機能や役割における独立性・充足性の高まりは, ②家族成員相互の強い情緒的関係を作り出すとともに, 家族の内と外の壁を作り出す。つまり, それまで存在していた居住地域をはじめとする「外部」との関係の希薄化, すな

わち⑥社交の衰退や⑦非親族の排除が生まれる。また，労働力のスムーズな移動の必要性や都市化の進展（農村から都市への労働力の移入）は，それまでの拡大家族型や直系家族型の「家」ではなく，より機能的な⑧核家族中心へと「家」の姿を変えていくことになるだろう。

ここで④の性別役割分業について，もう少し考えてみよう。

すでに述べてきたように，「男は外/女は家庭」という性別役割分業の仕組みは，近代産業社会に特有のものであるといえるだろう。女性の側からみれば，いわゆる「主婦」も，産業社会の成立にともなって登場したといえるだろう。

たとえばアン・オークレーは，『主婦の誕生』（岡島茅花訳，三省堂，1986年）のなかで，主婦（housewife）労働の特徴を次のようにまとめている。「(1) 成人の男性には割り当てられず，もっぱら女性に割り振られる。(2) 経済的な依存，つまり近代の結婚における女性の依存的役割と結びついている。(3) 労働として認知されていない——言い換えれば，『本当の労働』，つまり経済的な生産労働と対照的なものである。(4) 女性にとって，それが主たる役割である。つまり他の役割に優先する」。

オークレーは，こうした「主婦」役割が産業革命を契機として生まれたものだということを，データの裏づけをもって証明してみせる。

「産業革命が女性にもたらした最も重要な影響で，しかも後々までも尾をひいたのが『成熟した女性の主たる役割』として，主婦という近代的役割を生み出したことである。女性の役割だけでなく男性の役割もまた，産業革命によって大きな影響を受けた。しかし，男性にとっては，それが主として，就業可能な職業範囲

を拡大するという形で家庭外の世界を広げたのにひきかえ，女性にとって，それは，家庭という空間に包み込まれることを意味した」。

　それまで男性とともに生産労働に従事していた女性たちは，産業化の登場によって，「家庭」という場での家事・育児労働へと，その活躍の場が狭められたのである。

　こうして作られた「男＝外／女＝家庭」という近代的な性別分業は，明らかに女性の立場を弱くした（第5章参照）。

　しかし，それなら，なぜ不利な立場に置かれた女たちは，社会的な反乱を直ちに開始しなかったのだろうか。もちろん，女と男の間にはさまざまな歴史的・社会的な暗闘があった。そして，この暗闘を調停し，女性たちに男性支配の社会を受け入れさせるために，ある種の同意の形成が必要だった。しかし，その暗闘を巧妙に包み込み，女性たちに男性支配を受容させるオブラートを近代産業社会は作り出したのである。それは，「愛」という名のイデオロギーだった。

　ジョヴァンナ・フランカ・ダラ・コスタは，『愛の労働』（伊田久美子訳，インパクト出版会，1991年）と題した著書のなかで，次のように指摘している。

　「（近代資本主義社会において）結婚の契約によって女が男に与えることを課せられるのは，表向きにはまず第1に『愛』であって，労働ではない。結婚の契約の常套句——それは19世紀後半以後のあらゆる先進資本主義社会においてきわめて似通っている——の中で述べられる身の回りの世話という表現は，契約の第1の目的である厳密な労働の義務としてではなく，このような愛の帰結，愛の結果的表現として登場する。このような神秘化によって，愛

は『相互に』交換されるかのように語られる。だが，平等な交換のイメージの背後には，男が，彼のための労働者として，女の労働力を獲得するという事実が隠されているのである」。

「愛」という名のもとで，女たちは，資本主義に労働を搾取される男たちから，さらに不払いの労働である家事労働を搾取されているというわけだ。いわば，女たちは，資本主義と男から二重に労働を搾取されているということだろう。

男たちも，また女たちも，この「愛の労働」という神話を信じている間はいい。

「男に対する女の愛が持続する限り——つまり女が一定水準の家事労働，すなわち愛の労働を『すすんで』請け負う限り，監督者としての男の役割は表面化することはない。男は，彼のために女が行う愛の労働に対して，彼の賃金によって生活することを『愛情深く』彼女に許すことで報いる」。

ところが，女たちが，この「愛の労働」を，不当な，強制された，不払いの労働であると告発しはじめたとき，男たちはどのような対応をとるか。夫から妻への家庭内暴力が開始される。そしてこの構造を，ダラ・コスタは，次のように説明する。

「(家事労働の成果の受取人である男たちは)『愛』という動機を隠れ蓑に，労働の供給を催促できる権限をもっている。したがって，彼は絶えず心理的圧力をかける権限をもっており，それはまさしく心理的暴力と定義することができる。そしてこの心理的圧力では抑えがきかないとき，すなわち『愛の契約』が破られたときにはいつも，彼は肉体的暴力を行使する権限をもっている。その理由はつねに『妻を愛している』からであり，それゆえに彼は彼女もそれに『報いる』ようにと強要する権利をもつのである。……

夫は妻を『働かない』から殴るのではなく,『彼を十分に愛していない』から殴るのである」。

これは,後でふれるドメスティック・バイオレンスの問題を考えるときにも,1つの重要な視座を与えてくれることだろう。

エリザベート・バダンテールの『母性という神話』(鈴木晶訳,ちくま学芸文庫,1998年)も,家族に対する愛の1つのかたちである「母性愛」という考え方が近代の産物であることを,たいへんわかりやすく分析している。バダンテールによれば,「1780年,首都パリでは,1年間に生まれる2万1千人(総人口は80万人から90万人である)の子どものうち,母親に育てられるものは千人にみたず,住み込みの乳母に育てられるものは千人である。他の1万9千人は里子に出される」。つまり,18世紀のパリにおいては,95％以上の子どもが他人の手によって育てられ,実の親の手で直接に育てられる子どもは5％に満たなかったのである。

背景には,貧困の問題や,子どもに対する無関心(先にふれたフィリップ・アリエスの『〈子供〉の誕生』によって明らかにされたように,子どもが,つねに手をかけるべき対象として意識されるようになるのは,近代以後のことである)があった。バダンテールは,さらに,近世の中流階級以上の男女にとって「授乳が女性の美貌をそこなう」という神話が存在していたこと,「自分で子どもに乳をやるのは名誉なことではない」という考えが,中下層の女の間にまで共有されていたといった,興味深い事実にもふれている。

18世紀後半頃の近代産業社会の本格的登場とともに,「男は外へ女は家庭へ」の性別役割分業が強化されることによって,それまでは共同体や大家族さらには養護院などの施設によって担われていた子育ては,家事労働とともに家にいる女性が主に担う仕事

として固定化されてくる。この子育てという女に割り振られた労働を支えるイデオロギーとして,「母性愛」が誕生したというわけである。子育てもまた,「子どもへの限りない愛情」というかたちで意味づけられた「愛の労働」として形成されていくのである。

ちなみに,日本において,母性愛という考えが広がるのは20世紀に入る前後の時代だったという。江戸時代の女性向けの生き方読本,『婦女鑑（かがみ）』やら『女大学』などには,子育てということについて,ほとんどふれられていない。子育てが,女性の重要な任務として意識されるのは,日本も明治維新以後の西欧化の開始をまってのことなのである。

団塊世代に目立つ「専業主婦」

近代産業社会が生み出した,性別役割分業に基づく家族のかたちは,20世紀に入っても継続していった。というより,産業化の遅れた諸国にとって,産業化と性別役割分業は,連動して発展していったといってもいいだろう。

こうした事態は,日本社会においても見出せる。落合恵美子によれば,日本社会で専業主婦率が最も高かった女性は,団塊の世代であるという。戦後まもない頃まで,日本社会は農業を主軸とする社会であった。すでに述べたように,そこでは,女性は基幹労働力であった。ところが,産業化・都市化のなかで,男性たちが給与生活者になっていくに従って,女性たちは,それを支えるケア労働者として家庭に入っていく。それが,ピークに達したのが,ちょうど1947年から50年生まれの団塊世代であった。しかし,70年代以後,女性の社会進出のなかで,外で働く女性の数が再び増加する。こうして,団塊世代が専業主婦率の最も高い世

代という構図ができあがるのである。

　もちろん，多くの産業化の進んだ国は，多かれ少なかれ同じようなパターンの家族形態になる。しかも，「男は外/女は家庭」という性別役割分業の仕組みは，それぞれの生活パターンや生き方にも影響を与えることになった。

　その例を，身近なテレビを題材に考えてみよう。イギリスの社会学者モーレーたちは，『ファミリーテレビジョン』と題したテレビ研究のなかで面白い発見をしている。テレビ視聴の仕方を，男女というジェンダーに注目しながら分析していくと，女性たちは，他者と会話をしたり家事を行いながら視聴する，「ながら」タイプの視聴の傾向が強いのに比べ，男性たちは，何も話さず，集中して，すべてを見落とさないように視聴するのだという。もちろん，その背景にあるのは生物学的な性差ではない。家庭内での力関係が背景にあるのだ。つまり，男性にとって家庭は，「仕事」以外のくつろぎの場であるのに，女性たちにとってはまさに自らの「仕事」の場なのだ。もちろん，その背景をさらに遡れば，「男は外/女は家」という近代社会の生み出した性別役割分業の構図が控えていることはいうまでもないことだろう。

　しかしながら，近代家族の仕組みが生み出した性別役割分業の構図に，大きな亀裂が生み出されつつあるのも事実である。

　すでに「労働」の章（第5章）でもふれたように，この変化は，近代的な性別役割分業の原因であった近代産業社会の構造の根本的な転換が生み出したものだろう。そもそも，これまで空文句にすぎなかった性による差別の撤廃の動きが国際的に共通の認識として拡大した。と同時に，それまでモノ作り中心に進行してきた工業社会が，情報やサービスを軸にする方向へと大きく変化した

ことも大きく作用しただろう。この動きは，女性の社会参画を大きく推し進める結果になった。そして，女性の社会参画の拡大は，当然のことながら，家庭における男女平等＝対等な家族的責任の必要性と結びつかざるをえない。こうして，今，近代工業社会の成立以後固定化されてきた性別役割分業の仕組みが，根本的な転換を迫られようとしているのである。

家族法のなかの性差別

しかし，いまだに多くの面で，性による差別が根強いのも事実である。しかも，こうした差別が法律や制度として固定化されている面もまだまだ多い。それも，とくに家族の制度をめぐるものに多いのも事実である。背景には，家の中心は男という古い性差別の意識があるのだろう。

たとえば，現行民法には，まだまだ性差別が是正されないまま残されているのである。しかも，この問題は，国際的にも厳しい批判にさらされているのだ。

国連の規約人権委員会や女性差別撤廃委員会は，日本の政府に対して，日本の人権状況や性差別問題をめぐって改善勧告を行っている。これら勧告は，国連加盟各国が5年前後に1度，政府やNGOのレポートをもとに，人権状況や性差別状況を審査し，問題があれば是正の措置を求めるかたちで行われるものだ。これらの勧告において，死刑制度の存置や代用監獄の存続など，司法上の問題とともに，日本には民法上の性差別が残っていることが指摘されている。

かつて問題にされていたことの1つは非嫡出子＝婚外子への相続差別だった。婚外子の人は嫡出子の半分しか相続できなかったのだ。これについては，2013年の最高裁の判決で，やっと民法

上の平等が認められた。

　日本社会では，非嫡出子＝婚外子への差別は，相続だけでなく，たとえば戸籍制度などにもいまだに根強く残されている。子どもの出生届を出すとき，法的な結婚に基づいて生まれた子どもと比べて，婚外子の場合は，記入の方法が異なるのである。法律婚の場合は，続柄欄に「長男，長女」「次女，次男」といったかたちで記入することが求められる。しかし，婚外子の場合は，「女」ないし「男」という性別だけの記入が求められるのだ。なぜかといえば，子どもの続柄を，あくまで父親を基準に考えるという，戦前の家父長制度のなごりがあるからだ。もし，女性の立場から，最初に生まれた女の子を長女と呼ぶなら，婚外子でも，最初の女の子は長女のはずだ。それができないということは，続柄を父親の視点でのみ考えているということだ（そもそも，戸籍制度そのものが家制度やそれに基づく性差別の根源になっているともいえる）。

　この非嫡出子＝婚外子差別の問題は，戦後，多くの国で議論され，すでに差別がなくなっている国も多い。しかし，日本社会では，いまだに戸籍法では，差別が残っているのだ。国際社会の非嫡出子差別批判の声のなかで，やっと1990年代になって，日本政府は，住民票の記述についてのみ，法律婚で生まれた子どもと婚外子とを区別しない記入方法をとりいれている。しかも，ほとんど議論もないままに，突然記入の方法が変えられた。だから，住民票の記入法がなぜ変わったのか（婚外子差別への国際批判のなかで変えざるをえなかったことを）知らない人も多いはずだ。

　また，再婚禁止期間の存在も，是正の勧告を受けている。現行民法では，男性は離婚してもすぐに再婚できる。しかし，女性は，離婚後，6カ月間の再婚禁止期間が設けられていたのだ。その理

由は，ここでも，子どもの父親を確定させたいということなのだろう。つまり，離婚前に妊娠していた場合の子どもの父親をはっきりさせたい，という意図がここには潜んでいるのだ。ここでも，子どもに対する権利を父親中心で考える，男性中心の考え方＝性差別の構図が読みとれる（2016年6月に，民法改正がなされ，100日に短縮された。しかし，国連の勧告は，再婚禁止の制度そのものの廃止なのだが）。

　さらに，結婚年齢の男女格差の問題性も指摘されてきた。日本の場合，結婚最低年齢は，女性16歳以上，男性18歳以上であった（いずれも20歳未満の場合は親の許可が必要になる）。なぜ，男女間に格差があったのだろうか。女性の方が早く結婚できるというのは，女性優遇なのだろうか。じつは，ここにも差別の構造がある。なぜ女性は16歳かといえば，女性の場合，家族の全責任を必ずしももつ必要がないという判断が背景には存在していたと考えられる。子どもを産み育てるだけだから，若くてもいいというわけだ。しかし，一家の長である男性の場合，18歳と，ある程度分別がつくまで結婚はさせない，ということだったのだろう。さすがに日本政府も，こうした国際的批判のなかで，2022年から，男女ともに18歳以上と民法を変更することになっている。

夫婦別姓，是か非か　民法改正というと，こうした問題以上に注目を受けてきたのが選択的夫婦別姓（別姓にしたいカップルは別姓に，同姓にしたい人は同姓が選択できる制度）の問題だった。1996年に政府の法制審議会で十分な議論の上で提出された民法改正案（そこには，先ほどふれた国連から批判された民法上の性差別の是正も含まれていた）に対して，保守系の国会議員の間から異論が出され，結局，改正されないままに放

置されてしまったのだ。

　保守系の議員の言い分は,「別姓になると家族制度が崩壊する危険性がある」というものがほとんどだった。逆にいえば,同じ姓でないと夫婦や家族の間の絆が維持できないということだろう。感情的な絆がしっかり存在すれば,そんな心配はないはずなのにと思う。

　民法学者の二宮周平によると,戦後の民法制定時,この夫婦の姓をめぐって興味深いエピソードがあったという(二宮周平ほか『夫婦別姓への招待』新版,有斐閣,1995年)。当時すでに夫婦別姓を主張した民法学者がいるのだ。中川善之助である。彼は,起草委員会で別姓を提案した。ところが,反対論者から,次のような議論が出されたという。

　「先生は,妻が生来の氏を棄てて夫の氏を称えさせられるのは,夫によって妻が征服されたものと見ておられるのではないか。それは偏見である。氏は単なる符牒にすぎないのだから,夫の氏に変わろうが変わるまいが深くこだわるべきことではない。もし氏を変えることによって損害や不便を受ける人がいれば,従来どおりの呼称を通称なりペンネームとして用いればよいことではないか。法律上の正しい夫婦の氏は,どちらか一方に決めさせておくのがよい」と。

　議論の結果,中川の主張は否定された。しかし,最後に,彼は次のような強烈なしっぺ返しの発言をしているのである。

　「夫婦別姓論がそんなに嫌われるのなら撤回してもよい。その代わり,夫婦同姓論のワク内で,婚姻の際には,夫は妻の氏を称すべきものとすることにしたい」と。

　反対論者は,「それは無茶だ」と批判した。これに対して,中

川は,

「何が無茶だ。諸君は結婚して男が女房の氏を押しつけられることを,何か女性上位で,夫が妻に征服でもされたように思うからいけない。それはまさしく偏見だ。氏などというものは単なる符牒にすぎないのだから,どっちに決まったって構うことはない。従来と異なる姓を名乗ることが経済的に損失だったり,社会的に不都合だったりするようだったら,従来の氏を通称なりペンネームとして使えば何でもない」。

夫婦同姓の議論の背後には,こうした男性の姓に統一されてこそ家族は安定するという,古い考え方があるのだろう。

しかし,日本の歴史を見ると,むしろ,姓がある場合,別姓の方があたりまえだったことに気がつかされる(というより,明治になるまで多くの人に姓はなかったのだ)。北条政子は源政子だっただろうか。日野富子は,足利富子ではなかったはずだ。

近代以後の欧米の様式にしたがって,夫婦同姓(夫の姓への統一)の方向を政府が打ち出すのは,明治も中期になってのことだといわれる。しかも,そのとき,国民の多くは,「夫婦が同姓なんて変だ(別姓の方がいい)」と強く反発したのだという。

当時は,おそらく同姓の方が「近代的」と考えられたのだろう。というのも,お隣の朝鮮半島や中国では,儒教の道徳に基づいて別姓が維持されていたからだ。つまり,夫も妻も,生まれた家族の姓を名乗っているのだが,ここには,別の意味で性差別が存在していたのである。つまり,女性は,子ども(とくに跡継ぎ)を産むだけの存在であり,「家」の正式なメンバーではない(姓を同じにしない)という判断があったようだ。しかし,現在では中国も韓国も,こうした儒教的・封建的な夫婦別姓から,より開か

れた姓をめぐる法制度へと変更がなされている。

　欧米でも，近代社会成立以後，夫婦同姓しかも夫の姓に統一する流れが主流であった。しかし，現在では，別姓の選択も自由であるし，また連合姓（クリントンとブッシュが結婚して，クリントン・ブッシュという姓にするといった）もよく使われている。日本も，そろそろ，古い家制度・姓の制度（といっても，ほんの110年ほどの歴史しかない「古い」制度なのだが）から，個々人の自由な選択が許される方向への転換の時期にさしかかっているのだろう。

> ドメスティック・バイオレンス

　家族の問題といえば，ドメスティック・バイオレンス（DV）の問題を考えることも重要だ（日本でも2001年にDV防止法が制定され，その後も2度の「改正」が行われている）。

　ユニセフなどの報告書によれば，世界各国で20～50%の女性が，DVの被害にあっているという。日本政府が，2017年に発表した国内の調査をみると，配偶者から「身体的暴行」「心理的攻撃」「性的強要」のいずれか1つでも受けたことのある人は回答した女性の31.3%，男性でも19.9%あった（図6-1）。

　国際社会は，1990年代以後，このドメスティック・バイオレンスの問題を，女性への重大な人権侵害としてとらえ，その防止・撤廃に向かって取組みを強めてきた。DVは，夫婦関係だけの問題ではない。恋人間の暴力，いわゆる「デートDV」も大きな社会問題だ。政府のデータでも，交際時代に身体的暴力を受けた経験は20代の女性で36%，男性も18%いる（図6-2）。

　ドメスティック・バイオレンスの背景には，女性の人権への配慮の弱さとともに，男性たちが，自分の家庭で，一種の支配権をにぎるべきだという思い込みにとらわれているという問題がある

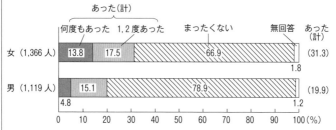

図6-1 ドメスティック・バイオレンスの実態：配偶者からの被害経験（性別）

配偶者（事実婚や別居中の夫婦，元配偶者も含む）から「身体的暴行」「心理的攻撃」「経済的圧迫」「性的強要」のいずれかを1つでも受けたことがある。

注1) 全国20歳以上の男女5000人を対象に行った無作為抽出アンケート調査による（有効回収数〔率〕：3376人〔67.5%〕）。「身体的暴力」「心理的攻撃」「経済的圧迫」「性的強要」はそれぞれ以下のとおり。
2) 身体的暴行：なぐったり，けったり，物を投げつけたり，突き飛ばしたりするなどの身体に対する暴行を受けた。
3) 心理的攻撃：人格を否定するような暴言や交友関係や行き先，電話・メールなどを細かく監視したり，長期間無視するなどの精神的な嫌がらせを受けた，あるいは，自分もしくは自分の家族に危害が加えられるのではないかと恐怖を感じるような脅迫を受けた。
4) 経済的圧迫：生活費を渡さない，貯金を勝手に使われる，外で働くことを妨害されたなど。
5) 性的強要：嫌がっているのに性的な行為を強要された，見たくないポルノ映像等を見せられた，避妊に協力しないなど。
(出所) 内閣府「男女間における暴力に関する調査」（平成29年度調査）より作成。

といわれる。いわば，男性たちのヘゲモニックな〈男らしさ〉へのこだわり（他者をたえず支配し，優越しようという心理的傾向）が，何らかのキッカケを契機に，身近な妻に向かって暴力というかたちで表現されたといえるだろう（図6-3, 6-4参照）。その意味で，このドメスティック・バイオレンスの防止・根絶は，男女の対等な関係に基づく社会を作っていくためにも，解決すべき最重要の課題だろう。

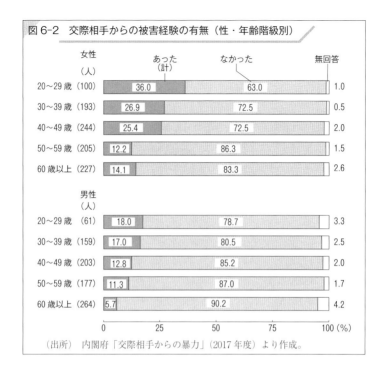

図6-2 交際相手からの被害経験の有無（性・年齢階級別）
（出所）内閣府「交際相手からの暴力」（2017年度）より作成。

離婚の諸相

1990年には，15万件台だった離婚件数は，現在，約25万件（2008年）になっている。家庭裁判所の離婚調停において，離婚を申し立てている7割以上が妻の側からのものである（図6-5参照）。ここにも，家庭についての認識におけるジェンダー格差が見出せるかもしれない。つまり，男性の方は，家庭や夫婦関係について「夫婦である」「家族である」ということで安住してしまって，「夫婦をする（関係を作る）」「家族をする（関係を作る）」という観点が欠如しているのではないかと思われるのである。夫婦関係や家族関係も人間関係である。「こうである」といった固定的な認識のままで

図6-3 ドメスティック・バイオレンスの構図

(出所)「夫(恋人)からの暴力」調査研究会『ドメスティック・バイオレンス』新装版,有斐閣,1998年,15頁の図を一部修正。

ドメスティック・バイオレンスは,家庭外のさまざまな要因を背景に,男性から女性に対する,身体的・精神的・経済的などの多様な力とコントロールの行使として現れる。

維持できるはずもない。相互のコミュニケーションを通じてつねに新たに作り変えられ変化していく必要がある。ところが,男性たちのなかには,家族や夫婦関係(であること)に安住して,ほとんどコミュニケーションもないくせに,「夫婦なのだから,家族なのだから,俺の気持ちを察して支えてほしい」などと勝手に思い込んでいる人も少なくない。その結果,妻から離婚を言い渡されて,ショックを受けることになるのである。「コミュニケーションを通じて,人間として得られるもの,高めあえるものがなければ,何のために一緒にいるのかわからない」という女性たち

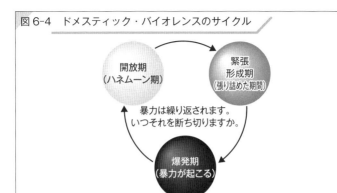

図6-4 ドメスティック・バイオレンスのサイクル

ドメスティック・バイオレンスには，サイクルがあるといわれる。緊張形成期に続く暴力の爆発期の後，いわゆるハネムーン期が来る。暴力を反省し優しい対応をしてくれる彼の対応を前に，「これが彼の本来の姿で，暴力をふるう彼は何かにとりつかれていたのだ」と思っていると，やがて再び緊張形成期，さらに爆発期がやってくる。ドメスティック・バイオレンスは，しばしば，この3つのステージを繰り返しながら，しだいに悪化していくことが多いといわれる。

の思いが，男性たちには届いていないようなのだ。

　離婚ということになると，けっこうエネルギーが必要だ。とくに仕事をもたない女性の場合，離婚ということになると，すぐに経済的困難が襲うことになる。また，子どもがいて，自分が引き取ったとき，元の夫に養育費を請求できるのだが，日本の場合，夫の側がこの養育費の支払いを拒否したり無視したりするケースも多い（図6-5参照）。実際，離婚だけでなく夫との死別などによってシングル・マザー（子どもをもつシングルの母親）となった女性たちの多くは，経済的な困難という壁にぶつかりやすい。その背景には，「労働」の章（第5章）で議論したように，女性の労働条件，とくに賃金面での男女格差の問題がある。女性がシングルで働きながら，子どもを育てることができるような男女対等な

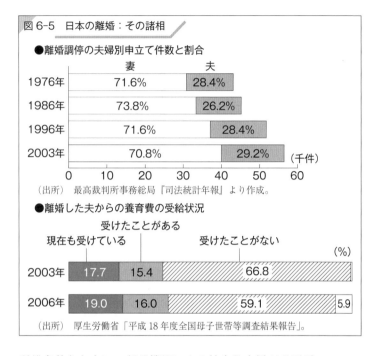

図 6-5　日本の離婚：その諸相

労働条件とともに，行政機関による社会的支援が必要だ。

　他方，離婚ということになると，男性の方もたいへんだ。とくに，精神的ダメージという点では，一般に，男性の側のショックは女性以上に大きい。たとえば，離婚経験者の自殺死亡率などをみると，そうした精神的なダメージのジェンダー差が見えてくる（もちろん，離婚することでそれまで抱えてきたストレスから解放される人もたくさんいるだろうが）。離婚後の自殺死亡率は，結婚を継続している人の平均より，男女とも上昇する。しかし，女性の方の上昇率は，それほど大きくないのに，男性のそれは，ほぼ 4，5 倍に上がるのだ。

　こうした数字は，先にのべたような男性たちの家族や夫婦をめ

ぐる意識を反映しているのかもしれない。「家族はあって当然」「妻は自分をサポートするのが役割」と勝手に思い込んで，実際は，「家族関係・夫婦関係を作る」ことをサボってきた男性たちにとって，それを失うことは，大きなショックを与えるのだろう。見方によれば，家族や夫婦関係に無自覚に依存しているくせに，家族にきちんと配慮してこなかった男性に，いわばツケが回ってきたということだろう。もちろん，すべての離婚が男性側の責任によって起こるわけではない。しかし，離婚の背後に，こうした男性の勝手な思い込みが原因のケースが存在することも少なくないのが実情だろう。

　とくに，生活の面で自立できていない男性にとって，離婚となると，すぐに日常生活に支障をきたすことも多い。衣食住の基本的な部分が自分でできない男性たちは，それだけで心身ともに参ってしまいかねないだろう。事実，離婚や死別でシングル・ファーザーになった男性たちが，まず困るのが，こうした日常生活の問題だという。また，努力しようにも，男性の長時間労働の構図が，男性たちに衣食住や子育てにかかわる生活時間を与えてくれないということも問題だ。それゆえ，シングル・ファーザーになった男性のなかには，経済面の悪化を前提にして，時間的にも精神的にもよりゆとりのある職場に転職する人も少なからず存在しているという。これもまた，労働とジェンダーをめぐる問題と重なってくる課題といえるだろう。

　最近は，定年離婚もよく話題になる。最も多い割合を占めているのは，一貫して「同居5年未満」のカップルなのだが，増加率という点では，「20年以上同居カップル」もかなり目立っている（図6-6）。これも，妻の側からの離婚の申立てがほとんどである。

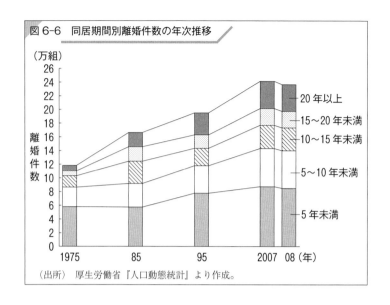

図6-6　同居期間別離婚件数の年次推移

(出所)　厚生労働省『人口動態統計』より作成。

「老後の20年，30年という長い期間，苦労してきた夫の世話などもうしたくない。自分の老後は好きなように生きたい」というのが，女性の側の思いのようだ。こうした女性たちが定年まで待つ理由は，退職金という一時的に大金が入る時期にあたるということもあるのだろう。とくに，職業をもたず「専業主婦」をしてきた女性にとって，離婚は年金問題も含めて経済的な困難を生じさせやすい。そこで，「退職金を半分もらって，さようなら」ができるこの時期，離婚が増えるということだろう。定年離婚ということになると，これも生活面で自活能力のない男性に重くのしかかる。定年離婚した男性の平均寿命は，男性全体の平均から比べて10年ほど短くなるという数字もある。

　離婚という選択を否定するわけではない。離婚せざるをえない場合はたくさんあるし，むしろ，離婚することで，親も子どもも

より安全で平和な生活が確保される場合さえある。

　だから，今，問われているのは，「離婚はよくない」と離婚を頭ごなしに全否定することではない。むしろ，離婚をする場合，それが，女性にとっても，男性にとっても，さらに子どもにとってもよりマイナスの少ない方向で（というか，プラスになる方向で）対応できるような発想の転換と，それを支える社会的な仕組みを作り出すことである。

多様な家族へ向かって

　本章の冒頭でふれたように，今，家族のかたちが大きく変化しようとしている。同性愛者のカップルの登場や，自覚的にシングルを選んだ人たちの新しい生き方の登場，さらに，結婚という制度によらないカップルでの生活の広がり（いわゆる事実婚），さらには，国際的な養子縁組の拡大など，多様な共同ないし単身の生活の形がとくに都市部では生まれようとしているのだ。「近代家族」というひとくくりでは，もう把握できない，多様な生活スタイルの登場といえるだろう。

　その一方で，離別や死別などによる単身家庭が抱える問題や，高齢者を抱えて介護に苦しむ家族もいる。なかには，高齢者が年老いた自分の親を介護する「老・老介護」なども珍しくない状況だ。次の第7章でとりあげるように，育児の問題も，「家族」問題としての要素を強くもっている。

　その意味で，家族問題は，私たちの生活にとって，今後ますます重要になることだろう。

　しかし，いかなる家族の形態が生まれようとも，今後，家族を論じるときに，ジェンダーの問題を抜きにして語ることはできないだろうと思う。男女の対等・平等を基礎に，同性愛者を含む多

様な性のあり方の承認，さらに，共同生活を営もうともシングルであろうとも，個人の自立・自律が保障されるような関係性の樹立とそれを支える社会の仕組みの構築といった問題は，21世紀の家族・個人の生活を構想するとき，どうしても避けることのできない課題であり続けるからだ。

エクササイズ

日本の戸籍法を軸に家族に関連する問題について調べてみよう（宿題にしてもいいし，グループごとに担当を決めてもらってもいい）。そのうえで，これからの家族のあり方について討論してみよう。

①戸籍法はいつ作られたのか。②戸籍が現在存在しているのはどこの国か。③「続柄」とは何か。だれから見た続柄か（父親／母親／家庭）。④旧民法では家父長制度はどのように規定されていたか。⑤戦後の民法は家制度をどう変えたのか。また，残された問題にはどのようなものがあるか。⑥選択的夫婦別姓に反対する人たちの論拠はどのようなものだったのか。⑦日本における姓および家族について奈良時代から現代まで歴史を調べてみる。⑧婚外子（非嫡出子）への法律上の，あるいは社会的な差別にはどんなものがあるか，またこれらの差別を解消するにはどんなことが必要か。

読書案内

AERA Mook『家族学のみかた。』朝日新聞社，1998年。

家族について考えたい人のための便利な入門書。さまざまな角度からの家族の現在・過去・未来についての議論や家族論の古典の紹介などが，巧みに配列されている。巻末のブック・ガイドから，さらに関心をひろげてもいいだろう。

井上摩耶子編『フェミニストカウンセリングの実践』世界思想社，

2010年。

　女性たちが抱えるさまざまな悩みを，フェミニズムの視座に立って相談を受けるとともに，女性たちと寄り添いながら問題解決へと向かう実践的な本。性暴力やドメスティック・バイオレンス，依存症や母親の悩みなど多方面から光を当てている。

落合恵美子『21世紀家族へ』第3版，有斐閣，2004年。

　戦後日本社会の家族の実態を，データを駆使して論じた家族論の本。これまでの日本では，いかに勝手な思い込みで家族が論じられてきたかがよくわかる。21世紀を見据えた新たな家族像が描かれている。

S. クーンツ『家族という神話』（岡村ひとみ訳）筑摩書房，1998年。

　私たちが抱いている「家族」のイメージは，ほんとうの家族をきちんと映し出しているのだろうか。本書は，アメリカ合衆国の多くの人が抱いてきた「伝統的家族」イメージが，実は，「どこにもなかった過去」であることを，多くの実証的な裏づけのもとで明らかにしている。さて読者であるあなたの「家族」イメージはどこまで「ほんとう」なのだろうか。

樋口恵子編『介護が変わるみんなで変える』ミネルヴァ書房，1999年。

　本章では十分にふれることができなかった高齢社会と介護問題を考えるための1冊。男女共同参画の視点から，介護保険制度制定後の日本社会の行く末を，幅広い視点をもった専門家たちが論じている。

Column ⑥ なぜ中高年男性は自殺に走るのか

　先日，新聞を読んでいたら，「昨年（2000年），自殺が国家公務員の死亡原因の第2位に」という記事が目についた。おそらくは，その多くが中高年男性だろうと思う。1位は相変わらずがんだそうだが，中高年男性の自殺の増加は，国家公務員も例外なく襲っているようだ。

　「なぜ中高年男性が」と考えると，いくつか答えが準備できると思う。1

つは、女性たちに比べて、これまでの男性たちの生き方がワンパターンだったということだ。よくもあしくも、男性たちのライフステージは、ある1つの流れのなかにあった。なかでも、経済成長を背景に、(大企業や公務員の職場などに典型的な) 終身雇用と年功序列がパターンとして形成された戦後日本社会において、一定の先の見通しをもった生き方が、男性たちには許されていたのだ。しかし、1990年前後の国際的・国内的な変化のなかで、従来のワンパターン・モデルは崩壊してしまった。「変化」のなかで、これに対応できない男性たちは、先の見通しを見出せないまま大きな危機に直面しはじめたのだ。

　もっとも、男性のなかでも、若いうちから「自分流」の生き方を探してきた人は、こうした変化にもそれなりに対応することができるのかもしれない。しかし、男性の多くは「仕事中心」の生き方のなかで、「自分流」とはとてもいえない生き方をしてきた。それこそ、男性の多くは、「会社 (役所)」の名前や名刺に書かれた「役職」に自分の存在をゆだねてきたのではないか。こうした男性の主流派にとって、従来のパターンの「変化」は、自分のアイデンティティを崩壊させるほどの精神的な危機を作り出すだろうと思う。

　たとえば、あるカウンセラーの方が書いた本で、次のような事例を読んだことがある。いわゆる一流企業の管理職の男性が、娘の結婚式の直前、リストラで子会社に出向になった。無事娘の結婚式を終えたこの男性は、その直後、自殺を図ったのだという。なぜか。娘の結婚式という晴れの場で、元の職場である一流企業の管理職の名刺を配れなかった悔しさが、自殺を図った理由だったという。「もし自分だったら」と考えたとき、思い当たる男性もいると思う。外面のプライドだけに気を配って、ワンパターンの生き方を送ってきた男性たちほど、こうした変化にはもろいのだろう。

　実際、男のコケンやメンツ意識という「男の鎧(よろい)」を身につけ、外部に対して身構えている男性たちは、仕事の場でのつらい状況が生じたとき、悩みを分かち合える身近な存在もいないことが多い。長年の家庭放棄の生活は、自分の悩みを妻や子どもと共有できるような家族関係を、男たちからすっかり奪ってしまっている。そもそも、「俺はやせてもかれても一家の長だ」などという幻想を抱き、「男は弱みをみせない」などという縛りで自分をがんじがらめにしている男性たちにとって、家族といえども (家族だからこそ?) 「弱み」をさらすことはできない。それなら、自分の悩みを語ることで心を癒してくれるような友人はいるだろうか。仕事一筋の生

き方は，かつての友人関係のネットワークをすっかり破壊してしまっている。さらに，ストレスの発散ができるような自分なりの趣味や交流の場もない。それならどうする……。というわけで，行き場のないままに，自殺する男性が増加しているのだろう。こうした中年期の危機を何とか乗り越えても，待っているのは定年離婚だったり，よくて「濡れ落ち葉」の老後ということになる。仕事人間から「仕事」を奪ったら，もう何も残らないのだ。

　現在の日本社会はまぎれもない男性中心社会だ。女性の労働条件にしても，国際的にみて「先進国」とはとてもいえない状況だ。また，男性の家庭参加という点でも，国際的には最低レベルだ。しかし，この男性社会に生きる男性たちも，「人間らしい」とはとてもいえない生活に苦しみ悩んでいる。女性のエンパワーメントのために女性学がますます必要であるとともに，男性の生き方を問い直すための男性学もまた必要なのだ。

第7章 育児はだれのもの

　山上憶良臣，宴を罷る歌一首
憶良らは今は罷らむ子泣くらむそれ彼の母も吾を待つらむぞ
（『万葉集』巻三より）
　子らを思ふ歌一首ならびに序
　……
瓜食めば　子等おもほゆ　栗食めば　ましてしのはゆ　いづくより　来りしものぞ　まなかひに　もとな懸りて　安眠し寝さぬ
　　　反歌
銀も金も玉もなにせむにまされる宝子に如かめやも（『万葉集』巻五より）

　次のような言い分もある。すなわち，男性の家長が，主要に，ひとつまたは複数の通常労働につくのがふさわしく，女たちは，家事労働のみがふさわしいのであり，女たちは，いかなる場合にも，この労働に第一の責任を負うべきだとする考えである。確かにこうした類の言い方はイタリアにおける社会的現実の重要な側面を描いてはいる。しかし，こうした逃げ場のない渦巻きが現実のものであるがゆえに，女たちは，出産の拒否というもっとも劇的な拒否にたよってでも，この渦巻きから脱出したいと望んでいるのである。（マリアローザ・ダラ・コスタ『家事労働に賃金を』より）

> 「イクメン」の時代

◆イクメン学「イクメンの星 五十嵐豊さん」——「大変で幸せ」な育児, ブログで披露

　昨年（2010年）夏, 厚生労働省の「第1回イクメンの星」の一人に選ばれた北海道在住の五十嵐豊さん（36）。育児のドタバタをブログ「兼業主夫 田舎暮らし」で披露し, 地域社会とのかかわりを通じて男の育児を問う。育児は"期間限定の営み"が持論で,「想像以上に大変だが, 想像以上に幸せ」。荒波の航海だけに達成感も大きいのだ。

　——イクメンの星に選ばれてから半年。生活はどう変わったか

　「受賞後, マスコミ各社が取材に訪れました。『イクメンの星』に選ばれたこと自体, 正直うれしく誇りに思いましたが, その後, 家庭内に大きな変化が起きたわけではありません。言い換えれば, 子育てや主夫業は地味で, 目立たないことの繰り返しということ」

　——イクメンとして光が当てられた一方, 育休取得後, 会社を辞めざるを得なかった。その理由は

　「育休中に派遣先の社内体制に変化があり, 戻る部署がなくなった。次の派遣先に東京を指定されたが, 受け入れられず退職を選択した。派遣先がなくなったことについては育休とは直接関係なく, 仮に育休を取らなかったとしても同じ結果だった。しかし, 主夫として家族を支えることができ, 子供の成長を間近で感じられたので後悔はしていない」

　——育児でストレスは？

　「育児には基本的に休みがなく, 子供の機嫌が悪いときなど,

泣く子を前にどうすることもできない。自分のやりたいことができず，束縛されている感覚が最も負担だった。妻の仕事中は完全に家事育児を引き受け，それ以外は手の空いた者が担当するようにして，特にルールは設けなかった」

——男の育児にコツは

「母性のようなものは男性にも必ず存在する。それは，子供と長い時間を過ごすことで自然と身についてくる。とはいえ，授乳をはじめ，父親には絶対できない部分もある。子供を寝かしつけることも母親の方がうまい。育児の分業をするうえで，夫と妻の役割の違いをしっかり認識していくことが大切です」

——会社を辞めてから家族をどう養っているのか

「自営業の妻の収入をベースに暮らしている。基本的に家族がいつも一緒にいられるのは幸せなことなので，無駄遣いを減らし，家計の細部にわたって支出を減らしています」

(『産経新聞』2011 年 2 月 16 日より)

「イクメン」は 2010 年の流行語大賞の対象になった。もちろん，育児をする男性（メン）という意味だ。日本に男女ともにとれる育児休業法が導入されたのは，1992 年。当初は何の保証もなかったこの育児休業も，2017 年 10 月以後は，休業前の賃金月額の 67% が雇用保険や共済組合費から支給されるようになった。

もちろん，ここに書いたように男性も取得できる。しかし，男性で育児休業をとる人の割合はまだ低い。子どもが生まれた男性のうち，育児休業を使った人は，2005 年で 0.50%，2008 年で 1.23%，2016 年でもやっと 3.16% といった具合だ。スウェーデンやノルウェーのように，40% から 70% のお父さんが，きちんと育児休業をとる社会と比べると，まだまだだといえる。それこ

そ育児休業などとろうものなら,「育児で仕事を休むような男」というレッテルを貼られかねないのが,日本の現状だ。

なぜ,男性は育児休業をとらないのか

なぜ,男性たちは育児休業をとらないのだろうか。そこには,いくつかの理由がある。まず,第1に,「育児は女性の仕事」「男性は育児に向かない」といった性別による役割分業意識の問題があるだろう。

しかし,それだけではない。現在の育児休業給付金制度の場合,夫婦共働きの家庭で,どっちが休暇をとった方が得になるか考えてみよう。現在,男女労働者の賃金指数は,男性100に対して女性は50前後である。ここにはパートの労働者も含まれているので,労働条件が悪くまた女性の多いパートの賃金を反映しているところがある。しかし,フルタイムで働いている男女の指数でも,男性100に対して女性は70にすぎない。所帯の収入という点で,賃金が低い女性が休む方が,有利になるという計算も成り立つ。

賃金の男女格差の背景には,日本の企業社会が,男性主導で成り立っているという問題がある。「男が主要な労働力であり,女性は補助的な労働力である」という発想が,日本の企業社会にはまだまだ根強い。この構図に従って,男女の配置がなされているわけだから,男性の方が,より休みにくいのである。

以前,本書の著者の1人(伊藤)は,テレビ朝日のニュースステーションという番組で,日本とスウェーデンの男性の育児休暇のとり方についての取材に協力したことがある。日本のある商社に勤める男性の育児休業の姿を描いた後で,会社の上司へのインタビューが入った。上司は「(男性の育児休業なんて)まあ,常識では考えられないことですから,とまどいました」と語り,「今

後も同じようなケースが出てきたらどうしますか」という質問に，「会社としては，困るでしょうね」と冷たく回答するだけだった。また，この取材には，条件があった。それは，「絶対に企業名を出さないでくれ」というものだった。どうもそこには，「ウチの会社で男が育児休業をとったなんてことが知られると恥だ」といった意識が感じられる。法律で定められている育児休業も，日本の企業の論理の前では，無力だということだろう。

　対照的だったのは，男性の育児休業が進んでいるスウェーデンの企業へのインタビューだった。現在，約80％の有給育児休業が認められ，また，「パパクオータ」（父親対象の育児休業日数が割りあてられており，とらないと全体の休暇日数が減ることになる。日本でも2010年から夫婦で育休をとると育休期間が2カ月増えるパパママ育休プラスを導入している）制度も日本に先がけて導入していたスウェーデンだが，企業の態度も，日本の企業と比べると大きな違いがあった。「男性の育児休業の取材をしてもらうにあたって，条件がある。それは，必ず社名を公表してもらうことだ」というのだ。「自分の会社が，男女平等政策を積極的にとっていることを広く知らせることで，若い優秀な男女の従業員が確保できる」というのが，その理由だった。

　21世紀の男女の労働力の問題を考えるとき，「どちらが得か」考えてみる必要があるだろう。

育児をしたい男性たち

しかし，時代は少しずつ変化している。男性の意識調査をすると，半分以上の男性が「育児休業をとりたい」というようになっているのだ。

　図7-1は，2012年に内閣府男女共同参画局が実施した「男性にとっての男女共同参画」に関する意識調査（調査研究会座長：

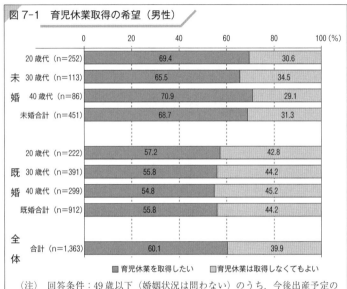

図 7-1 育児休業取得の希望（男性）

（注）回答条件：49歳以下（婚姻状況は問わない）のうち，今後出産予定のない者を除く。
（出所）内閣府男女共同参画局「『男性にとっての男女共同参画』に関する意識調査」（調査研究会座長：伊藤公雄），2012年。

伊藤公雄）の結果の一部である。「子どもができたら育児休業をとりたいか」という質問に6割の男性が「とりたい」と回答しているのだ。確実に男性の意識も変化しつつある。

　実際，30年前なら「ありえない」状況が，実際に生じている。本書の著者の1人である伊藤が子育て中のことだ。「働く主夫」を自称していた伊藤は，仕事をしながら家事・育児も分担していた。だから，抱っこベルトでまだ赤ちゃんだった子どもを抱いて外出したり，乳母車に子どもを乗せて近所を歩き回るというようなことを「あたりまえ」のこととして実行していた。しかし，この時代，男性が赤ちゃんを抱っこベルトで抱いたり，乳母車を押

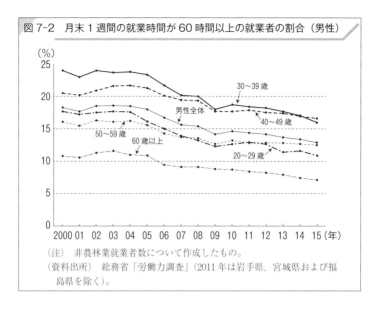

図7-2 月末1週間の就業時間が60時間以上の就業者の割合（男性）

(注) 非農林業就業者数について作成したもの。
(資料出所) 総務省「労働力調査」（2011年は岩手県, 宮城県および福島県を除く）。

す姿はまずみかけなかった。ある時, 子どもを抱っこベルトで抱いて近所を歩いていたら, 小学生が寄ってきて「おっちゃん, そこに何が入っているの」と尋ねてきた。女性だったら赤ちゃんとわかるだろうに, 男が何を抱いているのだろうと思ったのだろう。「赤ちゃんだよ」と見せると皆びっくりしていたのを思い出す。

しかし, 現在ではどうだろう。男性が抱っこベルトで赤ちゃんを抱いたり, 乳母車を押したりするのは「普通の風景」になっている。日本でも, 男性の育児参加は確実に増加しているのだ。もっとも, 男性の多くが自ら進んでこうした育児参加を開始したかは, よくわからない。たぶん, 女性の側から「あなたの子どもなのだから育児参加して」と言われ, やってみたらやれるということで, こうした男性の育児参加が広がったのではと思っている。

だから, 育児休業をとりたいと回答する男性が6割というのは,

第7章 育児はだれのもの

不思議なことではない。問題は，実際に育児休業を取得している男性が3％程度しかいないという事実だ。背景には，先に述べたような男性を取り巻く職場環境がある。

と同時に，男性の長時間労働の問題もある。図7-2は，週60時間以上働く男性の年齢別の割合だ。この表からわかるのは，週60時間以上の労働をしている男性の多くが30代から40代だということだ。まさに子育て期世代の男性が，最も長時間労働にさらされているのだ。こうした男性の「働き方」そのものを変革していかないと，男性たちは育児休業を希望してもなかなかそれが取得できないという状況が続くだろう。

| 育児ノイローゼ | 男性が育児参加をしない社会は，多くの問題を生み出す。

女性の育児ノイローゼや幼児虐待などの背景には，「女性だけが子育てをするべきだ」という戦後日本社会に特徴的な神話が控えていると思われる。

とくに，「3歳児神話」はその代表だろう。ここでいう「3歳児神話」とは，「子どもは3歳までは，母親の手で家庭で育てるべきで，そうしないと子どもに悪影響が出る」といった説である。その背景には，アメリカ合衆国の心理学者J.ボウルビーの母性剝奪理論があった。ボウルビーは，戦争で親を失った子どもたちの調査を通じて，母親との親密で持続的な接触の欠如が，乳幼児の発達に身体的にも精神的にも悪影響を与え，成長後においても非行や神経症の原因となると論じた。この研究は，乳幼児の成長にとって，親密で持続的な配慮が必要であることを明らかにしたが，その一方で，乳幼児にとって，産みの親である母親の関与の重要性のみを，過大に印象づけてしまうことにもなった。

と同時に、戦後の経済成長のなかで、いわゆる専業主婦の誕生という、性別による「ウチとソト」の分業の確立も、「子育ては女性に」という状況を生み出す大きな原因だっただろう。というのも、人間の歴史において、子育てが産みの親である母親だけによって担われるといった事態は、きわめて最近のことだと考えられるからである。農業中心の社会では、育児という作業は、農作業の基幹労働力である母親ではなく、むしろ、祖父母（たとえば、日本の昔話が、「昔々、おじいさんとおばあさんが……」で始まるのは、少なくとも日本では、語り手として祖父母が、子どもの身近にいたことを示すものだろう）や、年上の兄姉が担ったことは、日本の子育ての歴史を調べれば、すぐ明らかになる事実である。

　それが、「男は外で仕事を、女は家庭で家事・育児を」という仕組みが広がった戦後の日本社会では、育児もまた、もっぱら「専業主婦」たる女性の役割として固定化されることになった。

　この「育児は専ら母親が」という構図は、さまざまな面で、女性の育児ストレスを生み出した。しかも、こうした育児ストレスは、むしろ「専業主婦」の女性の方が高いというデータもある（図7-3〔1〕）。

　育児ストレスの原因について論じた研究はかなりあるが、そこで共通に指摘されているのは、次のような問題である。

　まず、マスメディアの発達にともなう情報過剰という問題がある。育児情報にかぎっても、信じられないくらいたくさんの情報が流されている。マスメディアからの情報だけでなく、幼稚園や保育園の保護者仲間からの情報など、あきれるほど多くの情報がある。もちろん、こうした情報のシャワーのなかで、どの情報を選択するかには、かなりの判断力が要求される。しかも、核家族

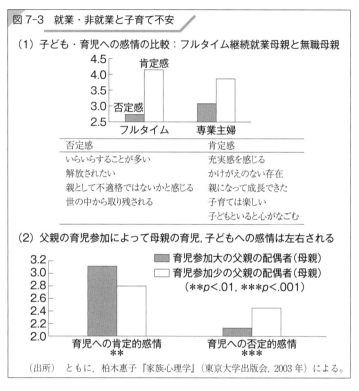

図7-3 就業・非就業と子育て不安

(1) 子ども・育児への感情の比較：フルタイム継続就業母親と無職母親

否定感	肯定感
いらいらすることが多い	充実感を感じる
解放されたい	かけがえのない存在
親として不適格ではないかと感じる	親になって成長できた
世の中から取り残される	子育ては楽しい
	子どもといると心がなごむ

(2) 父親の育児参加によって母親の育児,子どもへの感情は左右される

(**$p<.01$, ***$p<.001$)

(出所) ともに，柏木惠子『家族心理学』(東京大学出版会, 2003年)による。

の母親たちは，この情報選択をほとんど1人で行わなければならないのだ。以前であれば，育児については，親たちのまわりに，多様な相談相手がいた。現在から比べれば，はるかに家庭に滞留する時間の長かった夫たちも，相談相手としての役割を果たしていた。また，多世代家族が主流だった時代には，いわゆる嫁姑問題といった複雑な事情が生じる場合があったにしろ，困ったときに，子どもにとっての祖父母たちからの支援は十分に期待できた。かつて，子育てをする女性（親）にとって，多くの場合，複数の相談相手がいたのだ。ところが，今や母親たちは，大量の情報を

前に1人で判断をしなければいけないのだ。情報に振り回されながら相談相手がいない状況、これでは精神的に参ってしまって当然だろう。

　2番目に、「母親＝唯一の子育ての責任者」というプレッシャーの問題がある。子どもに何かあれば母親の責任にされてしまう。「お受験」に始まる幼児からの進学問題や、子どものしつけ、事故など、子どもに何かあれば、あるいは子どもをめぐって何か失敗があれば、それはすべて母親の責任にされてしまう。子どものことで、つねに身構えなければいけないのだ。これは、かなりきついプレッシャーになる。

　さらに、社会的疎外感という問題もある。子育てだけに追われて、息つぐ暇もない。おまけに、子育てだけの生活のなかで、社会から切り離されてしまっている不安感や焦りも、母親たちを苦しめる。団地などで子育てをしている専業主婦たちから、よく出てくる言葉に、「子どもと一緒にいると煮詰まっちゃう」というのがある。子どもと一緒に、24時間一緒の生活、これが子ども1人につき、最低、2、3年は続くのだ。ほかにやりたいことがいっぱいあるはずなのに、全部捨てて、子どもとだけの関係を作っていく生活は、だれだって息苦しくなる。この息詰まった状況がストレスを生み出すのは明らかだ。

　最後に、これも大きな問題だが、子育てに全然関与しない夫に対する不満もストレスの原因になる。子育てについて、何か相談しようと思っても「おれは仕事が忙しい」「子育てはお前にまかせてあるはずだ」とか言って、全然相談にのってくれない。家庭のことは、すべて自分の側に押しつけられてくる。2人の間の子どもなのに、責任はすべて母親である自分の方にくる。こうした

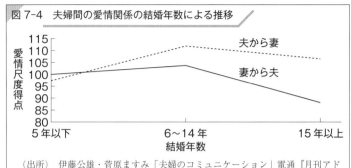

図7-4 夫婦間の愛情関係の結婚年数による推移

（出所）　伊藤公雄・菅原ますみ「夫婦のコミュニケーション」電通『月刊アドバタイジング』1999年4月号。

　夫の妻に対する愛情は結婚後6～14年目で有意に上昇し，その後それが維持される。
　一方，妻の夫に対する愛情は，結婚後6～14年目以降急激に落下する。
　欧米のU字型曲線（子育て期に落下し，熟年以降また上昇する。男女差はない）とはまったく異なる推移が認められた。

子育てに関与しない夫に対する不満もまた，女性たちの育児ストレス，育児ノイローゼを生み出すことになる。逆に，図7-3（2）にみられるように夫の育児参加は，妻の育児への肯定感を高めるというデータもある。

　このことについて面白いデータがある。お茶の水女子大学の菅原ますみの研究だ。300組にのぼる子育てカップルの継時的な調査である。図7-4にみられるように，日本の子育てカップルにおける夫婦間の愛情度の変化をみていくと，結婚後，男性たちは妻に対する愛情が高まり，けっこう持続しているのだが，その一方，妻の方は結婚後6年から14年の間に，夫への愛情が急降下しているのだ。その理由は，おそらくは夫の子育て不参加にある。というのは，夫が子育てに参加している場合，妻の夫への愛情は低下していないからだ。ただし，日本では，夫たちは子育てに不参

加のケースが多い。結果的に、全体で見ると、このような「夫の片思い」的な構図が生じてしまうのだ。

「子ども問題」の時代

子育てを母親だけが担う状況は、乳幼児をもつ女性だけの問題ではない。それは、子どもの成長にとってもマイナスなのだ。

ここ数年、「子ども問題」とでもいっていいような状況が広がりつつある。学級崩壊現象やいじめ、いわゆる「普通の子」（と呼ばれていた子ども）たちが引き起こす凶悪事件など、子どもをとりまく問題の深刻化が生じている。

こうした「子ども問題」に対して、さまざまな対処法が語られている。なかでも、「子どもたちが社会的ルールを身につけることができず、他者に対する思いやりの心を失ったのは、母親が母性を喪失し、父親が厳しくしつける仕組みが失われたからだ」といった意見をよく耳にする。つまり、「母親はもっと母親らしく情愛をもって子育てにのぞむべきだし、父親は権威をもって、子どもに社会のルールを強制すべきだ」というわけだ。しかし、問題は、そんな簡単なことなのだろうか。

問題の解決は、母性の回復や父権の復権ということでは、たぶん不可能だろう。というのも、子どもたちをとりまく問題の背景には、もっと複雑な事情があるからだ。実際、第2次世界大戦後の、日本の子育て環境は、かなり変化してきている。とくに、子どもをめぐるコミュニケーション環境の変化は大きい。

すでに述べたように、かつて、子育ては、多くの場合、大家族によって担われていた。そこでは、子どもたちは、両親のみならず、祖父母、兄弟姉妹、ときにはおじ・おばなどに囲まれ、多様な家族のメンバーとコミュニケーションをしながら育った。

家庭だけではない。地域社会の力が，それなりに根強かった時代には，家庭外でも，近隣の人々が地域の子どもたちにそれなりの配慮をするのはあたりまえだった。実際，近所のおじさん，おばさんは，地域の子どもの名前から性格まで，かなりの情報をもっていた。また，いわゆる近隣の仲間集団（**ピアグループ**）も，同世代だけでなく異世代によって構成されていた。ここでは，年上の子どもは年下の子どもの世話をしながら，多様な知識を提供するといったかたちで，コミュニケーションがもたれていた。子どもたちは，その成長の過程で，母親だけに育てられていたわけではない。現在と比較しても，はるかに多様な人々とのコミュニケーションのなかで成長していったのだ。当然，社会のルールや人間関係のスキルについても，親の「しつけ」以上に，こうした多様な人々とのかかわりのなかで，自然に身についていったと考えられる。

　高度成長以後，子育ては，圧倒的に核家族によって担われるようになる。おまけに，かつては夕食を一緒にとっていた父親たちの姿は，男性の「労働関連時間」（正規の仕事時間に加えて，つきあいや接待などの時間外労働，さらに通勤時間などの総体）の長時間化にともなって，家庭において，影が薄くなっていった。少子化で兄弟姉妹の数も減少した。家庭においては，母親だけが，主な子どもとのコミュニケーションの相手というケースも増加していく。おまけに，地域社会の子育て力（地域の教育力）も低下した（大人たちは，地域に住む子どもの顔と名前をいったい何人くらい知っているだろう？）。仲間集団の性格も変化した。かつてのような異世代によって構成された仲間集団は姿を消し，クラス単位，せいぜい学年輪切りの，人数からいって2〜3人くらいの遊び仲間

がいるといったケースがほとんどではないだろうか。

　子どもたちが，自己中心的にならず，社会性や協調性，他者への思いやりの心を形成していくためには，多様な人格とのコミュニケーションが必要なのだ。そのためにも，子どもたちをとりまくコミュニケーション空間の再編成が必要なのだ。

　何よりも，まず，家庭が問題になるだろう。以前のような多世代同居家庭が減少し，両親ないしひとり親による子育てが7割以上（2005年のデータで，夫婦と未婚の子の世帯は67.8%，母親と未婚の子の世帯が8.4%，父親と未婚の子の世帯が1.0%である）の現在だからこそ，父親のいる家族では，母親だけでなく父親の積極的な育児参加が必要になる。実際，いくつかの調査研究が，母親だけに育てられた子どもと比較し，父母両方が積極的に育児参加した子どもの方が，知的にも精神的にもより安定した発達をしているということを明らかにしている。もしかしたら，父親・母親という言葉はあまり使わない方がいいのかもしれない。というのも，母子家庭や父子家庭の人もいるからだ。しかし，こうした単親家庭では，逆に，親たちが子どもをとりまくコミュニケーション環境に配慮しているケースも多い。むしろ，両親がそろっていながら，父親は家庭では「透明人間」というケースの問題は重要だろう。

マスメディアと子ども文化

　「子ども問題」を考えるとき，マスメディアの問題についてもふれないわけにはいかない。マスメディアの発達によって，子どもたちの間には，テレビ，ビデオ，あるいはテレビゲームといった，生身（なまみ）の顔と顔とをつきあわせた人間関係とは異なるコミュニケーションの機会が拡大することになったからだ。テレビの

画面は,生身の人間とちがって,こちらから話しかけても,答えてくれるわけではない。相手の反応を見ながら,こちらの対応を生み出すというコミュニケーションのスタイルは,テレビ相手には不要なのだ。そこでは,能動的に他者に働きかけるというコミュニケーションの力は必要ない。つまり,テレビというコミュニケーション相手に対しては,一方的な受け手の態度のみで終始しやすい状況が生まれる。

生身の人間とのコミュニケーションの機会の減少と,テレビという,受け身一方のコミュニケーション・スタイルの成立は,周囲に対する傍観者としての対応を生み出しやすいといえるだろう。それは,そのまま,他者に対する想像力を欠如させたパーソナリティの形成につながるだろう。簡単にいえば,戦後の子どもをめぐるコミュニケーション環境の変化は,社会性や協調性,他者への思いやりに欠けた,「私」中心主義のパーソナリティと結びつきやすいということだ。

とはいっても,メディアの発達にストップをかけるわけにもいかないだろう。それならどうすればいいのか。メディアに関していえば,メディアの読み解きと活用の能力(メディア・リテラシー)の育成が,親にとっても子どもにとっても問われることだろう(第3章参照)。

テレビと子どもの関係をめぐる研究によれば,テレビは明らかに,見る子どもに対して影響を与えるといわれる。たとえば暴力的な番組を見た直後に子どもたちの意識を調べると,攻撃的な傾向が目立つ。逆に,「みんな仲良くしよう」というような協調的な番組を見た後では,子どもたちには協調的な意識が生まれていることが観察される。しかし,1週間後に同じような調査をする

と,攻撃性についても協調性についても,ほとんどその影響は消えているという。

　もちろん毎日毎日暴力的な番組を見ていたら,ある種の蓄積はなされるだろう。しかし,それ以上に興味深いのは,テレビと子どもの研究のなかで,対面関係の与える影響の調査がなされている点だ。子どもの発達にプラスになるような番組を見た後で,そのまま放っておいた子どもたちのグループと,番組を見た後で,大人がその番組について子どもと話し合う,つまり,顔と顔とを突き合わせたコミュニケーションの時間をもった場合を比較しているのである。その調査の結果によれば,テレビを見た後で,放置された子どもたちは時間の経過とともにその影響は消滅してしまうが,見た後で大人と話し合った子どもの方は,与えられたメッセージが,1週間後も保持されているというのである。

　つまり,テレビの影響はたしかにあるが,テレビの影響以上に,テレビを介した,生身の人間同士のコミュニケーションが,子どもの人格形成という点では大きく作用しているということだろう。

　問題は,「テレビを見るな」ではなくて,「テレビをどう使いこなすか」なのだ。その意味でも,子どもとテレビの関係において,周囲の対面的なコミュニケーション,顔と顔とを突き合わせたコミュニケーションを媒介させることが重要だろう。

　そして,ここでも,母親だけでなく,父親を含む男性たちの関与が必要になるだろう。子どもとテレビの関係における,対面関係のコミュニケーションによる関与もまた,母親という1人の親だけでなく,父親も含む複数の存在があった方が,より豊富になることは,だれが考えても明らかなことだからだ。もっといえば,地域社会の子育て力の回復も必要だろう。老若男女が,地域の子

どもとうまくコミュニケーションがとれるような仕組み作り、つまり家族・地域を貫く老若男女共同参画の子育てのための仕掛けが必要なのだ。

少子・高齢社会の深化を前に

子育てにおける男女共同参画は、21世紀の日本社会の行く末を考えるうえでも、きわめて重大な要素を含んでいる。とくに、現在進行中の少子化・高齢化とのかかわりは深刻である。すでに、1997年に、15歳未満の子ども人口を、65歳以上の高齢者人口が上回り、その差はさらに拡大し続けているのだ。高齢者の増加は、年金や高齢者福祉をはじめとする社会的負担を拡大させることは明らかである。しかし、少子化の流れのなかで、これを支える生産年齢人口（15歳以上65歳未満の元気で働ける世代の人口）が急激に減少することが予想されている。その減少のすさまじさは、2000年に国連が、日本政府に「労働人口の減少を補うために、今後、日本社会は、毎年60万人の外国人労働力を、50年間にわたって継続的に受け入れる必要がある」と指摘している状況を見れば明らかだろう（図7-5参照）。

このまま少子・高齢化が進めば、高齢者の老後の不安は広がるばかりだ。それだけではない。若い世代も、多くの困難を背負いこむことになる。かつて、年金や高齢者福祉は、元気で働く人5人で1人の高齢者を支えるかたちで担われてきた。しかし、現在20歳前後の読者の多くが働き盛りになる20年後には、2人で1人を支えることになる。簡単にいえば、若い世代の勤労者は、高齢者を支えるための年金や税金の負担増で、働いても働いても実質的な手取り収入は低下していくということだ。

それならどうするか。1つは、高齢になっても働く社会を作る

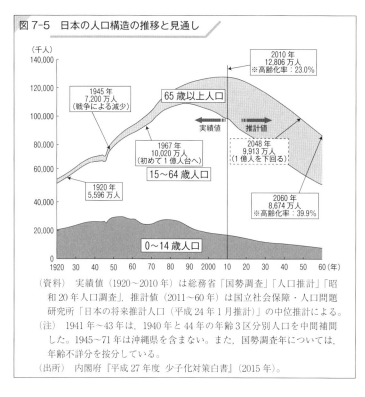

図7-5　日本の人口構造の推移と見通し

（資料）　実績値（1920〜2010年）は総務省「国勢調査」「人口推計」「昭和20年人口調査」，推計値（2011〜60年）は国立社会保障・人口問題研究所「日本の将来推計人口（平成24年1月推計）」の中位推計による。
（注）　1941年〜43年は，1940年と44年の年齢3区分別人口を中間補間した。1945〜71年は沖縄県を含まない。また，国勢調査年については，年齢不詳分を按分している。
（出所）　内閣府『平成27年度 少子化対策白書』（2015年）。

という方向があるだろう。高齢者が働くことで，年金や高齢者福祉の負担も減らすことができるだろう。そのためには，高齢者がゆとりをもって働けるような労働環境を準備することが必要だ。さらに，国連が提案しているように，外国人労働者に来日してもらって，働いてもらうという必要もあるだろう。実際，「移民政策はとらない」と言い続けてきた日本政府も，2019年以後，外国人労働力の受け入れ（期限つき）を開始しようとしている。しかし，そのための外国人労働者の労働権や人権の保障をめぐる法整備や，学校教育における多文化共生教育の体制はまったくとれ

ていない。このままだと，多くの問題が生じることになるだろう。

　それ以上に重要なのは，女性の労働分野への参画を拡大していくことだ。日本の政府も 2015 年成立の女性活躍推進法などで，その動きを強めようとしている。しかし，男女の賃金格差が縮まらず，女性のみに家事・育児・介護の負担を強いる性別役割分業の仕組みが続くかぎり，女性の社会参加・職業参加はうまく進行しないだろう。また，女性の妊娠・出産の機能に対する社会的保障が十分に準備されず，逆に，女性の妊娠・出産の機能を口実にした就業や昇進における差別が現状のようなかたちで続くかぎり，少子化の流れが止まることはないだろう。

　「そんなことはない。むしろ，女性の社会進出が少子化の原因ではないか」という声もあるかもしれない。しかし，実際は逆なのだ。そのことは，1990 年前後，急速に少子化の進んだ国を見てみるとよくわかる。

　図 7-6 は，日本政府がまとめた「少子化と男女共同参画に関する社会環境の国際比較調査」(2005 年) のデータだ。ここでは，合計特殊出生率と女性の労働力率の関係が示されている（この傾向は 2010 年代のデータでもほぼ同様である）。当時，OECD 加盟国中，1 人当たり GDP が 1 万ドル以上ある 24 カ国を対象にした調査である（つまり世界の経済先進国トップ 24 ということだ）。みてわかるように，少子化が目立つのは，東アジア（日本と韓国），および南ヨーロッパ（イタリア，スペイン，ポルトガル）だ。そして，これらの国々に共通しているのは，働く女性割合の低さだ。つまり，経済の発達した国で少子化傾向が目立つのは，女性が働いている社会ではなく，むしろ，女性が家庭にいる傾向の強い社会ということになる。ただし，このデータも時代をさかのぼると変化

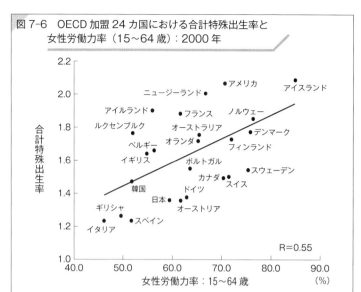

図7-6 OECD加盟24カ国における合計特殊出生率と女性労働力率（15〜64歳）：2000年

（資料） Recent Demographic Developments in Europe 2004. 日本：人口動態統計, オーストラリア：Births, No. 3301, カナダ：Statistics Canada, 韓国：Annual report on the Vital Statistics, ニュージーランド：Demographic trends, U.S.: National Vital Statistics Report, ILO Year Book of Labour Statistics より作成。
（注） 女性労働力率：アイスランド，アメリカ，スウェーデン，スペイン，ノルウェーは，16歳〜64歳。イギリスは16歳以上。
（出所） 内閣府男女共同参画会議『少子化と男女共同参画に関する社会環境の国際比較』（2005年）より。

が見られる。つまり，1970年段階でみると，どちらかというと女性が働く割合の高い社会の方が，出生率が低かったのだ。ところが，このデータのもとになっている2000年段階では，状況は逆転している。問題は，この30年の間に何が起こったかということだ。

1970年の段階でみると，多くの経済の発達した諸国は，いわゆる「男性が働いて，女性は専業主婦」の傾向が強かった（ちな

みに1970年段階の日本の女性の労働力率は，すでに第5章図5-1のデータでもみたように，きわめて高く，24カ国中トップのフィンランドに続いて2位，3位のスウェーデンよりもちょっと上だった）。ところが，1970年代に入ると，多くの経済先進国では女性の労働参加が急激に拡大する（多くの国で，女性の70%から80%ぐらいが労働参加するようになる。ちなみに，1970年には2位だった日本は，5%くらいしか増えず，あっという間に20位くらいまでランキングの位置が下がる）。背景には，1960年代後半以後の女性の権利の拡大とともに，この時期の国際不況のなかで，多くの国の家庭では夫だけの収入では所帯が運営できないようになり，女性の労働参加が求められたという事情がある。とはいえ，女性が労働に参加するようになると，働き続けながら出産を保証し，さらに育児のサポートを社会が支える仕組みが要求されるようになる。また，男性たちも，それまでの家事・育児放棄の生活を変え，それなりに家事・育児参加が拡大したと考えられる。そして，こうした社会の変化，男性の意識や生活スタイルの変化が，女性の働く国の方が出生率が相対的に高い状況を生み出したと考えられる（この傾向は，現在においてもあまり変化はなく，南欧と日本・韓国は同じような位置にある）。

　逆に，少子化の傾向の強い，東アジアと南欧（かつては，これにドイツも入っていたが，現在ではジェンダー平等政策の深化で，ドイツは少子化から脱出しはじめている）社会では，①女性の労働力率が低い，とともに②育児休業等の労働の柔軟性が低いこと，さらに③男性の家事・育児参加の傾向が弱いという点が指摘されている。しかも，（ドイツも含めて）これらの国の多くが，戦前ないし戦後にかけて全体主義的な軍事体制をとっていたという点も気

になる。軍事的全体主義体制は、どうしても男性兵士を賛美する傾向が強くなる。他方で、兵士の増強に向けて、しばしば「産めよ増やせよ」の人口政策を進める傾向が強く、「女性は家庭へ」という政策を国策として展開する傾向が強かった（韓国の場合は、儒教思想という問題もあるだろう）。

> 社会システムの転換に向かって

現在の日本のような「男は仕事、女は家庭（プラス・パート労働）」という仕組みのままでは、少子化からの脱出もむずかしいだろう。また、男性の幼児期からの育児参加もうまく進まない可能性が高い。もちろん、その背景には「育児（とくに幼児）は女にまかせるべきだ」という男性に根強いジェンダー意識が控えている。しかし、それだけではない。男性たちを縛る「労働関連時間」もまた問題だからだ。

それならどうするか。男性の育児・家庭教育参加の拡大のためにも、今後の日本社会の方向性として、本格的な男女共同参画社会に向かっての社会システムを転換する以外、この問題を解決する道はないのではないか。

実際、国際的な「常識」は、こうした男性の家事・育児参加の方向を向きはじめている。1995年6月、日本政府は、発効後12年以上も経過していた1つの国際条約を批准した。ILO156号条約、いわゆる「家族的責任条約（家族的責任を有する男女労働者の機会及び待遇の均等に関する条約）」である。簡単にいえば、子どもやそれ以外の扶養責任のある家族（要介護者など）をもった男女労働者に対して、家族的責任を十分に充足しうるような社会基盤を作るということを定めた条約だ。家庭生活と両立可能な働き方をしようということが、この条約の趣旨だ。家族のある男女労

働者の権利の拡大とともに，家族的責任における男女の対等な関係ということが，この条約の前提条件になっているのはいうまでもない。

こうした世界の流れを受けて，日本の次世代育成にかかわる政策も少しずつだが変化をみせている。2003年には「次世代育成支援対策推進法」が制定され，当初は301人以上の従業員のいる事業所に（10年の時限立法だったこの法律は，2014年に改正され，現在は101人以上の従業員のいる事業所にも適用），育児（次世代育成）と仕事のバランスを保証するための「行動計画」を策定することが義務づけられている。

また，すでにふれたように2010年に改正された育児休業法では，妻が専業主婦の場合も夫が育児休業がとれるようになったし，また，パパママ育休プラスという名前で，夫婦で育児休業をとった場合，1年ではなく14カ月休業まで2カ月分プラスされるようになっている。

育児のためには，両性の労働時間の規制を前提とした，男女対等の社会参画・家庭運営と責任の対等な分担を可能にする社会システムの構築が必要だ。第5章でふれたワークライフ（ワークファミリー）バランス社会が求められているのだ。

そうすることで，男性・女性の人間的な生活スタイルと，子どもの安定した発達が可能になるはずだ。女性の社会参加の拡大は，父親に加えて，母親を通じた「社会」と子どもの出会いを促進するだろう。さらに，男性たちにとっても，仕事だけの生活から，家庭や地域とのふれあいのある，よりバランスのいい生活を生み出すことにつながると思うからでもある。

エクササイズ

ディベート「母親は3歳までは子どもから離れず世話をきちんとするべきか」

あるいは「父親は子どもに厳しく接するべきか」

肯定・否定および判定の3つのグループに分かれてディベートを行う。

1. それぞれのグループは，当日までに，テーマに関する資料を収集しておく。
2. 肯定・否定のグループは，当日，まず，資料に基づいて，主張の内容を整理し，担当者を決める。
3. ディベート
   肯定側の弁論（3分）
   否定側の弁論（3分）
   否定側の反対質問（2分）／肯定側の応答（2分）
   肯定側の反対質問（2分）／否定側の応答（2分）
   否定側の最終弁論（3分）
   肯定側の最終弁論（3分）
4. 判定
5. グループごとの反省・話合い
6. 全体での話合い

読書案内

柏木惠子『家族心理学』東京大学出版会，2003年。

　心理学の視点から，家族やジェンダーを体系的に分析した本。ジェンダーや家族問題，恋愛と結婚，夫婦関係，母親・父親と子どもの関係など，さまざまな調査データや実験データを使って鮮やかに考察している。

大日向雅美『増補 母性愛神話の罠』日本評論社，2005年。

　「3歳までは母の手で」はほんとうだろうか。母性愛という神

第7章　育児はだれのもの　　245

話にとらわれた現代社会の構図を鋭く分析するとともに，母性愛神話から解放された新たな「育児性」に向けての説得力ある提言の書。

伊藤公雄・春木育美・金香男編『現代韓国の家族政策』行路社，2010年。

　日本とよく似た家族問題，ジェンダー問題を抱えるお隣の国韓国の家族とジェンダーをめぐる研究書。古い家族制度から大きな変化をめざしつつある韓国の状況をめぐって，韓国の家族，女性，さらに男性の生き方など幅広い視点から分析している。

Column ⑦ 韓国父親クラブ全国機構誕生

　1997年5月1日，私（伊藤）は，「韓国父親クラブ全国機構」の設立総会に唯一の外国人招待者として出席するというチャンスを与えられた。この全国機構は，父親の子育てを考えるための全国運動団体として，韓国全土から30の男性グループが集まり設立されたものである。設立段階では30団体だが，参加希望団体が増加し，今後，70団体ほどが加盟する方向だという。

　午前中はフェスティバルが開催され，快晴の天気のもと，韓国女性開発院の広場で，父親と子どもによる風船ふくらまし競争や三輪車競争などのアトラクションなどが行われた。グループのメンバーが書いた本や雑誌の販売とともに，チヂミ（韓国のお好み焼き）や即席メン，キムチの販売など，模擬店も多数出され，日本の保育園のバザーといった雰囲気だ。私にとって面白かったのは，家訓（家庭でのきまりごと）のサービスだ。それぞれの家庭のきまりごとを，書道の専門家が無料で紙に書いてくれるというものだ。けっこうたくさんの若い父親や母親が依頼している姿が見られ，日本の戦後に生まれた私のような世代にとっては，ちょっと珍しい風景だった。

　昼からは，サムルノリの演奏があり，午後1時から，全国機構設立のセレモニーが開始された。名誉会長（韓国では著名なタレント）の開会宣言に続き，会長あいさつや会員の表彰，さらに，韓国保健福祉大臣をはじめ来賓の男女各氏のあいさつがあった。屋外であったためか，来賓たちのあいさつの間も，子どもたちが大声をあげて走り回る。しかし，大臣をはじ

め，出席者がそれを少しも迷惑がることもない。明るい雰囲気のいいセレモニーだった。

その後，父親研究グループによるシンポジウムが開催され，大学や女性開発院の研究者によって，韓国の父親たちの現状や問題点，父親調査の結果，韓国の男性運動の現状などの報告があった。私も，日本の父親の育児関与の実情や日本の男性問題について（通訳を通じて），韓国の父親の状況と比較しつつ報告させてもらった。その後，ディスカッションにうつり，会場の参加者もまきこんで熱心なやりとりが行われた。

この父親クラブの運動が開始されたのは，1991年5月1日のことだったという。「よい父親になろう」という呼びかけで，父親による子どものための絵本作り運動が始まったのである。10人ほどの父親たちが参加したという。この年の10月には，自分たちで作った絵本の展覧会を開催し，続いて11月，「よい父親になりたい人の会」が結成された。運動の開始1年後の92年5月1日には，この5月1日を父の日にすることを決定し，96年6月には，父親たちのための雑誌『Father & Family』を，中心メンバーの経営する出版社の生活雑誌の付録として創刊している。この雑誌は，97年4月号より単独の月刊誌（2万部発行）として正式に発行されはじめているとのことである。

韓国でも，ユニークな団体であるということで，マスコミの取材も殺到した。私も，日本からの参加者ということで，テレビ，新聞，雑誌などからのインタビューをいくつか受けた。興味深かったのは，「日本でも家庭における父親の権威は失墜していますか」という質問を毎回うけたことだった。父親の家庭での存在感の喪失は，韓国でも同様のようだ。とくに，ここ数年は，リストラによる「肩たたき」（韓国では「名誉退職」というそうだ）などで職を失う男性が増加し，男性の間に危機感が広がっているのだという。

儒教文化が色濃く残っているため，男尊女卑的な文化が根強いという点においては，韓国は日本以上なのではないかと思っていた。しかし，現実には日本よりもむしろ女性の社会参加のエネルギーが強いという印象をうけた。何よりも，男性たちの間に，変化の兆しが生じていることにビックリした。父親の育児参加をめぐる動きは，どうも，日本より，韓国の方が，一歩進み始めているようだ。

さて，日本のお父さんたち，どうしましょう。

第7章　育児はだれのもの

マンガ3
今日の一日の幸
_{ひとひ} _{さち}

樹村みのり

今のお給料が
配偶者控除枠の
範囲ギリギリだから

資格を取って
お給料があがっても
税金や保険料を払って
実際に受け取る額は
かえって低くなるかも
しれない

…って夫は言うけれど

でも資格があれば
園運営の企画に会議の
段階から関われるし

担任を持つことも
できる

配偶者控除枠って
主婦はいつまでも
主婦のままでいなさい
…って言っているみたいね

お父さん…?

お父さん
何してるの?
こんなところで

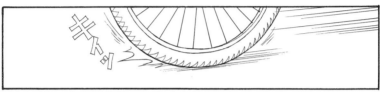

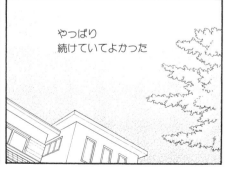

第8章 国際化のなかの女性問題・男性問題

　もし家族の所得が——家庭内の資源配分に歴然とした「男性偏重」が存在する場合のように——あるメンバーの利益とは合致するが他のメンバーの利益とは背反する仕方で傾斜的に配分されるならば，……女性の場合のように軽視されるメンバーの窮乏の程度は，家族の所得という観点だけでは適切に把握されないことになる。……事実，アジアや北アフリカの多くの国々において，家族内資源配分に起因する性差別は重要な要因であるように思われる。女性の窮状は——男性より高い死亡率，疾病率，栄養不良の程度，医療における相対的軽視など——潜在化しているレベルで窮乏を見る方が，所得分析に基づくよりもかなり容易に確認できるのである。(アマルティア・セン『不平等の経済学』より)

　人類の生存は，「男性狩猟者」よりも「女性採集者」にはるかに多くを負ってきた。現存する狩猟民や採集民の間においてさえ，女性が日常の食料の80％を供給しているのに対して，男性は狩りによってほんのわずかな部分を提供しているにすぎない。(マリア・ミース『世界システムと女性』より)

グローバリゼーションとジェンダー

21世紀は国境を越えて人々が移動する時代、つまり「地球市民の時代」であるとよくいわれる。もし、こうした時代がやってきたら、これまで存在してきた、人種、男女、民族などの間にある差別や排除の仕組みは次第に乗り越えられていくことだろう。というのも、「地球市民」で形成された社会においては、少なくとも理論のレベルで考えれば、人種や性などの人間集団のカテゴリーとしての差異以上に、個人の個性の差異が重視されることになるはずであるからだ。

しかし、実際に、こうした差別や抑圧のない世界に向かって、私たち人類の歴史は動きはじめているのだろうか。そうあってほしいし、またそうあるべきなのはよくわかる。しかし、現実は、それほど単純ではないと思う。

国境を越える動き、つまり国境というボーダー（境）がなくなっていく傾向をめぐって、最近では、**グローバリゼーション**、あるいは**グローバライゼーション**という言葉がよく使われる。このグローバリゼーションとはどういった事態を指す言葉なのだろうか。もともとの語義は、当然、グローバル化、すなわち「地球化」ということだろう。あらゆる要素が全地球化するということだ。と同時に、この地球化にともなって、地球上の多様な要素が相互依存・相互影響するという意味も、ここには含まれていることを見落としてはならないだろう。

グローバリゼーションといえば、だれでもまず、経済のグローバリゼーションをあげるだろう。市場中心の経済の拡大は、いわば「資本の論理」に基づくコントロールの全世界化・全社会化の流れを作り出しているからだ。

近代社会の成立をまって登場した近代資本主義は、絶えざる利潤を求めて増殖する「資本」という、人間のコントロールを超えた力を生み出した。当初、資本の増殖は、それまでの地域共同体を中心にした人々の生活を、国民経済の枠へと拡大した。つまり、それまでの顔と顔をつきあわせた人間の間で成立していた生産と消費の仕組みが、「国」というより広いレベルへと広がったのだ。この動きは、政治・教育・軍事といった多様な側面での「**国民国家**」（地域や血縁への所属意識を超えて、自分の帰属を、直接国家に結びつけるような関係のあり方の登場）形成のプロセスと絡み合いつつ発展していった。やがて、過剰に発達した「国民経済」は「帝国主義」的段階（他の国民国家や民族・地域を経済的のみならず文化的・政治的に支配する動き）を経て、2つの世界戦争を生じさせた。第2次世界大戦後、こうした資本の発展は、その後、東西の異なる経済体制の成立や南北問題といった問題を抱えつつ、多国籍企業の登場などによる世界化の動きへと発展していった。

　その意味で、経済のグローバリゼーションは、多国籍企業がはっきりとその姿を見せることになった1970年前後に登場したといえる。しかし、本格的な経済のグローバリゼーションのきっかけになったのは、やはり冷戦構造の一方の担い手であったソ連・東欧圏体制の崩壊だったといえるだろう。それまで存在していた経済体制の違いと経済のブロックの存在は、経済のグローバリゼーションの障壁としてそれなりの役割を果たしていたからだ。この障壁が一挙に崩れることで、資本のグローバリゼーションが全面開花したのである。

　資本の論理に基づく経済のグローバリゼーションの成立は、ジェンダー構造にも大きな影響を与えている。経済のグローバリゼ

ーションは，有償・無償を問わず（すなわち，工場やオフィスでの生産労働から家事・育児・介護といったケア労働，ボランティア労働，優れた労働力形成を支えるための学校での学習労働，……といった）あらゆる人間的労働を，これまで以上に，資本の増殖のために搾取・活用しはじめた。また，他方で，自然環境を含む地球資源を，生産性・効率性・利潤追求のなかで，搾取しつくそうとしているかにみえる。ここでは，資本の増殖という点で，ある意味で，「国境」を越えたコントロールが開始されようとしている。というより，むしろ「国境（ボーダー）」は，資本のコントロールの増殖にとって桎梏にさえなろうとしているといってもいいだろう。

こうした資本の増殖は，国や地域の格差の拡大を生み出してもいる。ボーダーレスなグローバリゼーションの時代といっても，各国・各地域の対等な関係が成立したというわけではないのだ。むしろ，世界全体が1つの経済の仕組みに飲み込まれることで，以前にもまして，国や地域の間の格差の拡大がみられるといった方がいいかもしれない。経済の発達した一部の「中心」的な国・地域の「資本」が，途上国などの「周辺」地域に対して，ある種の支配・従属関係を作り出しているのだ。それゆえ，途上国における「開発」も，結局，経済の発達した諸国の富を増加させるだけで，逆に，貧困の増加や自然環境の悪化だけが残されるといった場合さえしばしばみられる。

他方で，現在のグローバリゼーションには別の側面も存在している。政治的・軍事的なレベルでのグローバリゼーションである。なかでも，冷戦終了後のアメリカ合衆国の覇権は，現在のグローバリゼーションを特色づける重要な要素だろう。それは，経済のグローバリゼーションと密接にかかわりながら，ある種の一元的

な政治的・軍事的なコントロールとして現れようとしている。しかし，この動きには，中国の台頭をはじめ，多様な新しい動きをともなってもいる。

　さらに，グローバリゼーションにおける文化という課題がある。この領域は，経済領域，政治・軍事領域に影響を受けながら（あるいは与えながら），相対的には独自の論理での展開がみられる。ここでみられる特徴は，ジョン・トムリンソン（『グローバリゼーション』片岡信訳，青土社，2000年）がいうところの「複合的結合性」である。つまり，文化におけるグローバリゼーションの展開は，さまざまな文化のズレ，対立，衝突の一方で，妥協と調停・結合のプロセスが生じ，その結果，ある種のハイブリッド化（雑種・混合化）が迫られている，と言い換えることができるだろう。外から持ち込まれた文化が，そのままで受入れ側の文化を全面的にコントロールするわけではない。受入れ側の文化との接触のなかで（つまり，ズレ，受容，対立，妥協，調整といったプロセスを経ながら），一種の混合化・雑種化が生じるのだ。たとえば，東アジア地域にみられるジャパナイゼーション（ポピュラー・カルチャーを中心にした日本の文化の受容の拡大）や韓流の動きは，明らかにこうした文化の複合的結合を生み出しつつある。

　他方で，文化的グローバリゼーションの深まりは，個々人の基盤を根本から揺り動かすような変化をともなっているがゆえに，これへの強い抵抗も生み出す。個々人の存在の基盤をささえる文化（ものの考え方，言い方，振舞い方を含む日常実践のすべてを含むパターン化された様式）にゆらぎが生じるのだ。その不安定さは，個々の帰属意識をめぐる**アイデンティティ・ポリティックス**（1人ひとりが「自分とは何であるか」「どこに帰属しているか」を強く意

識することで生じる,差別・排除・支配・対立・抵抗・闘争・調整・妥協などをめぐる政治プロセス)をいっそう強調させることにつながる。ここでは,「国」「地域」「民族」という「利害集団」あるいは「帰属集団」が,逆に,ボーダーを強める作用を生み出しているようにみえる。それゆえに,文化のグローバリゼーションは,その一方で,ある種の「反発(リアクション)」をともなわざるをえないともいえるだろう。

このことは,ジェンダーをめぐっても現れた。ボーダーレスの動きは,性による差別告発の運動と結びつきつつ,固定的な〈男らしさ〉〈女らしさ〉を突き崩す方向性を生み出している。ところが,こうした性におけるボーダーレスの動きに対して,強い反発が生じているのだ。「性差別を克服するために,性別ではなく,個々の人間の個性に立脚した社会を作ろう」という声に対して,「固定的な男らしさや女らしさこそが,人間のアイデンティティの核であり,これを破壊することは許さない」といういわゆる「バックラッシュ(逆流)」の動きが広がったのである。

しかし,こうした文化的反動の一方で,新たな文化や価値観の地球化・普遍化という動きも確実に定着しようとしている。なかでも,地球環境の保持(自然との共生とそれを生み出すための持続可能な発展の原則)とともに,人種・性・宗教・地域を超えた人権の確保という2つの課題は,明らかに20世紀後半以後,地球規模で共有されつつある新たな文化であり価値理念であるといえるだろう。

開発とジェンダー　グローバリゼーションの問題は,発展途上国では,「開発(development)」という課題と密接に関係している。それなら,この「開発」は,そこ

に暮らす人々にとって、プラスに作用しているのだろうか。必ずしもそうともいえないだろう。むしろ、「開発」が、伝統的な生活様式やそれまであった人間と人間の豊かな関係性の絆を破壊することで、さまざまな問題を作り出しているケースもある。ジェンダーをめぐる領域においても、「開発」は、プラスの面だけでなく多くのマイナス面を生み出している。ここでは、この「開発」とジェンダーの問題を考えてみよう。つまり、「開発」という言葉で表現される地球規模での動きにおいて、男女の社会的差異、つまりジェンダー関係がどのように現象化しているかについてみてみようと思う。

　従来、「開発」とは、産業化を意味してきた。より多くの工場、ダム、道路、橋など多くのモノを作り生産性をあげることが、進歩であると考えられてきた。しかし1980年代にはいり、それまでの経済効率重視の開発は、地球規模での環境破壊、資源の枯渇を招くとして、「もう1つの開発（alternative development）」という視点が登場する。この観点からみるとき、「開発」とは、モノの生産や産業化による豊かさだけではなく、むしろ、地域住民の基本的生活基盤の確保、個人の人権の擁護の要素が重要視されるようになった。というよりも、これらの側面への配慮なしには開発はありえないという視点が強調されるようになったのである。つまり、「開発」は、個人の生活権の確保、学習権さらには身体の自己管理権といった要素が不可欠の課題として含まれるようになったのである。これは、「開発」をめぐる視座にとって大きな変化だった。

　当然のことながら、この新しい「開発」の概念にとって、女性という視点はきわめて重要な課題の1つである。このことは、

1985年,ナイロビで開催された第3回世界女性会議においても確認されている。地球規模で進む開発が,経済効率重視の男性主導のなかで推進されるとき,女性は,補助的役割,低賃金・無償労働領域に固定されていくことの問題性が指摘されたのである。

このようにして,地球規模での資源の不平等分配を問題とする開発論で「開発における女性(women in development)」ということばがキーワードとして登場した。これを略して「**開発と女性(WID)**」という。この観点から,産業化推進という開発の意味の変容が80年代を境に世界的に浸透した。最近では,女性だけに焦点を絞った議論から,ジェンダー間の格差是正に注目するかたちで,ジェンダーと開発(gender and development＝GAD)という語も用いられるようになっている。

当初,女性の開発における役割は受益者としてのものであった。女性は,母・妻としての役割を遂行するために必要な資源を与えられるように社会的配慮をするべき存在,つまり,社会福祉政策の一環として位置づけられてきた。しかし実際には女性は労働の場では重要な役割を担ってきた。つまり地球規模で女性は社会のあらゆる領域で重要な役割を果たしているにもかかわらず,その仕事についての評価がされていないという現実がある。とくに発展途上国の女性は,①生産労働,②家事・育児・介護などの再生産労働,さらに③コミュニティの管理という「三重」の過重な労働を強いられている。しかし女性が担う仕事の多くは経済収入が低いか無償である。家庭内の役割は経済的な価値が評価されない。このような状況は発展途上国に限らず,女性一般が家事・育児・介護などの役割遂行者であり,その仕事ゆえに経済労働への参加が制限されることが多い。とくに発展途上国の女性が社会的イン

フラストラクチャーが不備であるために水汲み，燃料の小枝，薪などの収集，洗濯などの無償労働が過重にかかり，さらに家族計画に関する情報の不足もあり，子どもの人数が多いために子育ての役割も過重となる。

そこでこのような女性の地位向上のために「女性労働者の貢献の軽視，地域の文化的慣習などにみられる女性の抑圧への批判がだされた」（国連文書「2000年女性の地位向上のための将来戦略」通称「ナイロビ将来戦略」より）。「従来の開発によって発展途上国の経済・社会的開発における女性の参加が増加するものと期待されていた。この期待は発展途上国における経済危機の持続と，場合によってはその悪化のために裏切られた」（同上，第7項）のである。つまり産業開発中心の開発では，女性をはじめとした南社会の社会的少数者などには資源配分は届かないことが明らかとなった。このような80年代の発展途上国の経済・政治危機，さらに債務倒れによる国家の自決権の侵食という事態はそれ以前には想像もしなかった方向へと展開した。このため発展途上国における社会的弱者である大多数の女性，子どもたちの生存基盤の確保もおぼつかないという状況の改善のためには，従来のような開発手段では実現不可能であると考えられるようになった。なかでも生活基盤確保の役割の多くを担う女性の労働搾取，低賃金，非熟練労働領域への集中，無償労働の強制などが指摘された。そのうえで，これらは，はっきりと女性差別であると認識されるようになった。こうした状況の解消を政策的に実施しなければ，発展途上国の民衆の生活改善は，ありえないことが理解されたのである。

「開発」ということばがこのように広く，人権擁護，南北格差の縮小，さらには資源の平等分配という領域にまで広げて理解さ

れるようになったのは，日本では 80 年代後半に入ってからである。つまり，「開発における女性の役割は総合的な社会経済開発の目標と直結しており，すべての社会開発にとって基本的なものである。開発とは総合的なものであり，人間生活の政経，社会・文化などあらゆる側面の資源開発，人間の身体，精神，知的，文化的成長を含むものである」(「ナイロビ将来戦略」12 項)。モノ，カネ，産業発展に限定されない開発の道が追求され，女性の主体的参画を要件とすることが国連による各種国際会議において共通認識とされたのである。

女性を見えない存在とする開発

女性が家庭内役割担当者，地域での作業者あるいは非熟練低賃金労働者として固定化されていくと，経済基盤を男性に依存せざるをえない。この経済基盤の脆弱さゆえに女性を受益者としてとらえる開発は女性を社会的弱者とし，そこに女性を固定させていくという問題がある。このような方法での開発がいかに広く浸透しても，ジェンダー関係の改善には至らない。こうした男女役割の領域区分が社会一般に浸透する背景には，しつけ，教育，職業，地域，家族内役割において伝統的な文化的，宗教的規範として性別区分を明確にし，男女の棲分けを自明視する慣習がある。発展途上国にあって，これらの文化的規範はジェンダー関係を強く規制している場合が多くみられる。

こうした規範が現象としてみえてくるのは，たとえば女性の教育レベルを指標化するときである。男女区分しない統計データによって全体の識字率の上昇があればよしとすると，それは女性についてはあてはまらないことがある。つまり男子には教育レベル上昇があるが，女子には小学校低学年までで教育を終了させ，あ

とは家事手伝い，幼い兄弟姉妹の世話をさせているなどの途上国地域は多いのである。こうした現実を事実として把握するには，あらゆる統計データをジェンダーに敏感な視点で処理したものにしなければ見えてこない。

　たとえば，先進産業国による農業開発支援において技術移転をする場合，相手の地域の男性リーダー，男性世帯主，男性家族員を対象に技術指導がされる。しかし実際に畑で農作業をしているのは女性であることが多い。男性に提供された技術は女性には伝えられないため，耕耘機など農機具を提供しても実際に農作業をしている人が利用できないという結果になることがある。あるいは使用するのは男性であってもその機器の管理，維持の仕事は女性にまかされ，女性はそれまで以上に作業量が増加する結果となる。また上下水道は生活基盤の基本である。しかしその井戸をどこに作るか，どのような構造の井戸であるか，などによってだれが使える井戸になるかが左右される。たとえば地主の土地のなかに井戸を作り，その周囲の住民のための利用を期待していても，その地主が自分の小作人にのみ使用を許可するということになると，一部の人々しか利用できず，井戸があることによって住民の協力体制が崩れることもある。これらの試行錯誤から次第に開発支援の方法の再検討が行われるようになった。

　80年代後半から開発支援の方法上の転換が先進産業国のいくつかにおいて行われた結果，女性の開発参加，参画がたしかに住民の生活環境改善にはプラスとなっていることがみえてきている。それらの事例から，開発援助の資源の配分が増加することは開発にジェンダーの視点を組み込む必要性を増大させる。つまり開発支援の資源を男女に均等配分することなしには開発支援の効果は

薄くなるのである。また，男女に均等配分された資源は社会全体の生産性の上昇に影響をおよぼすことも知られるようになった。さらに，上下水道，灌漑（かんがい），電気の設置，交通網の確保など基本的インフラの整備と女性の市場労働参加は相関している。交通網などは，住民にとって意味のあるものかどうかの判断に住民自身が参加する機会をもっていなければならない。

　発展途上国の多くにいえることだが，女性の労働市場参加は世帯収入の全体的上昇に関係する。女性が家庭内にとどまり，地域での生産活動に参加できないということは，労働力の十分な活用ができないことになる。とくに低所得者層においては女性の労働参加が世帯収入上昇に確実につながる。しかし，男女の家庭内での自己利益の領域は異なる。つまり，女性は収入があっても，それを日常の生活必要物資や家族の生活のために支出する傾向が強いのである。女性がより多く家族のケアを負担し，その生命保持に日常的に関心を払わなければならない生活環境に置かれているからである。

　発展途上国では，生活にゆとりのある中・上流階級に所属する女性と比べて，低所得者層の女性は，市場労働参加をしないと生活がなりたたない。しかし，低所得者層では女性の労働は必須となるがゆえに女子教育がないがしろにされる。つまり教育より労働が重要なものと認識されやすい。このため発展途上国の高等教育機関にいる女性は概して上層階級の娘たちであり，経済階層の低い労働女性は教育機会から排除されている。

　また，生活必需設備，家庭電化製品の浸透と充実は女性の労働環境を整えるばかりではなく，女性がさらに安定的な労働機会，組織化の機会を得ることにも役立つ。このため収入の上昇により，

家電製品が浸透することによって女性の市場労働参加の機会を広げることが可能である。このように女性が参加・参画した開発は市場労働領域にとどまらない。それは家庭内の夫婦関係などを変化させていき，夫婦，舅姑などとの力関係改善にも貢献する。これらの変化はいずれも女性のエンパワーメント，つまり，自活能力を開発し，自立する力をつけることに貢献する。こうしたことが可能となる開発のためには政府の決定機関にいる人のみが決定するのではない，地域の草の根の住民との対話が不可欠となる。つまり住民参加型開発支援が必要となる。住民が参加することによってどのような方法が最も望ましいか，また実践可能な方法であるかが地域に根ざしたかたちでみつかるからである。そうした方法をとらない上からの開発推進は，いずれ継続不可能になり，おざなりになってしまい，継続できないために，地域での開発効果が消えていくのである。

> ジェンダーと開発をめぐる5つの政策

ここで，ジェンダーと開発をめぐって，これまで述べてきた戦後の国際社会の動きを概括してみよう。そのためには，キャロライン・モーザがまとめた5つのアプローチという整理が，きわめて有効な視座を与えてくれる。

モーザは，発展途上国におけるジェンダー政策を5つに分類している。すなわち，「福祉アプローチ」「公正アプローチ」「貧困撲滅アプローチ」「効率アプローチ」そして，「エンパワーメント・アプローチ」である。

「福祉アプローチ」は，1950年代から60年代にかけて導入されたアプローチである。植民地から解放され新たな経済発展を開始した途上国に対して，経済先進国は主に2つの方向から開発援助

を行った。1つは，経済援助政策であり，もう1つが，社会的に恵まれない人々への救済策だった。なかでも子どもとその母親である女性への支援は，栄養不良対策などさまざまな側面から取り組まれた。

　ここでは，女性たちはまず，「母親」として保護されるべき存在として位置づけられる。結果的に，このアプローチにおいては，女性は福祉の受容者としてのみ考えられており，女性の意思決定への参画はもとより，社会の主要な担い手としての登場は抑制されたままだった。

　こうした「福祉アプローチ」への反省から，1970年代以後に登場したのが，「**公正アプローチ**」である。これは，すでに述べたWID（開発と女性）の最初のアプローチであった。開発において，女性たちもまた男性と対等に参画すべきであるという視点がここでは強調されている。

　しかし，途上国では，こうした性別分業の打破と男女の対等な決定権への参画の要求は，西欧諸国からの「押しつけ」として反発を受け，かならずしも十分な効果を発揮できなかったのである。というのも，ここで提起された「公正」の方向性には，あるべき姿として，あまりにも西欧モデルの近代的な男女関係や家族形態が前提とされており，途上国の現実に適応しにくい要素を含んでいたからでもある。

　次の「**貧困撲滅アプローチ**」は，「公正アプローチ」より穏健なWIDの政策である。ここでは，男女の経済的不平等は，ジェンダー構造を通じた支配・被支配関係の結果から生み出されたものではなく，女性が置かれている貧困状況に由来すると考えられた。それゆえ，このアプローチは，主に，貧しい女性の収入向上を目

的として施策を推進することになった。

　だが,このアプローチにおいても,ジェンダー構造による女性への制約は,しばしば無視されたままであった。そのため,貧困撲滅のために女性に雇用を与え,収入の上昇を進める動きはあっても,女性が背負わされている,家事労働やコミュニティの労働については,ほとんど配慮がなされず,結果的には,女性たちが,家庭・コミュニティの労働と生産労働の三重の労働負担を強化することになった。

　1980年代の債務危機以後現在に至るまで,最も広範にとられている施策である「**効率アプローチ**」は,(あまり自覚されていないが)WIDの第3のアプローチであるといえる。つまり「女性の経済貢献によって,開発をより効率的かつ効果的に行うことを目的」とする戦略である。開発の成功には女性の参画が不可欠であり,女性の参画の拡大のなかで「効率」と「公正」が達成できるとするこの戦略は,しかし,必ずしも女性の置かれた状況の改善に結びつかなかったといわれる。というのも,この「効率」を求める施策において,「女性の活用」は,できるだけ安価な(ときに無償の)女性労働の拡大により,経済の「効率」と「利益拡大」をめざすものでしかなかったからである。

　なぜこの戦略がうまくいかなかったのかといえば,そこには,女性の経済参加の拡大の方向性はあっても,構造的なジェンダー問題への視点が欠如していたからである。とくに,家事労働をはじめとする女性が担ってきた無償労働を男女で担うという視点が,ここには根本的に欠けていたのである。

　たとえば,しばしば安価な労働力として女性の労働を考える「効率アプローチ」は,(より高価な)男性労働力を労働市場から

追放する結果を生む場合がある。しかし，失業した男性たちは，性別分業の意識のなかで，家事・育児・介護といった無償労働を担おうとはしない。結果的に，低賃金で働きつつ，女性たちは家での労働を負うという，きわめて厳しい状況が生み出されることになる。それはまた，家族のレベルでの「貧困」と「困難」を生み出すことにもつながるのだ。

最後の「**エンパワーメント・アプローチ**」が，モーザが最も強調したいと考えている開発計画の戦略である。

この「エンパワーメント・アプローチ」は，「公正アプローチ」とよく似た傾向をもつが，「公正アプローチ」とは決定的に異なる側面をもっている。つまり，西欧社会からの「公正」の押しつけによる問題の解決ではなく，発展途上国の女性自身の主体性や自立を軸にしたジェンダー平等の戦略としてこのアプローチは考えられているからである。当然のことながら，このアプローチにおいては，女性の従属とともに，南北間の格差の生み出す支配・抑圧・搾取の構造が問題にされる。と同時に，問題解決の戦略として，現状で女性たちが担っている，生産労働，家事・育児・介護などの再生産労働，さらにコミュニティの管理という，三重の役割をきちんと視野におさめつつ，それぞれの社会において，女性たちにとって必要なニーズを掘り起こす草の根の活動に期待をかけるのである。

ここでいう，エンパワーメントの「パワー」は，他者を支配したり抑圧したりするための「権力」を意味してはいない。差別や抑圧のなかで潜在していた自らの（個人的なものだけでなく集団的な）力を再発見し，「物質的か否かを問わず重要な資源を管理する能力をもつこと，人生のなかで選択し決定する権利，変化の方

向付けをする権利」を意味する言葉なのである。そして，エンパワーメントはこうした自立，自己決定の力を自ら獲得していくプロセスのことである（第3章参照）。

この「エンパワーメント・アプローチ」を代表する声として，モーザは，「新時代に向けて女性と共に行うオルタナティブな開発（DAWN: development alternatives with women for a new era)」の立場にふれている。

つまり，「われわれは，どの国にも，どの国家間にも，階級，ジェンダー，そして民族の不平等がない世界を望む。基本的ニーズが基本的権利となり，貧困そしてあらゆる暴力が一掃された世界を望む。それぞれが，各自の可能性，創造性を充分に育てられる機会をもち，養育や連帯を重視する女性の価値観が人間関係を特徴づけるような世界を願う。そのような世界では，たとえば育児は，男性，女性，さらに社会全体が分担するなど，女性の再生産活動における役割の定義が変わるだろう。……公正・開発・平和の相互関係を強めることによって，貧困層の『基本的権利』と，女性を従属させるような制度の変革とが，密接に関係していることを示すことができる。女性自身がエンパワーメントを結集することにより，これらを達成することができる」。

しかし，ジェンダーの視点とともに，国や民族，階級の間の支配・抑圧・搾取の撤廃を求める，この最も妥当と思われる戦略は，まだ多くの支持をえているとはいいがたい。男性たちの，また，経済の発達した諸国の，さまざまな利害関心による妨害にあいやすいからである。しかし，その一方で，発展途上国において，この「エンパワーメント・アプローチ」を基本的に採用している組織が，現在も大きく成長しはじめているのである。

> **持続可能な発展のために：環境政策とジェンダー**

こうした開発とジェンダーの問題をめぐって，現代の国際社会は，さらに新しい課題をクローズアップさせることになった。経済の発達してきた諸国とともに発展途上国をも巻き込んで，地球環境そのものの危機が語られるようになったのだ。利潤・生産性・効率をもとめてあらゆる地域に浸透する「資本」の論理に基づく発展と開発の動きは，地球資源の枯渇や急激な自然破壊を生み出しつつある。その結果，「このままでは，21世紀中に人類は滅亡する」といった声さえ聞こえるような状況に至ったのである。「**持続可能な発展**（sustainable development）」，つまり，自然環境と調和した存続可能な発展が問われているのである。

この自然環境破壊の問題を，ジェンダーの観点から考えることもできるだろう。というのも，環境破壊を生み出した産業社会を動かしてきたのは，主に男性たちだったからだ。男性主導の近代産業社会は，競争と優越を求める激しい戦いを生み出した。「資本」の利益とその増殖のために，効率性や生産性が何よりも求められることになったのである。その結果，人間はゆとりの時間を奪われ，家庭やコミュニティでの人間関係を破壊されるとともに，1人ひとりの人間性をも削ぎ落とされてきた。と同時に，生産性第一のこの論理は，環境に対する負荷についてもほとんど無頓着なまま野放しの「発展」を遂げてしまったのである。

男性主導の社会のままで，この環境に一方的に負荷をかける社会から人類は脱出できるのだろうか。たぶん，健常な身体をもった成人男性を基準にした社会が続くかぎり，人間性豊かな環境と調和した地球を再生することはできないだろうと思う。

もちろん，男性たちも，頭のなかでは，この危機的状況に気がついている。しかし，多くの男性たちは，絶えざる競争に追われるなかで，効率優先の流れのなかで，ほんの一歩でさえ立ち止まることが許されないのだ。

　「健常」な成人男性を基準にした開発・経済発展の動きに歯止めをかけるためにも，まず何よりも，開発と発展をめぐる意思決定への女性の参画が問われるだろう。女性たちは，この200年ほどの産業社会の展開のなかで，社会参画から排除されてきた。それは逆にみれば，男性と比較して，男性主導社会の生産性優先・効率優先の競争社会から，ある程度距離をとることができるということでもある。実際，世界各地の環境保護の運動に女性の姿は男性以上に目立っているのも事実だろう。

　男性主導の産業社会が，地球規模で行きづまりをみせている現在だからこそ，街作りから地球レベルでの開発・発展に至るまで，まず女性の声がはっきり「介入」しうる仕組みを作り出す必要がある。

　産業社会から排除されてきた女性の意思決定参画は，もしかしたら，さらに決定的な変革を人類にもたらすかもしれない。というのも，この200年ほどの産業社会において，女性たちは，男性以上に，人間の生活の具体的な場にかかわってきたからだ。

　考えてみれば，産業という近代社会の産物にとらわれ，環境を破壊し，人間の絆をズタズタにしてきた男性たちに対して，女性たちは，むしろ人間と自然との共生や人間の絆をめぐる領域を主に担い続けてきたともいえる。

　こうした視座の転回は，ドイツのフェミニスト，マリア・ミースらのいう「サブシスタンス」という概念を思い起こさせる。サ

ブシスタンスとは、生命維持、生存のための活動、または生活そのものを意味する言葉であり、しばしば「生存維持」「自給」などと訳される。

　ちょっと考えてほしい。生産性や効率優先の仕組みを進めることと、人類の生命維持・生存のための活動とが矛盾したり衝突したりしたとき、私たちは、どちらを選択するべきだろうか。だれが考えても、まず生存が先にくるのではないだろうか。ところが、生産性優先、利益優先の仕組みは、気がつかないうちに、生命よりも利益や生産性を優先してしまうような構図を生み出している。

　しかも、こうした効率優先の社会の仕組みは、人間関係さえ、利益や生産性の論理で把握するような発想を生み出す。人と人の自然な親密なつながりよりも、「その人との関係がどのような利益につながるか」「生産性の向上や利益の増大にとってその人はどのような役に立つか」というようなことばかりが重要視されかねないからだ。それは、そのまま、人間の親密な関係、人と人との絆を破壊することにもつながるだろう。

　たしかに、効率性にこだわり生産性を高めてきた産業社会の発展は、人類を「豊か」にした。しかし、その一方で、人間にとって最も基本的な生命の維持、生存のための活動や、人間と人間の深い絆という点で、多くのものを奪ってきたともいえるだろう。

　生産性優先、効率優先の論理の徹底のなかで、自然を破壊し、人間と人間のゆたかな絆を壊し続けるのか。それとも、自然と共生しつつ人間と人間の豊かな関係性を地球規模で推し進めるのか。おおげさにいえば、開発と環境の問題は、こうした岐路における選択を、私たち人類に要求しているともいえる。

> ジェンダー平等の観点に貫かれた世界に向かって

21世紀,私たちが求めているのは,ジェンダーや人種,民族・宗教や文化,障害のあるなしや年齢によって,人間が差別されたり抑圧されたりすることのない(多様な人間が対等に生きられる)世界である。それは同時に,人間と自然環境の共生しうる世界でもあるだろう。このことに,反対する人はいないだろう。

それなら,こうした世界を創り出すという,この壮大な作業のために,私たちに何が求められているのだろうか。

そのためにまず,国際的な人と人とのつながりを具体的に作り出すことが必要だろう。政府と政府の間だけではなく,NGOやNPOなど市民セクター同士のつながり,さらに,一般の人と人のつながりなど,さまざまな回路を通じた重層的なつながりを作り出すことが求められなければならない。こうした多様な回路を通じたコミュニケーションの深まりのなかで,政治・経済・文化をめぐる相互の理解と連携を深めていくことが重要だろう。それは,国際的なレベルでの平和を生み出すためにも,きわめて大切な作業といえる。

国際社会が抱える課題のなかでも,ジェンダーにおける不平等の解決は,ほとんどの国が共通して抱えている問題であるだけに,そのまま国際的にも重要な問題の1つになっている。しかも,1975年の世界女性会議以後,この課題をめぐって,多様な国々,さまざまな文化の間のコミュニケーションの場がすでに作り出されてもいるのである。さらにつけ加えれば,ジェンダーという課題は,ここまで述べてきたように,政治・経済・社会・文化から地球環境の問題まで,あらゆる課題と重なり合う場に存在してい

る。だからこそ、ジェンダーを軸にした国際的な対話は、ある意味で、地球規模での人類の未来を構想するための、最良の機会であるともいえるだろう。

と同時に、こうした会話を進めるためにも、まず自分たちの足場での具体的な取組みが必要なことはいうまでもない。理想論を抽象的に語り合うだけでは（もちろん、理想について考え語り合う作業の重要性は認めたうえだが）、問題は解決しない。まさに、「地球規模で（グローバルに）考え、地域（ローカル）で行動する」ことが大切なのだ。逆に、「地域の経験を地球規模で共有する」ことも、これからは必要だろう。

国際社会の動きと結びつくような課題は、じつは、私たちの身の回りにもたくさん存在している。たとえば、「内なる国際化」というテーマも、地球規模へとつながる具体的な課題といえるだろう。日本社会には、台湾や朝鮮半島をはじめ、20世紀前半に日本が植民地支配を行ってきた地域・国々の出身者とその子孫の人々が、いわゆる「永住権」をもつ形で多数居住している。また、最近では、いわゆる「ニューカマー」というかたちで、多くの外国籍の人々が日本で暮らしはじめている。しかし、日本の社会には、こうした外国籍の人々に対するさまざまな排除や差別の構造が残っている。多様な文化の共生が、21世紀の国際社会の流れであるなら、まず、身近な生活の場から、多文化共生の仕組みを作り出していく必要があるだろう。

こうした多文化の共生にとっても、ジェンダー問題は避けて通れない。エスニシティ（文化的な民族性）による格差は、しばしばジェンダーによる差別と重なり合うことがあるからだ。いわゆる風俗産業に、アジア出身の女性が目立つことはよく知られたこ

とだ。ここには，経済レベルでの格差が，エスニシティ問題・ジェンダー問題と連動しているといえる。

　こうした視点は，日本の近代史におけるジェンダー問題を連想させるかもしれない。いわゆる「(従軍)慰安婦問題」はその典型例だろう。戦時下の日本軍は，将兵の「慰安」のために，女性たちを性的な奴隷状況に置く仕組みを作った。「慰安婦」のなかには，日本人女性ばかりでなく，(朝鮮半島や中国・台湾など)植民地出身の女性や，(インドネシア，オランダなど)日本軍の占領下におかれた地域の女性たちが含まれていた。しかも，強制的なかたちで「慰安婦」にされた女性も多い。私たちが，ほんとうに「国際社会で名誉ある地位を占め」たいと思うなら，自分たちの足元の歴史から目をそらすことは許されないことだろう(戦前において日本が行った行為について，「謝罪する必要がない」と叫んでいる人たちの背景には，どこか「男のメンツ」によく似た歪んだ意識があるようにも思える。「弱みをみせたら，いけない」というわけだ。こう考えると，日本の政府が，戦後，戦争責任について，アジア諸国に対してきちんとした対応をしてこなかったことの背景に，戦後日本の男性たちのジェンダー意識の問題があるともいえるだろう)。

　戦争における性暴力や抑圧は，戦前の日本軍のみが行っていたわけではない。戦争は，人間の生命を奪うとともに，しばしば女性の人権を徹底的に踏みにじることになる。ボスニア・ヘルツェゴヴィナの民族紛争において，「民族浄化(エスニック・クレンジング)」という名の徹底した性暴力と殺戮が行われたのは，前世紀末のことなのだ。

　こう考えるとき，「平和」という課題もまた，ジェンダー問題を含んでいることがよくわかる。

これまでの人類の歴史において，戦争を開始するのは多くの場合男たちだった。そして戦争という，自らの国や民族の力を誇示し，他民族を支配しようとする動きの背景には，「優越」「所有」「権力」を求める男性たちの心理的傾向が作用していたことは明らかだ。いわば，自らの「弱さ」を押し隠し，過剰に「強さ」を示そうとする男性たちの〈男らしさ〉のこだわりが，戦争の背景の「1つ」であったともいえるだろう。こうして開始された戦争は，非戦闘員である女性や子ども，老人たちを，戦争に巻き込むことで多くの悲惨な事態を作り出してきた。それはまた，戦闘員として駆り立てられた男性自身をもまた，傷つき傷つけ，殺し殺される状況に追いやってきた。この流れにストップをかけるためにも，男性主導社会の仕組みそのものの転換が必要なのだ。

　だからこそ，今，国際的・国内的なジェンダー平等のうねりの広がりのなかで，女性のエンパワーメントとともに，男性の巻き込み（インヴォルヴメント）という声があげられようとしている。「平等・発展・平和」という国際的なジェンダー課題の解決のためには，男性の意識・男性主導社会の批判的解剖とその変革もまた必要不可欠なのだ。

　なぜ，男性たちの多くは，この地球環境の危機ともいえる段階にいたってもなお，生産性優先・効率優先の論理から脱出できないのか。なぜ，男性たちは，問題の最終的な解決手段として，暴力に頼りがちなのか。そして，なぜ，男性たちは女性に対する優越と支配を放棄しようとしないのか。地球規模での問題の解決のためにも，これまでの男性主導社会の構造，男性の意識，男性の生活スタイルが問題なのだ。

SDGsに向かって

持続的な国際社会の発展をめざして，国連は，2000年9月にミレニアム開発目標を設定した。「極度の貧困と飢餓の撲滅」「普遍的な初等教育の達成」「ジェンダー平等の推進と女性の地位向上」「乳幼児死亡率の削減」「妊産婦の健康の改善」「HIV／エイズ，マラリアその他の疾病のまん延防止」「環境の持続可能性を確保」「開発のためのグローバルなパートナーシップの推進」など8項目に基づき，とくに発展途上国の持続的な発展をめざした目標だった（2015年が達成目標年）。

2015年には，発展途上国のみならず経済の発達した諸国もまきこんだ新たな目標であるSDGs（Sustainable Development Goals＝持続可能な開発目標）を決定した。2030年を達成予定年と設定し「貧困に終止符を打ち，地球を保護し，すべての人が平和と豊かさが実現できる世界」をめざして，ここには以下のような17の項目が書かれている。つまり，①貧困をなくそう，②飢餓をゼロに，③すべての人に健康と福祉を，④質の高い教育をみんなに，⑤ジェンダー平等を実現しよう，⑥安全な水とトイレを世界中に，⑦エネルギーをみんなにそしてクリーンに，⑧働きがいも経済成長も，⑨産業と技術革新の基盤をつくろう，⑩人や国の不平等をなくそう，⑪住み続けられるまちづくりを，⑫つくる責任つかう責任，⑬気候変動に具体的な対策を，⑭海の豊かさを守ろう，⑮陸の豊かさもまもろう，⑯平和と公正をすべての人に，⑰グローバル・パートナーシップで目標を達成しよう，である。

21世紀の今後の世界を考えるとき，この17項目からなるSDGsには，個々人だけでなく，政府はもちろん企業もまた重要な担い手として考えられている。なかでも，17項目すべてに関

連しているのは⑤のジェンダー平等への道だといわれている。地球の自然環境と共生し，誰ひとり不幸になることのない世界をめざして，平和であるとともに持続し安定した成長を同時に実現するために，ジェンダーに敏感な視点をきっちり維持しつつ，世界中の人とこの共通目標に向かって進むことが，今，求められているのだ。

エクササイズ

世界地図を読み直す

【用意するもの】 メルカトル図法による世界地図

1. 世界地図をボードに設置した後，ヨーロッパ諸国全部と南アメリカ大陸を比較するとどちらの面積が広く見えるか語り合う。同様に，旧ソ連とアフリカ大陸と比較するとどちらの面積が広く見えるか語り合う（実際は，ヨーロッパは900万 km^2 に対して，南アメリカは約2倍の1780万 km^2 である。また，旧ソ連は2227万 km^2 であるのに対してアフリカは3030万 km^2 である）。
2. みんなで感想を言い合う。
3. なぜ，こうなっているのか，参加者の意見を聞いてみる。
4. 富の格差，食料の配分，出生率，平均寿命，死産や乳幼児死亡率，教育の普及など，南北格差について，ジェンダーの視点も含めて，知っていることを表明し合う（事前に予習を義務づけておく方がいいだろう）。
5. 南北格差の是正のために，どのような努力がなされているか。政府レベル，国連レベル，NGOレベルなどにわけて議論してみる（事前に予習を義務づけておく方がいいだろう）。
6. 今後，南北格差を是正していくためには，何が必要か，身近な具体的問題も含めて討論する。

［参考文献］ 森田ゆり『多様性トレーニングガイド』解放出版社，2000年。

読書案内

J. アン・ティックナー『国際関係論とジェンダー』(進藤久美子・進藤榮一訳)岩波書店, 2005年。

　ジェンダーの視点から国際関係論, 国際政治を考察した名著。これまで政治の領域で見失われていた「女性」という視座から, 安全保障の問題や戦争問題に切り込んでいく。その批判の矛先は, 自由主義や経済ナショナリズムからマルクス主義まで, 男性たちが構想してきたこれまでの政治, 経済思想の根本に迫っている。

上野千鶴子・綿貫礼子編『リプロダクティブ・ヘルスと環境』工作舎, 1996年。

　フェミニズムの立場から(とくに, リプロダクティブ・ヘルス/ライツという観点に立って), 女性の身体と環境問題を考えるためには, 便利な入門書。1994年に日本で開かれた国際会議の記録。国際的にもよく知られた論者が比較的平易な言葉で寄稿しており, この問題にグローバルな視野からふれることができる。

辻村みよ子・大沢真理編『ジェンダー平等と多文化共生』東北大学出版会, 2010年。

　東北大学グローバルCOE主催の国際セミナー「多文化共生社会のジェンダー平等——グローバリゼーション下のジェンダー・多様性・共生」の報告をもとに作られた論集。ジェンダー平等と多文化共生をめぐる理論的整理から, 移民問題と市民権, 宗教や言語, 文化の多様性と国籍問題など, さまざまな切り口から, グローバル化の時代のジェンダー問題を分析している。

M. ミース・C. V. ヴェールホフ・V. B. トムゼン『世界システムと女性』(古田睦美・善本裕子訳)藤原書店, 1995年。

　資本主義のグローバル化は, 貧富の格差を拡大するだけでなく, 人間が人間として生存していくための基盤さえ掘り崩そうとしている。その一方で, 女性たちは(主要な領域から排除された男性も), その労働の価値を引き下げられ, より従属的な位置へと押しやられていく。現在進行中のこうした動きを世界システムとい

う視野から描き出す。

C. モーザ『ジェンダー・開発・NGO』(久保田賢一・久保田真弓訳) 新評論, 1996年。

戦後から現代に至る「第三世界」におけるジェンダー政策を, 意思決定や労働の分業などの側面から整理するとともに, 21世紀を展望した新たな視点から問題提起した本。とくに, エンパワーメントという観点が重視され, その具体的方策が提示されている点が1つの大きな特徴だろう。

Column ⑧ 男性主導社会が地球環境を破壊する?

以前から, 環境破壊については, 地球温暖化の問題やオゾン層破壊など, 多くの問題が世界中の人々の関心をひきつけてきた。しかし, 日本の社会では, こうした問題は, いつのまにか忘れ去られることが多かったように思う。それに比べて, 環境ホルモン問題は, これまでの環境問題とは扱われ方が違うように思われる。あらゆるメディアが, この問題をめぐって, さまざまな情報を精力的に提供しようとしたように見えるからだ。

なぜ環境ホルモン問題は, これまでの環境問題と比べて, こんなに騒がれることになったのだろう。というのも, これまで, 環境問題といえば, むしろ女性の関心の方が高かったはずだ。サラリーマン男性たちの間で, 環境問題の重要性について真剣に議論するなどという機会は, これまでほとんどなかったはずだ。というのも, 仕事中心人間であるサラリーマン男性たちにとって, 「遠い将来」「人類の未来」について考えるより, 「今日の仕事」「次のプロジェクト」といった日々の関心の方が, より重要なものに考えられてきたからだ。

ところが環境ホルモン問題については, 多くの男性が, この問題に関心を向けたのだ。というのも, ことが男性の性的能力にかかわる事柄だったからではないか。「環境ホルモンが, 男性の精子を急激に減少させている」というニュースは, 人口減少といったマクロな問題とともに, 男性たちに, 強烈な危機感をもたらした。「男がオスとしての能力を失う」という事態は, 男性たちにとって, その意識の根底の部分を揺るがすようなショックを与えたのだ。というのも, これまで, 男性たちは, 自覚的・無自覚的であるにかかわらず, つねに自分が男であることを(他者にそして他者の承

認を通じて自分自身に）証明することを求められてきたからだ。なかでも，「自分は女ではない」という生物学的要素は，男性の〈男らしさ〉のこだわりにとって，最重要な課題であるといわれる。その「男はオスである」という自分のアイデンティティの根底が，「ボロボロになった魚の精巣」を見せつけられることで，大きく揺るがされたのである。

　しかし，考えようによっては，環境ホルモンがもたらした〈男らしさ〉の危機状況は，男性自身が自らもたらしたものであるともいえる。いってみれば，自業自得なのではないか，と思うのだ。というのも，この環境ホルモンの問題をはじめとする環境破壊の背景には，効率優先，生産性優先，利益優先でやってきた，この200年ほどの男性主導の工業社会の発展があるからだ。より多くの利益のために，より効率のいいシステムを求め続けてきたこの200年の男性主導社会は，より多く所有しそれをコントロールすることで生産性を高めてきた。しかし，それは，地球環境に対する傲慢ともいえる対応を生み出し，また，人間性そのものを破壊してきたのではないか。

　いってみれば，環境ホルモン問題は，この200年ほどたゆまなく発展を続けてきた男性主導の産業社会への重要な警告なのだ。

　それならどうするか。根本的な解決の道は，現在の男性主導社会の根底的な転換ということだろう。いわば社会の脱男性主導化が問われているのだ。生産性優先・効率優先から，自然との共生，ゆとりある人間性の回復への社会システムの地球規模での転換が問われているのである。

　女性たちを中心とする環境破壊問題をめぐる地球規模の声に，（感情的にではなく）冷静に耳を傾け，これまでの男性自身の意識と生き方を問い直すことが，今，男性自身に求められているのだと思う。男性たちが，いさぎよく（「男らしく」？）男性主導社会の転換をする時期がきているのである。

特講 3　平和の思想と〈男らしさ〉

　もう 30 年になる。湾岸戦争直前のいわゆる「湾岸危機」の時期だった。戦争か和平かが問題になっていたこのとき，『中央公論』の 1990 年 10 月号で，石川好がたいへん面白い指摘をしていたことを思い出す。石川は，8 月のイラク侵攻以後のアメリカ世論の盛上がりを，〈男らしさ〉の復権の声として読み解いてみせたのである。

　たしかに，当時，ブッシュ政権に強硬な対応を要求する世論が，アメリカ合衆国において強かったのは事実である。この世論の背景に，フェミニズムの登場とベトナム戦争の敗北を契機にして，すっかり元気をなくしてしまったアメリカの男たちのあがきのようなものを石川は感じたようだ。つまり，女たちに追い詰められ，自信喪失に陥ったアメリカの男たちが，この戦争準備を失地回復のチャンスとしてとらえているのではないか，というのである。この石川の見解は，1970 年代後半から，男性たちの〈男らしさ〉へのこだわりが，政治や文化に大きな影響を与えているのではないかという視点から，ものを書いたりしゃべったりしてきた私にとって，まさに「我が意をえたり」というものだった。

　もちろん，これは「1 つ」の見方にすぎない。戦争へと向かう道は，さまざまな要因の複雑な絡み合いのなかで生まれる。そんなことはわかっている。しかし，それでもなお，この男たちの〈男らしさ〉の復権へのプレッシャーが，「湾岸危機」から「湾岸戦争」へと向かう流れにおいて，1 つの重要な底流になっていたこともまた明らかなのではないか。

しかし，じつをいうと，当時，私は，「この動きが戦争まで行くことはないのではないか」という思いを，どこかで捨て切れなかった。イスラエルをまき込んだ西欧諸国対イスラム社会という構図は，第3次世界大戦につながりかねないあまりにも危険な状況を生み出す。そのような恐ろしい賭けを，ブッシュ政権はとりえないのではないか，と考えていたからだ。それだけではない。総力戦という新たな戦争形態を生み出した20世紀において，戦争への忌避感情というものが，国際的にもそれなりに根づきはじめており（実際，当時のソ連や西欧諸国は，かなり戦争抑止の方向で動いていた），その力が，結局，アメリカ合衆国の冒険を押し止めるのではないか。そんな「甘い」見通しをもっていたのだ。

　というのも，現在の戦争の主要な起爆国になっているアメリカ合衆国でさえ，最近は，明らかに「アメリカの息子は戦争で殺さない」路線をとっているからだ。それは，「クリーンウォー」と呼ばれた湾岸戦争からコソボへの介入へ至るまで，強まりさえしても，決して弱まることのない流れになっている。

　アメリカ以外の国の息子や娘，父や母を殺すことへの躊躇は，いまだ十分に根づいているとはいえないのだが，「戦争はイヤだ」という戦争忌避へと向かうゆったりした流れは明らかに生じつつある。しかし，逆に，それを押し止める力も存在している。もちろん，そこに軍事産業と政府との癒着の問題や，文明間のヘゲモニー（主導権）争いへの意志（「文明の衝突」論）が存在しているのは明らかだろう。と同時に，石川が喝破したように，男たちの〈男らしさ〉の復権・〈男らしさ〉の確認へのこだわりもまた，「戦争の継続」の1つの要素として暗流のように存在していることもまた，事実なのではないか。

　戦争という愚かしい営為の背後に，男性たちの〈男らしさ〉へ

の，強い，しかもときに無自覚なこだわりがある，と私は思っている。そして，こうした見地は，現在，多くの人々と共有されつつある。実際，国際政治学の研究論文などでも，この〈男らしさ〉の問題を扱ったものが増加しつつある。

湾岸戦争にしても，当時のブッシュ大統領が，最終的に「湾岸戦争」への決意をした背景の「1つ」に，その決断ができなかった場合，世論から，「弱い」大統領＝男らしくない大統領という視線が投げかけられるという判断があったのだろうと思う。「弱虫」という批判の声は，彼の立場を悪化させるにちがいない。

このブッシュ大統領の置かれた立場は，アジア太平洋戦争にあたって，当時のトルーマン大統領の判断を連想させる。『アメリカはなぜ日本に原爆を投下したのか』（山岡洋訳，草思社，1995年）という興味深い本で，ロナルド・タカキは，こう書いている。

「トルーマンが大きな決断を下した背景には，……本人が感じていた不安があったが……子どものころ，トルーマンは，男らしさに欠けるのではないかと感じていた」。

子どものころから，「まるで女の子のように見られ」「いくじなし」と呼ばれていたトルーマンは，成長するなかで，逆に，〈男らしさ〉＝男としての自己確認を強く求めるようになる。そして，このこだわりが，大統領となった彼を強烈に縛ることになるのだ。タカキは，こう書いている。「大統領になったトルーマンは，男らしい外交をした……。（彼は），男らしい行動という観点から，国際交渉について考えていた。このように考えていることに，必ずしも気づいて居た訳ではない。生まれ育ち，当然のことと考えて生活している文化によって，男ならこう動くべきだという規範が作られているからだ。男らしさという考えはどの文化にもあるが，アメリカ社会では，独特の歴史によってこの考え方が形成さ

れており,あまりにも深く浸透しているため,トルーマンにとっても,側近にとっても,政策を決めるにあたって,ごく自然な思考の筋道になっていた」。

だからこそ「原爆が男らしい精力を象徴するものとされたのは,驚くにあたらない」。そして,まさに,「弱虫」と見られないために,つまり自らの〈男らしさ〉を証明するためにトルーマンは,原爆投下の命令にサインをしたのだ。

もちろん,彼の〈男らしさ〉へのこだわりのみに,原爆投下の理由を求めるつもりはない。しかし,トルーマンの最終的な判断の背後に,1つの大きな要因として,こうした問題が存在していたことは間違いないところだろう。

それにしても,なぜ,暴力や戦争は男たちをひきつけるのか。なぜ,男たちにとって暴力や戦争は魅力的なのか。

考えてみれば,私自身,子ども時代,戦争もののマンガや映画をけっこう好んで育った方だ。たしかに,暴力や戦争は,男(の子)にとって魅力的なのだ。ミリタリー・カルチャーとでもいっていいものに男たちはつねにひきつけられてきたといってもいい。

そして,平和な社会の持続的な実現という問題は,男たちにとっての,暴力の行使と戦争の魅力をいかに解体するかという問題と密接にからみ合っているのだろう。男性学・男性性研究は,これまで,男たちと暴力,あるいは〈男らしさ〉と攻撃性ということをめぐって,さまざまな議論を行ってきた。

たとえば,オーストラリアの男性学研究者ロバート・コンネルは,男たちを縛る〈男らしさ〉の背景に,ヘゲモニック(支配的)な〈男らしさ〉を見出そうとしている。もちろん,ヘゲモニーにもいろいろある。ゲームにおける主導権や,どちらがかっぱらいがうまいかを争うようなヘゲモニーの場合もあるかもしれな

い。しかし、さまざまのレベルでヘゲモニーを争う傾向については、男性の意識のなかで、ある種の一定の共通した指向性があるのではないかと彼は述べる。男たちは、自分に対して、自分が男であることを証明するために他者に対してヘゲモニーを発揮しなくてはならない。このヘゲモニーを通じて、男たちは、自らの男としてのアイデンティティを維持し、再生産しているのだ。

　男たちは、自己のヘゲモニックな〈男らしさ〉を証明する必要性にいつでも捕らわれている。すべての男性が同じだけ縛られているとはいえないものの、男性のなかに共通する1つの流れとしてこのヘゲモニックな〈男らしさ〉を考えることができるだろう。

　このコンネルの議論の影響の下で、メッサーシュミットという犯罪社会学者は、『男性性と犯罪』という本で、「なぜ男性が犯罪を犯しやすいのか」を分析している。簡単にかれの主張をまとめれば、「犯罪的な行為、社会的逸脱行動というのは、男性にとって男性性を証明するための1つの資源だ」とみる観点である。なぜ、男性に犯罪が多いか。この問いに、メッサーシュミットは、男性が自分は男である、自分はヘゲモニーをもっているということを示そうという点に原因があるのではないか、と考える。他者と自己とに自分が男であることを示すために、社会的逸脱行為を行うというのである。これは、男性の世界ではありがちなことだろう。とくに、少年のグループなどでは、ちょっとはみ出した奴の方が仲間から「かっこいい」と見られることもある。あるいは、はみ出すことで、自分のある種の優越性を、他者にあるいは自己に示すような傾向がひそんでいる。メッサーシュミットの議論をさらに拡大して考えれば、非日常的な逸脱行動のなかでもきわめて典型的な行為である暴力は、まさに男たちが、自分の〈男らしさ〉を証明する、絶好の資源ということができるだろう。

この視点は、ドメスティック・バイオレンスをはじめとする性暴力を考えるとき、重要なヒントを与えてくれることだろう（伊藤公雄『男性学入門』作品社、1996年などを参照）。

　しかし、戦争と〈男らしさ〉については、こうした〈男らしさ〉と暴力の問題とを結びつけつつ、さらに新たなパースペクティヴが必要になるだろう。それは、『戦争の翌朝』（池田悦子訳、緑風出版、1999年）で、シンシア・エンローが指摘している〈男らしさ〉の軍事化という問題である。

　近代国家・軍隊は、総力戦（国民全体による戦争）へ向かう流れのなかで、徴兵制や軍事訓練などを通じて、男たちの〈男らしさ〉へのこだわりを「軍事化」してきた。戦争遂行体制のために、男たちは、それまで以上に、過剰な暴力性や、（国家のための）「英雄的自己犠牲」の精神、上意下達のヒエラルキーの仕組みへの適応を、徹底的に身につけさせられることになったのだ。近代国家は、軍隊を通じて〈男らしさ〉をさらに補強し、そのことを通じて、戦争を準備し、実行してきたのだと言い換えてもいいだろう。

　その意味で、人類の、国際社会の、さらには日常生活における戦争と暴力からの解放にとって最重要の課題としてあるのは、〈男らしさ〉の非軍事化であり、男性たちの〈男らしさ〉のこだわりからの解放なのだ。

　国家と国家、男性と女性、異なる文化・文明の関係、さらに自然と人間といった領域に、対立を超えた新たな関係性とコミュニケーション力を回復・創出するためにも、ジェンダーの視点、とくに〈男らしさ〉の呪縛（じゅばく）をめぐる研究は、今後、ますます深化を求められることになるだろう。

第9章 男女共同参画社会の見取り図

　もしも征服するための分割ではなく，脱中心化するための断片化の方が大切なら，ここで必要なことは，まったく抹消してしまうことではなく，分析的思考がよく世話になる二分法を次々と出してくるやり方を，絶えずズラすことだ。(トリン・ミンハ『女性・ネイティヴ・他者』より)

　男はね，他人の問題なら分かろうとするの。でもね，その問題をね，自分の問題として分かるっていう，そういう分かり方ができないの。(橋本治『恋愛論』より)

> ジェンダー・フリー論争？

　21世紀の初め、日本社会で奇妙な「論争」が巻き起こった。いわゆる「ジェンダー・フリー」という言葉をめぐる「騒動」だ。1999年に男女共同参画社会基本法が制定され、2001年には内閣府に男女共同参画会議が設置され、さらに事務部局として男女共同参画局が誕生し、日本でもやっとそれなりにジェンダー平等政策が動きを始めたまさにその直後のことだ。

　日本社会でジェンダー・フリーという言葉が使われ始めたのは、たぶん1990年代に入ってからのことだろう。とくに、教育分野でジェンダー平等教育を進めようという人たちが使うことが多かった。じつは、それには理由がある。文部科学省（当時は文部省）の「男女平等」教育の位置づけが、ちょっと変だったのだ。というのも、文部科学省のいう「男女の平等」（新教育基本法ではこの「男女の平等」が第2条の「教育の目標」に入っている）は、男女の本格的な平等をめざすものではなくて、「男女は、互に敬重し、協力し合う」という旧基本法の第5条の「男女共学」の文言（改訂された「教育基本法」での「男女平等」についても、制定時の文部科学大臣は、かつての文部省の位置づけを引き継いだかたちで国会答弁をしている）に依拠した、きわめて「問題あり」のものだったからだ。これでは、普通に考えられている「男女平等」のイメージからかなりかけ離れていると誰でも感じるだろう。そこで、文部省のいう「男女平等」ではなく、本格的な「男女平等」をめざす言葉が必要になり、あみ出されたのが、このジェンダー・フリーという言葉だったと思う。語源になっているのは、障害がある人がバリア（障害物）なしに生活できる社会＝「**バリア・フリー（バリアから解放された）社会**」だ。これを、ジェンダー・フリー

社会＝ジェンダーから解放された社会というふうに言い換えたのだ。

ところが，この言葉がいろいろな誤解をまねいて，さまざまな議論が巻き起こったのだ。

> ジェンダー・フリーの
> ３つのニュアンス

「ジェンダー・フリー」という言葉は，しばしば和製英語として論じられることが多かった。しかし，この用語は，すでに1980年代に，英語圏でもすでに使用されていた言葉だった。その代表例が，1985年に書かれたバーバラ・ヒューストンの「公教育はジェンダー・フリーであるべきか」と題した論文である。この論文の冒頭で，ヒューストンは，ジェンダー・フリー教育の意味するところを３つに分類している。すなわち，第１に，男女の性差を無視して機械的に男女を「同じ」に扱おうとするもの。第２は，ジェンダーの無視ないし，ジェンダーについて配慮しないというもの。そして，第３に，ジェンダー・バイアス（ジェンダーによる差別や排除）からの自由である。ヒューストンの立場は，当然，第３の見地であるし，日本社会におけるジェンダー・フリー教育についての実践も，このジェンダー・バイアスからの自由という立場が主流だろう。

この分類をもとに，2000年代におこったジェンダー・フリー論争をまとめてみよう。

ジェンダー・フリー論争で反対の論陣をはった人たちは，よくこんな風に主張していた。「ジェンダー・フリーを主張する人たちは，男女の性差を無視しようとする人たちだから，身体検査を男女同室で行ったり，体育の時間の着替えも男女一緒にやったりしているに違いない。これは問題だ」。こうした主張をする人は，

ジェンダー・フリー概念を第1の意味で考えているということだろう。「男も女もないと，機械的に一律の原理で子どもを教育するのがジェンダー・フリー（にちがいない）」という誤解である。実は，こうした誤解に基づく教育は，ジェンダー平等の実現を妨げることになると思う（ヒューストンも同様の見解を述べている。また，この言葉が誤解をまねきやすいことから，ジェンダー・フリーという用語の使用に，ヒューストンは否定的だ）。というのも，ジェンダー問題にきちんと目を向けないまま，機械的に（生理学的な差異も無視して）男女を「同じ」に扱うという教育は，現実に存在している性差別を変革するのではなく，むしろその維持・再生産につながりかねないからだ。また，（男女にかかわらず）1人ひとりが抱えている固有の特性や能力を「すべて同一」とひとくくりにすることで，切り捨てや排除を生みかねないという問題もある。ジェンダー問題に敏感に対応しつつ，（差別や偏見を排除することで）1人ひとりの個性を伸ばすという教育本来の意義から，この機械的に「同じ」にする教育が，はずれていることは明らかだと思う。

　逆に，ジェンダー・フリー教育を日本で進めようとした人たちは，3番目の意味，つまりジェンダー・バイアスから自由になろうという立場にたっていた。いわば人権の視点からの性差別の撤廃という視点だ。この観点からみれば，男女同室の身体検査や着替えは，大問題だ。というのも，明らかにセクシュアル・ハラスメントになるからだ。

　しかし，日本社会においては，マスメディアも含めて，多くの人が，ジェンダー・フリーを第1の意味に取り違えることで，大きな混乱が生じてしまった。このジェンダー・フリーをめぐる誤

解が,性差別の撤廃やジェンダー・バイアスからの自由を求める当然の声を,「過激な人々」であるかのように意味づけ,結果として,やっと動き始めた日本社会のジェンダー問題への関心に蓋をしてしまう結果になったのだ(おかげで,国際社会に20年遅れで進んでいた日本のジェンダー政策は,さらなる遅れを生み出す結果になった)。

> ジェンダー問題への対応にジェンダー間格差があるのか

ジェンダー・フリーという言葉への反応には,男女差もあったように思う。男性の方が敏感にジェンダー・フリーに反対する人が目立ったという印象があるからだ。というのも,現在の男性主導社会では,女性たちはしばしば〈女らしさ〉というジェンダーの縛りによって制約を受けているのに比べて,男性たちはそうした制約を自覚していないということがあるだろうと思う。それこそ女性たちは,小学生時代から(「出席簿の順番でなんで男の子がいつも前なの?」),進学(「女の子だから浪人しないようにだって?」),就職(結婚したら,子どもが生まれたら,どんな生活をするかを想定した職の選択が要求される),昇進(「女性が主に家事・育児を」というジェンダーの縛りがあるかぎり,昇進のチャンスがあっても家庭の事情を考えざるをえない場合がまだ多い)などなど,ライフ・ステージのさまざまな場面で,「女であること」と向き合わされる。しかし男性はどうだろう。就職を前に,「子どもができたら仕事をやめなくてはならないかもしれない」と考える男性や,昇進試験を前にして「家庭の事情」を理由に試験を辞退する男性がどれくらいいるだろうか。つまり,現状では,ジェンダーの縛りのもつ問題性について,女性の方が男性より敏感にならざるをえないのだ。だから,ジェンダ

ーの縛りからの自由という点で，女性の方が積極的になれるのだろう。

　逆に，男性主導社会だからこそ，男性たちは，ジェンダーによる格差に鈍感だということもいえる。男というジェンダーの縛りについても，「それがあたりまえ」とどこかで思い込んでいる。だから，「男というジェンダーからの自由」などと言われると，考えたこともないだけにショックを受けてしまうのだろう。

　つけ加えれば，「ジェンダー・フリー」という言葉への男性の過剰なリアクションの背景には，男性文化のもつある傾向性が控えているのかもしれないとも思う。すでに「作られる〈男らしさ〉〈女らしさ〉」の章（第2章）で，ナンシー・チョドロウの議論を軸にみてきたように，合理的で客観的・抽象的なものの見方は，男性文化に特徴的なものだ（もちろん，その多くは社会的に構成されたものだが）。抽象化された議論を好みがちな男性たちは，すぐにはっきりした結論を求めやすい。だから，女性と比べて，男性たちは，ある言葉（たとえば「ジェンダー・フリー」）に対して，極端な状況を想定してしまいがちなのだ。すぐに，「男・女という区別がまったくなくなった世界」へと想像の方向が向いてしまうのだ。そうなると，「自分はいったいどうなるだろう」と不安になってしまう。言い方を変えれば，「ジェンダー・フリー」の運動は，ある方向性をもったプロセスなのだということが理解できない。ある日突然，ジェンダーの縛りがない社会が実現するといったことは起こるはずもない。そのためには，さまざまな議論が戦わされ，問題解決のために多様な対応がなされ，少しずつ過剰なジェンダーによる決めつけがない社会が作られていくのだ。そのプロセスのなかで，男・女という固定的な決めつけから，1

人ひとりが自由になっていく。それが本来考えられていたジェンダー・フリーの動きだったのだと思う。

<には女・男にかかわらず「1人ひとりが違う」社会へ>　くりかえすが，ジェンダー意識が全面的に姿を消す状況などすぐに実現できるはずもない。しかし，現状のジェンダー・バイアスが問題であることは，すでにだれの目にも明らかだ。性に基づく差別や排除は至るところで目につく。また，夫・恋人からの女性に対する暴力（ドメスティック・バイオレンス）の背景には，しばしば男性たちの「男である」ことへの過剰なプレッシャーがあることも事実だ。このジェンダーによる差別や格差，支配・被支配の構造を転換することが今求められている。だからこそ，可能なかぎり，不都合なジェンダーによる縛りから，1人ひとりを自由にしていく必要があるのだ。

　ジェンダーにとらわれることのない社会へ向かうプロセスのなかでも，いろいろな議論や葛藤があるだろう。それは，その段階で1つひとつ解決していったらいい。しかし，ジェンダーによる格差を前提とした社会から，1人ひとりの人間としての権利がきちんと認識される社会への転換の方向性を，今，私たちは，はっきりと歩むべきだということは明らかだろう。

　当然のことながら，人間の多くは，生物学（それもまた，人間の認識の枠組みが作り出した「自然」を見る見方の1つの方法でしかないということを前提にしてのことだが）の視点から見れば，オスやメスであるとはいえるだろう（インターセックスの人たちのように，簡単にこうくくりきれない人も存在していることを忘れてはならないが）。たとえば，男性には妊娠・出産の機能は存在しない（つけ加えれば，女性も，すべての人が妊娠・出産するわけではない）。

しかし，問題なのは，そうした生物学レベルでの違いを超えて，男だ女だという固定的な縛りがあるということなのだ。生物学レベルでのオス・メスという区分は，個々人の自己認識にとって，1つの要素にすぎないはずだ。にもかかわらず，ジェンダーに縛られたものの見方や考え方は，個々の多様性を男女の2項に分類してしまう。つまり，生物学のレベルでオスであることやメスであることの認識が，その人の人格のすべてを決めてしまうような見方が存在していることが問題なのだ。しかもこのようなジェンダーによる縛りが，結果として女性差別を生み出したり，逆に，男性だからと能力以上の無理を強いたりする。ジェンダーから自由になった社会とは，こうした男だ女だという固定的な決めつけから解放された社会ということだ。

　誤解してほしくないのは，ジェンダーから自由な社会とは，男女が機械的に均質な人格をもった（男も女も「同じ」になる）社会ではないということだ。むしろ，これまでのように，男と女という分類が強調されることで，実際に存在している個々の多様性が押し潰されてきた状況から，1人ひとりがそれぞれ「違う」社会へ転換していくことが課題なのだ。つまり，これまでの男・女の二区分ではなく，それぞれが1人ひとり「異なる」存在であることを，お互いに承認し合える社会こそジェンダーから自由な社会の目標だ。そこでは，生物学的にオスであるかメスであるかという認識は，（これまでのジェンダー化された社会でよくみられたように）その人の全人格を決めてしまうような決定的な要素ではない。その人のもつ多様な個性の一部でしかないのである。

　こういうと，「自分らしく生きなさいということですか。でも，自分らしくなんて言われてもどう生きたらいいかわからない」な

どという声が出ることもある。言うまでもないことだが,「自分らしさ」を固定的にとらえる必要は少しもない。むしろ「生き方にモデルなどない」というのがジェンダーから解放された生き方だろう。自分なりの判断で,自分の生きたいような生活スタイルを選択したらいいのだ。他者との関係に配慮し,周囲の人との風通しのいいコミュニケーションを通じて,自分の生き方を決めていったらいい。それが「自分らしく」生きるということだろう。

　もちろん,「自分らしさ」の選択のなかには,従来の「女らしさ」や「男らしさ」とオーバーラップする生き方の選択だってあるだろうと思う。つまり,自分の生き方として「女らしさ」を求める女性や,逆に,「男らしい」女性という生き方(あるいは,男らしい男性や女らしい男性)も「あり」なのだ。それは個々人の自由だ。

　とはいっても,その生き方が,他者を抑圧したり差別したりするのでは困る。これまでのジェンダー・バイアスの強い社会では,ジェンダーの縛りによる抑圧や差別が存在していた。しかも,この仕組みが,社会の仕組みのなかに構造的に組み込まれていた。その結果,1人ひとりの能力や生き方が,「あなたは女だからこうしなさい」「男だからこうすべきだ」というかたちで個人の意思を超えて固定的に押しつけられることになった。その結果,社会的な差別や排除が作られ維持されてきた。くりかえすが,こうした性をめぐる「社会的・文化的に」作られた固定的で差別的な枠を壊すことが,今,必要なのだ。

　「自分らしさ」についても,あまり固定的に考えない方がいい。そもそも固定した「自分らしさ」を想定することがおかしいといえるのかもしれない。「自分」の過去を考えてみてほしい。小学

生の頃，中学生の頃と今の自分は大きく異なるはずだ。「自分らしさ」もまた，生活のなかでつねに変化するのだ。だれだって，その時代その状況に応じて，自分なりの生き方を探している。「自分らしさ」もまた，多様なものだし変化するものなのだ。その変化のなかで，「自分」というかけがえのない存在を，他者との対等な（可能なかぎり差別や抑圧のない）コミュニケーションを通じて，「社会性をもった個人」として生きること，さらに，それを社会的に支える仕組みを作り出すこともまた，ジェンダーから自由な社会への動きのなかで追求されるべきことだろう。

男女共同参画社会の具体的なイメージ

それなら，男であることや女であることによる固定的な決めつけのない社会とは具体的にどんな社会なのだろうか。

基本的には，男女対等な社会参加が保障されるとともに，家庭生活や地域での生活が，男女対等に運営されるような社会ということだろう。すでにふれたように，日本政府は，こうした社会を，「**男女共同参画**（英語では gender equality つまりジェンダー平等と表現されている）**社会**」と呼んでいる。国会で1999年6月に制定された「男女共同参画社会基本法」は，この社会を次のように位置づけている。

「男女が，社会の対等な構成員として，自らの意思によって社会のあらゆる分野における活動に参画する機会が確保され，もって男女が均等に政治的，経済的，社会的及び文化的利益を享受することができ，かつ，共に責任を担うべき社会」（第2条）。

これをもう少し具体的に述べれば，男女がジェンダーによる格差や差別がない状態で意思決定も含む社会参画が可能であり，また，家庭における家事・育児・介護などの労働が対等に分担され，

地域活動やボランティア活動などをはじめ、あらゆる社会活動の対等な参画が保障されるとともに、活動によって生じたすべての成果や利益をジェンダーの差別なく受け取ることができ、同時に、責任も対等に担う社会、といったところだろうか。

　一部の保守派の議論のなかには、3行目の「均等に政治的、経済的、社会的及び文化的利益を享受すること」について、「結果の平等」の押しつけだというものもある。「機会の平等」はともかく、結果も含めて何もかも平等にするのはおかしい、というわけだ。ただし、「基本法」を読むと、(残念ながら、西欧諸国のポジティブ・アクションのように、男女間の格差を是正し、実質的な平等に向けて積極的に女性の参画を推進するというわけではなく)、この法が要請しているのは、結果の平等ではなく、機会の平等だということがわかるだろう。というのも、基本法では、この「男女共同参画社会」の定義に続いて、「積極的改善措置(日本流のポジティブ・アクション)」の定義として、「前号に規定する機会に係る男女間の格差を改善するため必要な範囲内において、男女のいずれか一方に対し、当該機会を積極的に提供することをいう」と書かれているからだ。

　「機会に係る男女間の格差」、つまり、この法が実効力をもって進めようとしているのは、何よりもまず機会における不平等の是正なのだ。特別措置を通じた機会の平等の徹底のなかで、これまであまりにもジェンダーによって片寄りのあった「利益の享受」(たとえば、賃金の男女格差や、無償労働の女性への押しつけ＝少ない男性側の負担)の構造を変えることをめざすということが、この法律の目的といえるだろう。もちろん、この法律のめざすものは、結果として、ジェンダーにとらわれない平等な社会や人間関

係であることは、はっきりしている。しかし、結果の平等を、行政機関が強制することはしない。法律や制度ができるのは、あくまで、そうした社会を作り出すための基盤の整備に限られるというのがこの法の精神だろう。結果の平等は、私たち自身の、個人的あるいは集団的な日常的実践を通じてこそ実現されるべきだということだろう。

最後の「責任」という言葉にも注目してほしい。「対等」を口実に、他方にのみ責任を押しつけるというのでは困る。家事・育児の分担を、外で仕事をしている夫や妻に要求しながら、自分は、軽く家事・育児を分担して、あとの時間は趣味にあてるなどというのはもってのほかだと思う。分担の対等の条件は責任の対等な負担ということでもある。

こういうと、単純に、50％対50％の機械的な分担を連想する人もいるかもしれない。しかし、そんなことは考えてみれば無理なことはすぐわかる。たとえば、会社員である夫と、大学教授である妻という職業をもつ子持ちのカップルについて考えてみよう。両者は、それぞれ仕事の時間や家庭で過ごせる時間の配分は、異なる。朝の食事や子どもの保育園へ連れて行くのは、早く出勤せざるをえない夫のかわりに妻が分担するが、子どもの迎えと夜の食事は、実験で研究室に残らざるをえない妻ではなく、夫が分担するといった具合になるかもしれない。日によっては、夫が朝を、妻が夜を担当することになる。もしかしたら、両方とも帰りが遅いという日もあるだろう。そうしたときは、ベビーシッターや近所の友人に子どもの世話を依頼するということになるかもしれない。もちろん、友人の協力に対して、次には、自分たちが友人の子どもを預かるという、相互の援助の仕組みが作られていないと

友人関係の維持はむずかしいだろう。

　つけ加えれば，こうした対等な関係に基づく家族もまた，個々の努力だけでは存立しえない場合もある。個人の間のやりとりで，支えきれない領域は，社会サービスによる援助が必要になるだろう。男女の仕事と家庭の両立をささえるための法整備（育児時間の保障，介護時間の保障など）や，保育所・学童クラブ・児童館・介護施設などの（ハード面，ソフト面に十分に配慮が行き届いた，親・子双方にとって安心でき，居心地がよく，利用しやすいかたちでの）拡充も重要な課題だろう。と同時に，地域での子育てネットワークなどによる，身近なコミュニティの男女共同参画による子育てや介護の仕組み作りも必要になるだろう。コミュニティといっても，古くさい相互監視のムラ型共同体は困る。個人・家族の多様性を認め合うとともに，対等な関係に基づく風通しのいいコミュニティ作りが，これからは必要だろう。

「『働け』イデオロギー」批判を超えて

　しかし，女性の社会参画の拡大の動きに対して，批判する声もまだ根強い。たとえば，「父性の復権」「母性の復権」を説く林道義は，女性たちへの「『働け』イデオロギー」のプレッシャーを問題にしている。たしかに，「女性も働くべきだ」という声が，いわゆる「専業主婦」の人にとって，ある種のプレッシャーになっていることはわかる（ときに，自分が「働いていない」ことに負い目をもつ女性もいるのは事実だ）。ただし，こうした女性たちが「働きたくない」というわけではないことも見ておかなければならない。女性たちの多くは，社会のなかで自分の力を発揮したいと願っているのだ（それは，図9-1の女性の潜在就業率からも見てとれる）。しかし，それを許さないような女性をめぐる労働

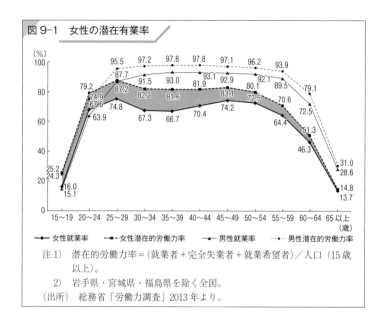

図9-1 女性の潜在有業率

注1) 潜在的労働力率＝(就業者＋完全失業者＋就業希望者)／人口 (15歳以上)。
2) 岩手県・宮城県・福島県を除く全国。
(出所) 総務省「労働力調査」2013年より。

環境が存在しており，それが女性たちを「専業主婦」に追いやっていることをきちんと見ておかなければならない（第5章参照）。

社会意識のなかに根強い「女性は家庭へ」というプレッシャー，女性たちをとりまく労働環境の悪さ（女性は補助労働者で一人前扱いされない場合が多い），男女が仕事と家庭を両立しにくい社会の仕組み，(「専業主婦」優遇というかたちをとった) 税制や年金制度にみられる社会政策における「男は仕事・女は家庭」モデルの押しつけ，男性の家事・育児・介護不参加などが，女性を「専業主婦」に向かわせているのだ。

もちろん，「専業主婦」という選択を否定するつもりはない。むしろ，条件が許せば，男性もまた「専業主夫」になる道をもっと切り開くべきだとさえ思う。もっとも，家庭だけの生活では，

女性であっても男性であっても，その多くは，息がつまってしまうだろう。実際，「家にいるだけの生活」の窒息状況については，「専業主婦」の人たちが声をそろえて主張してきたことだし，また，「専業主夫」体験をした男性たちからもよく聞く話題だ。やはり，社会のなかでの自分なりの活動の場は必要なのだ。その場合，たとえば，夫や妻が十分に生活費を稼げる状況のもとで，「専業主婦・主夫」をしながら，ボランティアや地域活動，さらには自分の能力を生かした創造的活動をするなどのかたちで社会参画をするという選択もあるだろう。もっとも，これは，両者の信頼関係が持続するということを前提にしたうえでのことだ。たとえば，「離婚したい」と思ったとき，経済力が不十分な状態であれば（つまり，「専業主婦・主夫」であることは），それだけで，人生の選択の幅を狭めることになることは，ちょっと考えればだれにでもわかることだ。

　また，一度，「専業主婦・主夫」として家庭に入った人が，子育てなどの終了後，社会復帰がしたいと思ったとき，それが可能になるような仕組みも必要だろう。これまでの日本社会では，性により，あるいは年齢により（とくに女性の場合，中高年の正規職員での再就職は男性以上に困難だ），再就職がしにくい状況があった。また，再就職を希望する人のための職業訓練の機会も保障されていなかった。問題なのは，「専業主婦が悪い」ということではない。女性の多くが「働き続けたい」と思っているのに，働き続けることができないという状況，さらに，再就職しようとしてもそれができない状況が存在しているということなのだ。

　こういうと，「男女とも社会参加する社会になると子どもの問題はどうなる」「高齢者の介護はだれが担うのか」といった質問

が出てくるかもしれない。「やっぱり女性は家庭にいてもらわないと困る」というわけだ。

　男女共同参画社会をめざす人々は，たぶん，こう回答するだろう。「男女が対等に社会参画する社会には，前提条件がある。それは，男女ともに社会参画するが，同時に，男女ともに家庭・地域での生活がきちんと保障されることが必要だ」と。男女ともに対等に社会参画が可能になると同時に，子どものいる家庭，要介護者のいる家庭の労働者に対しては，休暇の保障も含めて，労働と家庭における責任とが両立しうる仕組みを作るということだ。

　じつは，国際社会の方向性は，こうした労働と家庭の両立を求めている。日本政府も1995年に批准したILO（国際労働機関）156号条約は，子どもの世話や要介護者のケアが必要な男女の労働者が，差別されることなく安心して働ける社会の仕組みを準備することを，各国政府に要求している。日本政府も，この条約を批准するために，育児・介護休業法を1995年に成立させた。しかし，日本の家族的責任の保障のための法的・経済的支援の水準はまだまだ国際的にみても低レベルだ。たとえば，育児時間だ。北欧の国々では，就学前の子どものいる男女労働者の帰宅時間が午後3時頃というのも珍しくない。育児休業中の給与の保障も80％から90％というところも少なくない。ちなみに第7章で見たように日本では現状で67％である。また，要介護者のいる労働者の休業も1人につき3カ月と短い。「3カ月では介護の準備期間だけで終わってしまう」という声も聞こえる。

　男女労働者の家族的責任を保障するために，何よりも重要なのは労働時間の短縮だ。男女とも仕事をもつ社会といっても，現状の働き過ぎ社会を変えなければ，それこそ過労死が男女に広がる

だけだろう。おまけに，家事・育児・介護といった，人間の社会が存続していくために不可欠な労働を担う時間もなくなってしまう。EU（ヨーロッパ連合）の国々の多くは，残業などの時間外労働も，1日2時間以内，1カ月の間に10時間を超えない範囲でなど，厳しい規制がかけられていることも多い。これなら，男女とも働きながら，仕事以外の時間で，家族との深いかかわりの時間がもて，また，地域活動やボランティアなどの社会奉仕活動も可能になる。それは，個々人によって支えられる新しい公共空間＝新しいコミュニティ作りにもつながっていくことだろう。

　変えなければならないのは，「男ばかりが長時間外で働き，女だけが家事・育児・介護を一手にひきうける」というバランスの悪い現代日本の仕組みなのだ。

　たしかに，女性たちの間に，「働け」イデオロギーへの反発はあると思う。しかし，その背景にあるのは，多くの場合，「社会参画をしたくない」という意思ではない。「現在の男性主導社会のように非人間的な長時間労働や過剰な責任のプレッシャーの下で働くのは嫌だ」という思いの方がより強いはずだ。実際，現状の（男性たちと同じように）長時間労働をひきうけながら子育てや介護をするなんて無理だ。もっといえば，男性たちだって，「働け」イデオロギーに縛られて長時間労働を強いられるのはイヤにきまっている。この問題への回答は，「だから，子育てをする女性は家庭にいるべきだ」（逆に，「男は死ぬ気で仕事に生活のすべてをかけろ」）ではないはずだ。むしろ，21世紀型の問題解決の方向は，国際社会がめざしている労働と家族的責任を男女がともに両立できる社会の仕組みを作るということだと思う。

　男女とも社会参加と家庭参画とが両立しうる社会は，男女とも

第9章　男女共同参画社会の見取り図　　319

により快適なバランスのいい生活に結びつくはずだ。それは，子どもにとっても，また高齢者にとっても，より人間らしい生活を確保していくために必要な仕組みなのだ。

その意味で，求められているのは，仕事と個人生活や家族での生活がバランスよく担える社会，つまりワークライフ（ファミリー）バランス社会なのだ。

「無償労働」の見直し

「働け」イデオロギーの反対側にあるのは，たぶん，「無償労働は尊い」という考え方だろう。「家事・育児・介護を中心にした女性たちの労働は無償だ（賃金は支払われていない）けれども，だからこそすばらしい」という発想がある。でも，無償であることはほんとうに「すばらしいもの」として評価されているのだろうか。

以前，あるシンポジウムでこんなことがあった。女性差別，とくに仕事の場での差別を問題にしたシンポジウムだった。パネラーの議論の後，質問の時間に，50歳くらいの男性が，こんな質問をした。

「パネリストのみなさんは，専業主婦をばかにしているのではないか。私は専業主婦をたいへん尊敬している。家事・育児・介護など，人間にとって重要な労働をしているからだ。こんな重要な仕事を担っている専業主婦を否定するなどもってのほかだと思う」。

パネラーだった筆者（伊藤）は，こう答えた。

「私は専業主婦を否定するような発言をしたおぼえはありません。むしろ，機会が許せば，男性も専業主夫という選択があってもいいとさえ考えています。たしかに，おっしゃるように，いわゆる専業主婦の方たちの家事・育児・介護は，私たちの生活にと

って欠かすことのできない重要な労働です。ところで，あなたがもし，こうした労働が人間にとって重要な仕事だとお考えならば，なぜ，あなたは，ご自分で，この重要な仕事を半分分担なさろうと思われないのですか」と。

家事・育児・介護という労働は，人間の社会が存続していくために最も基本的な労働である。だからこそ，それを女性にだけまかせておくのではなく，男性も担うことが必要なのだ。

男女共同参画社会は「家族」を破壊するか

男女共同参画の動きを批判する声のなかには，「男女共同参画社会になると家族の絆が破壊される」といったものもある。これはどうだろう。たぶんこういうことを主張する人の気持ちの背景には，「明治以後の家父長制型の家族の絆が壊されるのはイヤだ」という思い（少なくとも「男性主導の家族であるべきだ」という思い）や，「女性は従順に夫に従うべきだ」という考えが，どこかにあるのではないだろうか。

たしかに，男女共同参画の動きの背景には，「古くさい，しかも女性や子どもの人権を無視した家父長制型の家族は破壊したい」という意思が含まれている。しかし，それは家族の絆を破壊しようとするのではない。むしろ，家族の絆を，これまでのような形式的なものではなく，実質的なものへと深めていこうというのが男女共同参画の動きだといえるだろう。

男女の個人としての自律（自分のことを自ら決定し実行する力の確立）と自立（他者に依存することなく，はつらつと生きる力の確保）は，たしかに男女共同参画の動きの目標だ。しかし，この自律・自立は「私は自立しているから他人のことは知らない」というのとは違う。それは自立ではなく「孤立」だ。人間はパーフェ

クトな存在ではない。また，人間は，1人では生きられないことも明らかだ。生きていくためには，他者との協同・共同＝相互の助け合いが必要なのだ。問題なのは，この協同・共同の場に，差別や抑圧がからんでくることだ。「おれが一家の稼ぎ手だから，おれの言うことを家族は聞くべきだ」「妻はお金を稼がなくていい」というのでは困る。そもそも，1人だけがいばっているような人間関係は，軍隊型の組織ならいざしらず，家族のような本来助け合いで運営されるべき人間関係の絆にとって，それを弱めることはあっても，強めることはないだろう。

　もちろん，親と子どもの間には，社会で生きるうえでの知識や知恵に差があるだろう。その意味で，親たちが子どもたちに，社会で生きるために必要な知識・知恵（思いやりの精神や正義，さらには公共性への貢献など）を，多様な機会を通じて提供することは必要だ。もっとも，こうした知識や知恵は，上から「しつけられる」こと以上に，関係のなかで自然に身につけられていく部分の方が大きいし，また重要だろうと思う。そもそも，自分では，正義も思いやりの心も，さらには公共性への関心などもってもいないし，生活のなかでそれを示すこともない人間が，「親」の立場を使って無理やり，かたちだけで中身のともなわない「道徳」や「社会のルール」を押しつけても，子どもたちは反発するだけだろう。

　問題なのは，固定的な家族というイメージにとらわれ，家族という形式にこだわるのではなく，いかに「家族をする」かを問うことだろう。家族の絆は，形式の押しつけや強制では作り出せない。相互の思いやりだけではなく，ときには相互のケンカも含む深いコミュニケーションのなかで，つねに生成し更新されていく

べきものだろう。

　「家族の絆の破壊」を説く人たちの多くは，この絆が，いつも作られ・更新されていくものだという発想がどうも欠如しているようだ。「絆」は固定的なものではない。相互の関係のなかでつねに作り出されていくものなのだ。

　こうした議論において典型的だったのが夫婦別姓をめぐる問題だった。「別姓にすると家族の絆が壊れる」と保守派の論者は大騒ぎをしたのである。考えてみれば，これも変な話だ。無理やり同姓にしないと関係が維持できない夫婦や親子関係ってどんなものだろう。まるで，夫婦や家族の絆が壊れてしまっているから，せめて姓のレベルで「家族の絆」を維持したいといっているかのようだ。問題は，家族という「かたち」ではなく，家族の「中身」だろう。ジェンダー平等をめざす運動は，「もう形式だけの家族の絆はイヤだ」と言うだろう。しかし，それは，「家族の絆を壊そう」と言っているのではない。「深いコミュニケーションのなかで，もっと強い家族の絆（もちろん，家族のかたちの多様性を前提にしてのことだが）を築くために，古い形式だけにとらわれた家族関係を作り変えよう」と主張しているのだ。

> 日本のジェンダー・ギャップ

　ここで現在の日本社会が，ジェンダー平等という面でいかに多くの問題をかかえているかをみてみよう。表9-1は，2006年頃から世界経済フォーラムが毎年発表しているグローバル・ジェンダー・ギャップ指数の2018年版である。日本のランキングは，世界で110位ときわめて低い。とくに，経済活動への女性の参画と政治分野での参画はほぼ毎年100位代だ。教育も65位代とふるわない。教育の男女格差の元になるデータは，識字率，初

表9-1 グローバル・ジェンダー・ギャップ指数（2018年）

全体順位	国名	値	経済的参画と機会（順位）	教育の達成度（順位）	健康と寿命（順位）	政治参画（順位）
1	アイスランド	0.858	16	39	121	1
2	ノルウェー	0.835	11	41	95	3
3	スウェーデン	0.822	9	52	115	7
4	フィンランド	0.821	17	1	60	6
5	ニカラグア	0.809	69	36	1	2
6	ルワンダ	0.804	30	109	90	4
7	ニュージーランド	0.801	23	1	107	9
8	フィリピン	0.799	14	1	42	13
9	アイルランド	0.796	43	57	111	8
10	ナミビア	0.789	12	42	1	20
11	スロベニア	0.784	15	29	1	22
12	フランス	0.779	63	1	78	10
13	デンマーク	0.778	38	1	100	15
14	ドイツ	0.776	36	97	85	12
15	イギリス	0.774	52	38	110	11
16	カナダ	0.771	27	1	104	21
17	ラトビア	0.758	10	1	1	42
18	ブルガリア	0.756	50	87	42	25
19	南アフリカ	0.755	91	72	1	17
20	スイス	0.755	34	80	108	29
⋮						
67	シンガポール	0.707	24	88	130	103
68	ホンジュラス	0.706	75	31	62	73
69	モンテネグロ	0.706	57	71	42	83
70	イタリア	0.706	118	61	116	38
71	タンザニア	0.704	72	124	53	43
72	カーボベルデ	0.702	65	102	80	70
73	タイ	0.702	22	81	56	130
74	ドミニカ	0.701	89	54	1	69
75	ロシア	0.701	31	28	1	123
76	ケニア	0.700	37	122	1	82
77	ベトナム	0.698	33	101	143	99
⋮						
102	ハンガリー	0.674	68	66	42	142
103	中国	0.673	86	111	149	78
104	パラグアイ	0.672	98	67	96	114
105	ネパール	0.671	110	123	128	66
106	フィジー	0.669	112	76	42	107
107	グアテマラ	0.668	100	104	1	111
108	インド	0.665	142	114	147	19
109	モーリシャス	0.663	119	78	1	116
110	日本	0.662	117	65	41	125
111	ベリーズ	0.662	90	85	1	144
112	マラウイ	0.662	109	127	1	84
113	モルディブ	0.662	101	27	144	132
114	シエラレオネ	0.661	62	128	124	124
115	韓国	0.657	124	100	87	92
116	ギニア	0.656	7	147	138	80
117	エチオピア	0.656	111	137	66	52
⋮						
146	シリア	0.568	148	113	1	135
147	イラク	0.551	149	136	76	90
148	パキスタン	0.550	146	139	145	97
149	イエメン	0.499	147	146	126	149

（出所）世界経済フォーラム。

等教育,中等教育および高等教育を対象にしたものだ。じつは,日本は,識字率でも,初等教育でも中等教育でも世界で第1位だ(つまり男女格差がない社会だ)。しかし,高等教育(これは大学型高等教育への男女別進学率がデータとなっている)の男女差は103位となる(OECD=経済協力開発機構に属する多くの経済の発達した諸国は,1990年代以後高等教育の重要性に配慮し,その充実につとめてきた。ところが日本はそれを怠ってきたため,現在では大学型高等教育への進学率はOECD平均に届かない。しかも,この20年ほどで,経済先進国のほとんどで,女子学生が男子学生を10%前後上回るというのがあたりまえなのに,日本だけが,男子学生が女子を10%以上上回るという,例外的な社会になっているのだ。もっとも,日本独自の短大の進学率を加えると男女がほぼ同じくらいの割合になるのだが)。

ところで,なぜ,世界経済の活性化をつねに問題にしてきた世界経済フォーラムが,ジェンダー格差について注目するようになったのだろう。理由は簡単だ。「経済を活性化するには女性の社会参画がポイントになる」という考えが,今や世界の常識だからだ。最近はウーマノミクス(女性の経済活動への参加・参画による経済活力の活性化)といった言葉さえ生まれている。

図9-2は,グローバル・ジェンダー・ギャップ指数と1人当たりGDPの相関をしめしたものだ。1人当たりGDPは,その国の経済的「豊かさ」を示す指標といわれる。グローバル・ジェンダー・ギャップ指数でジェンダー平等の国の方が,1人当たりGDPも高い傾向がある,ということはすぐに理解できるだろう。つまりジェンダー平等社会の方が経済的にも「豊か」な社会を形成しているということだ(1990年代初めの頃の日本は,人口が1000

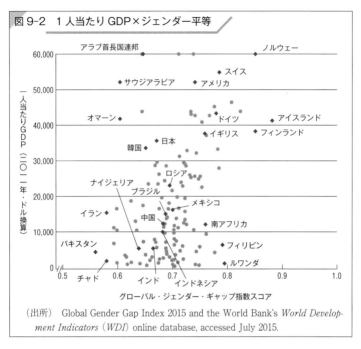

図9-2 1人当たりGDP×ジェンダー平等

（出所）Global Gender Gap Index 2015 and the World Bank's *World Development Indicators* (*WDI*) online database, accessed July 2015.

万人以上ある国のなかでこの1人当たりGDPが世界1位だった。でも，今は，世界で28位に落ちている。というのも，GDPそのものが1990年代半ばの500兆円からほとんど変化のないまま20年以上が経過しているからだ〔円安なのでドル換算するとさらに悪くなる〕。他の社会がそれなりにGDPをアップさせ経済成長しているのに，日本は停滞したままなのだ。でもかつての資産があるから，何とかこの位置にいる。ただ，このままだとこれからはわからない）。

2012年，IMF（国際通貨基金）は，日本の経済状況についてのレポートを発表した。*Can Women Save Japan?* と題されたこの報告書（インターネットでアクセスできます）は，少子高齢社会が深化しつつある日本社会が，今後，経済的に豊かな安定した社会

でいたいなら,女性の労働参画・社会参画が不可欠であることを明らかにしたものだ。日本社会こそ,本格的なジェンダー平等社会を構築する必要がある国は,ないのだろうと思う。

　それなら,ジェンダー平等社会を作り出すためにはどうしたらいいのだろうか。注目されているのが一時的な特別措置の実施である。いわゆる「ポジティブ・アクション（積極的格差是正策）」だ。

　ポジティブ・アクションの具体例をあげてみよう。1999年,フランスと韓国は,選挙制度の大きな改革に取り組んだ。じつは,この両国は,経済の発展した国のなかでは女性の国会議員の割合が総体的に低い国であった。この遅れを是正するために,両国は,各政党に,立候補者の割合についての割当制を義務づけたのである（フランスは「パリテ」として各政党からの候補者リストを6名ごとに男女半数にすることとしたし,韓国は比例区の候補の少なくとも30％以上を女性とすることを決めた）。一定の人数を性別に従って割りあてるクオータ制も,北欧社会などでは,早い時期からとりいれられている。具体的には,各種の委員会などで「どちらか片方の性が4割を割らない」というかたちで制度化が行われている場合が多い。西欧の政党のなかにも,あらゆるレベルでの決定機関で「4割を割らない」という原則をもつものも増えてきている。

　ヨーロッパのいくつかの国では,政治参画だけでなく,企業の役員や管理職にクオータ制を取り入れるケースも増えている。たとえば,ノルウェーでは,大企業は取締役会の4割を女性にしないと強制的に閉鎖するという法律を定めている（2002年）。また,スイスでも,2018年に,上場企業の執行役員会と取締役会役員を,それぞれ30％以上,20％以上を女性が占めなければならな

いという法律を可決している。

　こうした動きを，女性優遇の「逆差別」だととらえる意見もある。しかし，国際社会の認識は，異なる。たとえば，女性差別撤廃条約は，こう書いている。「男女の事実上の平等を促進することを目的とする暫定的な特別措置をとることは，この条約に定義する差別と解してはならない」（第4条）。

　重要な政策課題として男女間格差の是正への認識を深めつつあるヨーロッパ諸国においては，企業や行政機関におけるポジティブ・アクション（たとえば，「ゴール・アンド・タイムテーブル方式」で，男女間格差の実態把握，目標の設定と公示，目標達成のための手段の設定，実施，結果とその評価の公表といったプロセスで，実質的なジェンダー平等を推進するなど）を義務づける動きも目立ちはじめている。

　2018年，日本でも「政治分野における男女共同参画の推進に関する法律」が制定された。国および地方自治体は，選挙等において必要な施策を制定・実施すること，また，政党や政治団体にも自主的な取り組みをする努力が求められることになった。ただ，すぐにわかるように，法律上の縛りは，他の国々と比べてきわめて弱いものでしかないのが残念だ。とはいえ，法律ができたのだから，有権者は，各政党がこの法律の目指す方向にどこまで努力しているのか，質問したり，チェックしたりすることはできる。

　1990年代半ばころ，日仏伊3国の女性国会議員（下院および衆議院）を調べたことがある。実は当時，3国ともほぼ7％前後で大きな違いはなかった。でも，現在は，仏伊は約30％が女性，日本は10％くらいしかない。仏伊は選挙にクオータ制をきちんと盛り込むことで，女性議員割合を増加させた。日本でもできな

いことはないはずだ。

> 男女共同参画社会基本法の時代へ

　日本政府も，1990年代後半になると重い腰をあげはじめた。その具体的な表現として，すでにふれたように，「男女共同参画社会基本法」が，1999年6月に成立・施行されている。この法律によって，国，地方自治体，さらに日本に住み生活する人々の努力により，男女の対等な社会参画・家庭運営・地域参画に向かって社会が進むべきだということが宣言されたのだ。

　2000年12月には，この法律に基づき「男女共同参画計画」（2010年には第3次計画が策定されている）が閣議決定されている。また，2001年の省庁再編にともない，ジェンダー平等政策を担当する政府部局（ナショナル・マシナリィ）が，これまでの総理府の「男女共同参画室」（「課」レベルの部局）から，内閣府の「男女共同参画局」へと格上げされている。

　さらに，政府の諮問機関として存在していた「男女共同参画審議会」（主に有識者により組織されていた）が発展的に解消され，その役割は，より権限の強い「男女共同参画会議」（閣僚と有識者などで組織）という組織へと受け継がれることになった。

　こうしてまがりなりにも日本社会においても，ジェンダー平等へ向かっての法律面・制度面での枠組みができあがったことになる。しかし，問題は山積みだ。法律や制度ができても，それを実施する準備が未完成だからだ。ジェンダー平等を達成するためには，それが社会全体にかかわっている課題であるだけに，一部の改革ではすまないのだ。

　女性の社会参画の推進には，ポジティブ・アクションの導入をはじめ，目に見えるかたちでの男女の対等な労働条件が保障され

ることが必要だ。そのためには,これまでの章でもふれてきたが,「男性は外で長時間労働,女性は家事を一手に担う」という性別分業をモデルとして進められてきた「専業主婦優遇」の税制や年金制度が変革されなければならない。男性の家庭参画の保障のためには,これまでの長時間労働の仕組みを変える必要がある。そのためには,労働時間の法的な規制が必要だろう。また,こうした転換を支える(育児・介護をはじめとした)社会サービスが問題になる。さらに,育児休業・介護休業などの制度的保障もこれまで以上に必要だ。男女ともフレキシブルに働くためには,パートや派遣も含めた労働における均等待遇や,失業時の保障も重要課題だ。子育て期間は子育てをし,その後再就職を求める男女のためには,リカレント型の就業形態や,職業訓練の制度化が前提条件になる。しかし,そうするためには,経営者をはじめ多くの人々がこれまで抱いてきた「男は外で仕事に全力をつくすべきだし,女性は家を一手に守るべきだ」といったジェンダー意識の変更が求められるだろう。そうなると,(学校・社会を貫いた)教育におけるジェンダー平等が不可欠の課題になる。教育におけるジェンダー平等の推進のためには,教育に携わる人々の意識を変えなければならない。

　それだけではない。ジェンダー平等の政策の推進は,これまで述べてきたように,開発や街作りをはじめ,生活のあらゆる分野にまたがった課題だ。成人男性を基準とした街作りや社会のあり方の根本的な見直しが迫られているのだ。

　ジェンダー平等な社会を実現するには,どこか1カ所に変更を加えればすむ,というわけにはいかない。この問題の解決のためには,私たちの日常生活から社会生活に至るあらゆる分野の変革

が必要なのだ。もちろん,一挙に変革できるわけもない。だからこそ,全体の見取り図を描きつつ,あらゆる部署から,ジェンダー平等への動きを着実に作り出すことが問題なのだ。

そのためにもまず,行政の施策の全分野が,このジェンダー問題の視点から点検され,ジェンダーに敏感な観点から実施されなければならない。最近では,行政におけるこうした動きを「ジェンダーの主流化(gender mainstreaming あるいは mainstreaming of gender equality)」と呼んでいる。つまり,厳密な調査に基づき,政策実施の結果生ずるであろう効果についてのきちんとした見通しをたてたうえで,政策のあらゆる分野にジェンダー問題に敏感な視点を組み込み,政策実施に組織的な努力をはらわなければならないというわけである。

こうしたいわば「上からのジェンダー平等の政策」とともに,いやそれ以上に問題になるのが,「草の根」の男女共同参画社会を求める動きだろう。あらゆる人々にかかわりのあるジェンダー問題の解決は,行政の「上から」の施策の推進だけでできるはずがない。「下から」の動きがなければ成功することはできないはずだ。というより,この問題解決において,最も根源的な力は,性や人種,出自などによる差別を許さない,他者に抑圧されることはもちろん,他者を抑圧することも拒否する方向へ向かう,人々の意識変革・生活スタイルから政治スタイルにおける根本的な転換なのだ。

いってみれば,ジェンダー平等の実現には,「草の根」の動きと,行政による「上からの」改革のマッチング(出会い)が必要だということだ。行政によるジェンダー平等の施策推進と「草の根」とのキャッチボールの仕組み作りがこれから問題にならざる

をえない。

　これまで，日本の行政組織は，市民を指導し統制する対象として見てきたところがある。他方で，市民の側は，行政組織を単に批判や抵抗の対象としてのみ考えてきたともいえる。もちろん，問題がある部分をめぐる厳しい批判は当然だ。また，あまりにも古くさい意識にとらわれて未来を見失っている人への啓発も必要だろう。しかし，今後，ジェンダー平等政策の推進にとって大きな課題は，行政と市民とのパートナーシップ作りなのだ。

　このパートナーシップ作りのために，何が必要か。1つは，行政と市民との情報の共有が必要だろう。「何が問題になっており，そのために行政は何をしてきたか。また，将来の予想はどうか。それに対するこうした対策が必要なのではないか」といったことを，行政は，単に要求されたから「公開」するのではなく，むしろ，積極的に市民に提供することが必要だろう。他方で市民は，こうした情報提示に対して，自分たちの声を反映させる場を作り出し，この声を確実に行政組織に伝えるための仕組みを作り出す必要がある。なかでも，あくまで市民（民衆）の側に立ち，苦情や問題提起に答えつつ，行政の施策をめぐって，それを監視・評価するとともに，政策提言ができる第三者機関，いわゆる「オンブッド（オンブド・パーソン）」の役割が今後重要になるだろう。

　こうした行政組織と市民のパートナーシップ作りは，おそらく，21世紀の政治にとって最重要の課題にならざるをえないだろう。それは，コンピュータ技術の発展のなかでさらに拡大していくことだろう。しかし，こうした行政組織と市民とのキャッチボールの仕組みは，まだ日本社会においては定着していない。じつは，日本の政治状況において，こうした情報の公開・提供，オンブッ

ド,市民の側からのパブリック・コメント(意見聴取の仕組み)の推進をはじめとする,行政組織と市民のパートナーシップを媒介する仕組みといった新たな試みを,最も積極的に進めてきているのが,ジェンダーおよび環境にかかわる政治領域なのだ。おそらく,その背景には,この2つの課題が比較的新しい政策テーマであることと同時に,国際的に共有された流れのうえにある課題のため,これまでの行政組織にはない新たな取組みがしやすかったということがあるだろうと思われる。

もちろん,こうした行政と市民とのパートナーシップは,他の領域においても準備されるべきだろう。そして,こうしたパートナーシップが社会の全領域に広がることで,性や年齢,出自による差別や抑圧のない,世代を超えて,また結婚しているしていないにかかわらず,男女ともに人間らしい生活ができる社会へと,私たちの社会は踏み出すことができるのだろうと思う。

エクササイズ

1 その年の(あるいは直近の)『男女共同参画白書』を参加者に分担して読んでもらい,レジュメのかたちでまとめて発表してもらい,その後,全体で討論を行う(授業時間は,少なくとも5コマ程度は必要である)。

2 簡易KJ法によるワークショップ(*1*終了後であるとより効果的だろう)
【テーマ設定】 日本のジェンダー問題の現状,その背景,めざすべき将来の方向性について
【方法】 簡易KJ法による問題発見とチャート作り
＊KJ法:川喜田二郎さんの考えた,ブレーン・ストーミングと

問題発見のための技法。ここではそれをより簡略にしたかたちで利用する。

《1コマ目》
1. 対象となる問題（ここではジェンダー問題）についてブレーン・ストーミング（テーマをめぐって，あまり体系的な構図を意識せず，自由な発想で語り合う）を行う。
2. 書記を決めておく。書記は，ブレーン・ストーミングのなかで出てきたキーワードを，カードにメモする（文章にせず，また文脈を気にすることなく，「単語」で記入する）。

《2コマ目》
3. カードに書かれた「単語」を，（議論の文脈からはなれて），同じような傾向をもつものにグルーピングしていく。
4. 議論しつつ，グルーピングされた群をもとに，チャートを作っていく。
5. グループ間の関係を含めて，対象となる問題をめぐるチャート＝全体像を整理する。

《3コマ目》
6. チャートをもとに各グループごとに発表する。そのうえで，全体討議を行う。

（この方法はグループでなく，個人でやることも可能。卒業論文などで困ったとき，自分の想いをカードに書き込み，チャートを作ることで，自分の考えを自由な角度から整理することができる。社会に出ても役に立つ集団討議＝コミュニケーションと発想法のための技法の1つである）。

［参考文献］　川喜田二郎『発想法』中公新書，1967年，同『続・発想法』中公新書，1970年。

3　数人のグループに別れて，各グループで，国立女性教育会館の「男女共同参画すごろく」をやってみよう。すごろくのなかで登場する戦後日本社会における男女共同参画のあゆみについて，資料等をあたり，グループごとに戦後日本のジェンダーをめぐる

動きについて簡単な年表と解説文を作成し，発表してみよう。

なお，すごろくは，以下からダウンロードできます（「男女共同参画すごろく」で探してアクセスすることも可能です）。
［国立女性教育会館の web サイト（2018 年 10 月 22 日付）］
https://www.nwec.jp/news/ecdat60000001gab.html 〈2019. 2. 14 閲覧〉

読書案内

伊藤公雄『「男女共同参画」が問いかけるもの』増補新版，インパクト出版会，2009 年。
　男女共同参画政策について，その具体的内容や，この言葉をめぐる社会的な混乱，さらに日本社会におけるジェンダー課題の重要性についてわかりやすく解説している。

三浦まり編著『日本の女性議員』朝日選書，2016 年。
　国際的にみてもなかなか増えない日本の国会議員や地方自治体の議員。ここ 20 年から 30 年ほどの日本の女性議員をめぐる動向を探りつつ，何が今問われているのかを分析している。政治分野における男女共同参画推進に関する法律の制定においても，研究者として活躍した三浦まりさんが編者になっている。

独立行政法人国立女性教育会館『男女共同参画統計データブック』ぎょうせい，2015 年。
　国立女性教育会館が作成している男女共同参画にかかわるデータを集めた本。ジェンダー統計（ジェンダーに敏感な視点にたった統計の収集・分析）の立場から，日本におけるジェンダーをめぐるさまざまなデータがまとめられている。

内閣府『男女共同参画白書』。
　毎年発表される政府の白書。日本のジェンダー政策の現状を考えるのに目を通しておかなければならない 1 冊。特集テーマが組まれることもある。男女共同参画（女性）センターの所在地や連絡先など，情報源としても便利。

Column ⑨ 変容する Gender 概念
社会科学と Gendered Innovation（性差研究に基づく技術革新）

ジェンダーという言葉　「ジェンダー」という言葉を，生物学的性差（セックス）と対比して「社会的・文化的に構築された性別」という視座で議論しはじめたのは，たぶん社会学の分野が最初だっただろう。1970年前後のことだ。もっとも，これに先立って，ジョン・マネーは，1955年の段階で社会的・心理的性別という意味合いでこの言葉を用いていた。

そもそも「ジェンダー」は，もともと言語学分野の用語であった。たとえばヨーロッパの言語には「女性名詞」「男性名詞」「中性名詞」などがある。言語におけるこうした「性別」表現が「ジェンダー」という視点で分析されてきたのだ。

現在，「ジェンダー」をフランス語で表現するときには，私たちに馴染み深い言葉が使われている。「ジャンル」である。じつは，フランスではごく最近まで，社会的に構築された性別としてのジェンダーについては，英語を使って gender という言葉で議論してきた。しかし，今では genre というもともとの用語が使われている。同様にイタリアでも gender から genere へと表現が変化している。もともと「種類」を意味する言葉であったが，言語学の用語としては両国ともに英語と同じく「性別」を意味してきたのである。

女性解放運動とジェンダー概念　「社会的構築物」としてのジェンダーという視座は，1960年代後半以後拡大した第2波フェミニズムの運動と結びついて拡大していった。フェミニズムの第1波が，市民権としての男女平等（参政権，財産権，教育を受ける権利など）や女性の労働参画などを軸に広がったのに対して，この第2波のフェミニズムは，日常生活も含む私たちのものの見方，考え方，振る舞い方のなかに潜む性差別＝男性優位の仕組み（「家父長制〔patriarchy system〕」と呼ばれた。日本語の家父長制という語感と比べてもっと広い意味をもっていることには注意したい）を告発し，その撤廃を主張した点で新しい動きをともなっていた。こうした新しい女性解放運動にとって，ジェンダーの視点はきわめて有効な武器になった。「家庭から職場に至る男性優位の仕組みが社会的に構築されたものであるということなら，それは根本的に転換できる。なぜなら，ジェンダーは，自然の産物ではなく，人間が生み出したものだからだ」というわけだ。

人文・社会科学におけるジェンダー概念の展開　ジェンダー概念は，

それまでの男性主導のものの見方の転換を生んだといっていいだろう。つまり、人間＝男性という視座から語られてきたさまざまな問題を、男性・女性（とくに、これまで「ないもの」とされてきた女性）という観点から改めて見直すことが要求されたのだ。

実際、こうしたジェンダー概念の登場は、それまでの学問分野を大きく刷新することに成功した。当初は、社会学、文学などからその影響は広がり、歴史学、美学、さらに哲学や科学史などでもジェンダー視点からの学問の読み替えがなされていった。やがて、この流れは、政治学、国際関係論などにも広がっていく。

たとえば、社会科学における労働統計などにおいて、「労働者」はしばしば暗黙のうちに「男性労働者」を前提にしていた。女性が労働の場に登場するときには「女性労働者」という形で「有徴化」され特別な対象として扱われてきたのだ。ジェンダーという視点の登場は、これを男性・女性という2つの視座から分析することで、それぞれのジェンダーが抱えている問題の所在をより明確にすることができるようになったのである。その結果、近代現代社会における女性への差別・排除の構図が明らかにされたのである（ジェンダー統計の必要性はここにある）。

ジェンダーがセックスを規定する　　ジェンダー概念は、さまざまな形で洗練されて議論されるようになる。たとえば歴史学者のジェーン・スコットは、ジェンダーを次のように位置づける。「ジェンダーとは、肉体的差異に意味を付与する知なのである。これらの意味は、文化や社会集団や時代によって異なっている。それは、女性の生殖器官を含めて肉体にまつわるいかなるものも、社会的分業をどのように形作るかについて、唯一絶対の決定を下したりはしていないからである」と。

身体的性差を意味づける知としてのジェンダーという観点は、よりラディカルな議論をと結びついていく。最もラディカルにジェンダー概念を定義したのは、哲学者のジュディス・バトラーだろう。彼女によれば「セックスと呼ばれるこの構築物こそ、ジェンダーと同様に社会的に構築されたものなのである。実際、おそらくセックスはつねにジェンダーなのだ」。

このバトラーの議論は、ジェンダー視点に典型的な分類という行為そのものが人為的なものであるなら、生物学的性差もまた、人間が作り出した分類なのだ、とも読める。その意味で、ラディカルではあるが、理論的な説明としては一貫性がある。また、バトラーは、ここから今でいうLGBTをめぐる性の多様性への議論を広げていることも忘れてはならな

い。しかし，自然科学分野からは，やはりこの議論には反論がなされることになる。代表例は，性科学で知られるミルトン・ダイヤモンドらの批判だ。セックス＝生物学的身体というものをなきものにするわけにはいかないだろうというのが，批判のポイントである。

生物学的性差（セックス）とジェンダー　すでに述べたように，ジェンダー論は，諸学問分野において大きな革新を生み出したのは事実だ。他方で，男女の差別や排除の構図を，「社会的に構築されたもの」という視座を強調することで，人文・社会系のジェンダー論のなかには，生物学的性差（身体的・生理的な男女の平均的相違）への十分な配慮を怠る面があったのも事実だろう。バトラーほどラディカルでないにしろ，人文・社会系のジェンダー論は，しばしば性別の社会環境による決定論的な傾向をもっていたのである（いわゆる Nature vs. Nurture 論争，つまり生物学的決定論か社会環境決定論かという議論において，後者の傾向が強かったということだ）。

その一方で，ジェンダーという言葉の広がりは，その使用法という点で新たな局面を迎えていた。生物学的性差（セックス）と社会的に構築された性別としてのジェンダーの使用が入り混じるようになったのだ。簡単にいえば，セックスとジェンダーを合わせた言葉としてのジェンダー概念の登場である。

こうしたジェンダーという語の使用法は，まずは日常語のなかで広がり，やがて一部の学問分野では，ジェンダーという用語で生物学的性差をも内包するような傾向さえ登場したのだ。最もわかりやすい例は，医学や健康科学などで展開された性差医療（gender-based medicine）だろう。ここで使用されているジェンダーは，生物学的・生理的性差と社会的・文化的な性別の双方にセンシティーヴに対応する医学という意味を含んでいた。つまり一般的に男性と女性ではかかりやすい病気の種類において生物学的な性差を考える必要がある。同時に，ジェンダーとかかわる社会的要因（男性の方が女性に比べて自殺死亡率が高いことは，生物学的要因だけでは分析できないだろう）もまた，病気や健康と深くかかわっている。さらに，女性患者に対しては，異性である男性医師よりも，女性の病気に専門的知識をもつ同性である女性医師が対応した方が，コミュニケーションも含めてスムーズに治療が進むということもいわれるようになった。

ジェンダー平等が意味するもの　ところがとくに日本社会においては，このセックス（生物学的・生理学的性差）と「社会的構築物」としてのジ

ェンダーとが，人文・社会系の学術分野においては，かなり厳密に区別されて使用され続けてきた。また，日本語の「平等」という言葉のもつニュアンスもあって「生物学的性差を無視して機械的に男女を同じに扱うことが平等である」というような誤解さえ生じた（いわゆるジェンダー・フリーをめぐる議論のとき，これに反対する人々は「男女同室で健康診断を行うことや，着替えをすることがジェンダー・フリーの名の下に進められている」といったキャンペーンさえ行っていた。これは，ジェンダー・バイアスの撤廃を求めるジェンダー・フリーではなく，セクシュアル・ハラスメントだろう）。

1979年に国連で採択された女性差別撤廃条約をよく読めば，「女性の（妊娠・出産にかかわる）生理的機能に対する十分な配慮と，それを口実にした女性への差別や排除の撤廃」がきちんと書き込まれている。また，いわゆるリプロダクティブ・ヘルス/ライツ（性と生殖における健康／権利）の議論もよく知られている。実際，アメリカ合衆国の国立科学アカデミー「セックス差とジェンダー差の生物学を理解するための委員会」は，1999年段階で，「先入観にとらわれないかたちで，脳研究や疾病における男女差の研究を徹底的に進める必要性」について提言を行うとともに，こうした研究は「固定済みの性差をもとに，差別が行われることの危険性を減少させるべきである」と明言しているのである。

ジェンダー平等の問題は，機械的に男女を「同じ」に扱えば済むような単純な問題ではない。そもそも，生物学的に生命体をオス・メスの2分類に分けることはむずかしい（性染色体レベルでも，XX，XYの2種類ではなく，多様性があるし，インターセックス＝性分化疾患のようなオス・メスの2分類では対応できない人もいる）。また，身体的な性とジェンダー・アイデンティティが異なる性的違和の人々もいる。性関係においても異性愛，同性愛，両性愛と多様性があるし，Xジェンダー（男でも女でもないジェンダー意識）の人やアセクシュアル（性的な関心をまったくもたない人）など，単純な二分法では対応できない多様な問題がここにはある。

さらに社会環境や文化の違いなど，ジェンダー平等の達成のためには，さまざまな配慮すべき課題が存在している。たとえば日本の「女性専用車両」をジェンダー平等という視点でどうとらえるか。単純な機械的平等論にたてば，「性別によって分けるのはおかしい」とか，さらには「男性差別だ」という意見も出てくるだろう。しかし，日本の大都市圏では通勤ラ

ッシュがあり,そこで痴漢が起こりやすい状況があるなら,女性のみの車両で対応するというのは,ジェンダー平等という点で「現実的な対応」ということになるだろう(ラッシュや痴漢がそもそも問題なのだから,それがなくなれば女性専用車両は不要になるだろうけれど)。

Gendered Innovation　自然科学分野でも新たなジェンダーをめぐる動きが始まっている。いわゆる gendered innovation(性差研究に基づく技術革新)の展開だ。ジェンダーとともに生物学的性差(セックス)にも敏感な視座から,技術革新を進めようという発想だ。たとえば,これまでの製薬の実験では使い勝手のいいオスのラット(ネズミ)が主に使用されてきた。しかし,オスだけを実験材料にすると,完成した薬剤が女性にマイナスの影響を与える場合さえあったといわれる。あるいは,運転席が相対的に体の大きい成人男性を基準にしてきたことから,体の小さい女性が事故を起こしやすいということもわかってきた。生物学的性差とジェンダーの双方に敏感な視点から,技術革新を進めることで,よりよい社会生活が営めるというわけだ。

このジェンダード・イノベーションという言葉の使い方は,これまでの日本におけるジェンダーという用語の使用法からみると,ちょっと違和感を感じる言葉だと思う。

というのも,ここでいうジェンダーは,性差医療のときに使用されたジェンダー概念とよく似た使用法になっているからだ。つまり,生物学的・生理的性差への配慮とともに,社会的に構築された性別の双方にきちんと目配りすることで,新たな技術を生み出すことが視野に入っているからだ。と同時に,この視座から,性差による差別や排除,不利益や不平等が生じない社会をどう作り出すかもまた課題として設定されているのである。つまり,広義のジェンダーに敏感な視点にたって,これまでの男性=オスを基準にしてきた学術研究を改革するとともに,性差や性別によって生み出された差別や排除の構造をより多様性に開かれた社会へと変革していくことが,この言葉には含意されているのである。

その意味で,ジェンダード・イノベーションの視座は,自然科学や科学技術の面だけでなく,人文・社会科学にとっても大きな視座の転換を生む可能性をもっている。SOGI(Sexual Orientation/Gender Identity=性的指向とジェンダー/アイデンティティ)という問題にきちんと目を向けつつ,生物学的・生理的身体をも視野にいれた人間社会の研究は,人間社会をめぐる新たな知見を生み出す可能性をもっているからだ。

たとえば、これまで日本の政治の場面においては、議員は男性を想定していたため、女性の政治家の妊娠・出産への配慮が法的にもまったく準備されていなかったことが、近年明らかになった。また、赤ちゃん同伴の議会出席が叱責されるような事態さえいまだに残っている。同様のことは、マタニティ・ハラスメント問題のような職場の課題としても浮上している。これに、社会科学はどういう判断を下し、どのような対応を準備すべきなのか（答えはわかりきっているようにも思われるが）。それはまさに社会科学版のジェンダード・イノベーションということになるだろう。
　生物学的性差と社会的に構築された性別の双方に目配りしつつ、そこから新たな技術革新とともに社会の新しい形を構想することが、今、求められているのだ。

● 索　引 ●

あ　行

ILO 100 号条約　148
ILO 156 号条約　243, 318
ILO 175 号条約　155
アイデンティティ・ポリティックス　271
アサーション・トレーニング（アサーティブ・トレーニング）　85-87
アンペイド・ワーク（無償労働）　138-41, 274, 275, 281, 282, 320
育児・介護休業法　244, 318
一般化された他者　24
イニシエーション　127
WID　→開発と女性
ウーマン・リブ　37
エコロジカル・フェミニズム　40
SOGI　157
SDGs　160, 291
エスニシティ　41, 288
M 字型曲線　144
LGBT　337

エンパワーメント・アプローチ　282, 283

か　行

開発と女性　274, 280, 281
鏡の中の自己　22
隠れたカリキュラム　66, 69, 76
家族的責任条約　→ILO 156 号条約
家父長制　14, 38, 39, 321
間接差別　150
CAP　87, 88
近代家族　194, 195, 201
グローバリゼーション　268-71
Caring Masculinity　130, 131
合計特殊出生率　143, 240
交差的差別　41
公正アプローチ　280, 282
効率アプローチ　281
国民国家　269

さ　行

サブシスタンス　285

3歳児神話　228
ジェンダー　7-9, 12-14, 23, 25, 29, 30, 287, 289, 336, 337
　——と開発　274, 279
　——の主流化　331
ジェンダー・アイデンティティ　11, 82
ジェンダー・ギャップ指数　77, 323
ジェンダー・トラッキング　70
ジェンダー・バイアス　35, 65, 67, 70, 72, 80, 91, 92, 117, 159, 309, 311
持続可能な発展　284
シャイマン・シンドローム　112, 121
社会化　22
社会構築主義　40
重要な他者　24, 25, 27
女性学　7, 38, 123
女性活躍推進法　159
女性差別撤廃条約　156, 328, 339
女性のエンパワーメント　83, 84, 279, 290
シンデレラ・コンプレックス　111, 114
生産年齢人口　151, 238
性自認　→ジェンダー・アイデンティティ
性同一性障がい　11, 82
性にかかわるダブルスタンダード　4, 110, 114
性別役割分業　9, 28, 70, 76, 134, 138, 141, 150, 155, 163, 195-97, 200-02, 224, 240
セクシュアル・ハラスメント　153, 156-58
セクシュアル・マイノリティ　83
セックス　7, 9, 10, 12, 337
選択的夫婦別姓　204

た　行

ダイバーシティ戦略　159, 161
男女共同参画社会　134, 243, 312, 313, 321, 331
男女共同参画社会基本法　329
男女雇用機会均等法　147, 150, 152, 153
男性学　7, 88, 123-26, 129, 300
地域の教育力　234
通過儀礼　→イニシエーション
同一価値労働同一賃金　148
ドメスティック・バイオレンス　89, 199, 207, 208, 302, 309

な・は　行

仲間集団　→ピアグループ
NOMAS　125, 129
パラサイト・シングル　121
バリア・フリー社会　304

ピアグループ　25, 234
貧困撲滅アプローチ　280
Fathering Japan　130
フェミニズム　35-41, 336
福祉アプローチ　279
複合差別　41
ベビーX実験　20, 21, 23
ポジティブ・アクション　153, 313, 327, 329
母性愛　199, 200
ホモフォビア　126
ホワイトリボンキャンペーン　130
本質主義　40

ま 行

マルクス主義フェミニズム　40
無償労働　→アンペイド・ワーク
メディア・リテラシー　90, 91, 236

や 行

役割取得　24
欲望の三角形　106

ら・わ 行

リーガル・リテラシー　90, 92
リプロダクティブ・ヘルス/ライツ　81, 339
労働力の再生産労働　40, 138
ロマンティック・ラブ　106
ワークライフバランス　161, 165, 320

女性学・男性学〔第3版〕
——ジェンダー論入門
Women's Studies/Men's Studies:
Introduction to Gender Studies, 3rd ed.

ARMA
有斐閣アルマ

2002 年 1 月 30 日　初　版第 1 刷発行
2011 年 5 月 20 日　改訂版第 1 刷発行
2019 年 4 月 25 日　第 3 版第 1 刷発行
2023 年 5 月 30 日　第 3 版第 5 刷発行

著　者　伊　藤　公　雄
　　　　樹　村　みのり
　　　　國　信　潤　子

発行者　江　草　貞　治

発行所　株式会社　有　斐　閣
　　　　郵便番号 101-0051
　　　　東京都千代田区神田神保町 2-17
　　　　https://www.yuhikaku.co.jp/

印刷・株式会社精興社／製本・牧製本印刷株式会社
Ⓒ 2019, K. Ito, M. Kimura, S. Kuninobu.
Printed in Japan
落丁・乱丁本はお取替えいたします。
★定価はカバーに表示してあります
ISBN 978-4-641-22122-2

JCOPY　本書の無断複写（コピー）は、著作権法上での例外を除き、禁じられています。複写される場合は、そのつど事前に（一社）出版者著作権管理機構（電話03-5244-5088, FAX03-5244-5089, e-mail：info@jcopy.or.jp）の許諾を得てください。